悪の法哲学

仲正昌樹
Nakamasa Masaki

Rechtsphilosophie als Theorie des Bösen
Mythische Gewalt im Recht

神的暴力と法

作品社

まえがき――「法」のダークサイド

「法」のダークサイドに焦点を当てた本書をどのように仕上げるか考えていた時、トランプ氏が再び大統領に選出された。どうして、あれだけ露骨に悪党ぶっている人間が二回も大統領になれるのか、「アメリカ人」って何を考えているのだろうと思ってしまった――「アメリカ人」という人間が存在するわけではないのは重々承知だが。

驚きはそれだけにとどまらなかった。トランプ当選が決まったとたん、二〇二〇年の大統領選挙の後の国会襲撃事件などでトランプ氏にかけられていた容疑が不問に付され、起訴が取り下げられた。日本であれアメリカであれ、司法的な問題が政治的に決着することがしばしばあるのはとっくの昔から分かっていることだが、今回はあまりに露骨だった。

法哲学者や政治哲学者の間では、英米のリベラリズム、民主主義、法の精神を理想化する傾向が強かったが、二〇一六年のブレグジットとトランプ当選でその幻想は一気に崩れてしまった。彼らの多くが、「何と軽率な……。これでは、『日本の政治には●●がない』、という決まり文句が言えなくなるではないか」と思ったことだろう。

コロナ対応への不手際でトランプが二〇二〇年の大統領選で敗れた時、多くの〝リベラル〟な学者・知識人はこれで少しはまともな世界に戻った、と思ったろう。二〇二四年の本選直前で、民主党の候補がバイデンからハリスに代わったことで、彼らは「リベラル」が救われると思ったはずだ。彼らは、選挙の結果に唖然とし、トランプ人事の報道を聞くたびに、自分たちは何を理論的な拠り所にしたらいいのだろう、と思っていることだろう。

アメリカの非リベラル化はバイデン政権の間にも着実に進んでいた。トランプが在任中に三人の保守系の判事を指名した結果、連邦最高裁の判事の構成が、従来の保守四、リベラル四、中立一から、保守六対リベラル三へと大きく変わった。その影響がバイデン政権の間に出始めていた。法思想史、政治思想史の教え方を考え直さないといけないような事態になっている。教師にとってはそれが精神的に結構こたえる。

二〇二二年の六月のドブス判決では、中絶権を憲法修正一四条によって保障される自己決定権（right of privacy）として認めていた一九七三年のロー判決以来の判断が変更され、憲法は中絶権を保障していないと判示した。これは、リベラル、フェミニストには極めてショッキングな出来事だった。バイデン、ハリスをはじめリベラル派は最高裁を批判し、対抗措置を取るべきだと主張した。トランプは各州が判断すべきとしながら、キリスト教原理主義団体の意向を受け、事実上判決を支持していると言われている。

二〇二三年六月の「公平な入学選考を求める学生たち対ハーバード事件」判決では、これまで黒人やヒスパニックなどのマイノリティの社会進出を促進するために、大学入試等で一定のマイノリティ枠を設ける「アファーマティヴ・アクション」が、修正一四条の平等条項の違反（逆差別）に当たるとして違憲判決が出された。これによって大学や企業が、従来のようにはっきり人数を割り当てる形でのアファーマティヴ・アクションを進めることが困難になった。一九六〇年代半ばの公民権運動最盛期以来の流れが断ち切られることになった。

同じく同年六月に、バイデン政権が進めていた学資ローン免除政策に対し、主として共和党系の州政府が、州の権限に対する連邦の不当な干渉だとして訴えていた「バイデン対ネブラスカ」判決でも、違憲判決が出され、バイデン政権が公約として掲げた政策がとん挫した。

今後少なくとも四年間、リベラルが達成した不動の業績とされてきたものが掘り崩され、リベラル系の政治文化が衰退し続け、ロールズやドゥウォーキンの思想について教えることが空しくなるような状況が続くことになるだろう。それだけにとどまらない。より深刻なのは、人類の道徳意識の進歩の帰結であり、人民の理性的な合意にしっかり根ざしているように見える法の〝基本原理〟も、民衆の多数派が映画のヴィランのような指導者を求めれば、簡単に崩壊してしまう、という身も蓋もない現実が実証されてしまったことだろう。

本書に収録したカール・シュミットを軸とする諸論考は、「法」が神話的カオスに通じる制御不可能なダークな力に支えられているものであり、その力は普段は表に出てこないが、コロナ禍のような「例外状態」で表面に噴出してくるのではないか、という、私なりのささやかな問題意識をベースにしている。それは、ある意味、私が研究者になった時から持ち続けた問題意識であったような気がする。私は、自分自身が本当はあまり表に出てはいけない、ダークな欲望が強い人間、「例外状態」を求めてしまうような人間だと思っているからかもしれない。

もっとも、これからの世界では、私の常識では、極めてレアな「例外状態」でしかあり得ないものが、普通になりそうな気がする。アガンベンのアクロバティックなシュミット解釈が、全く普通の話になってしまいそうな気もする。

目次　悪の法哲学

第1章　カフカの『審判』から見た相模原殺傷事件

――「掟の門」が示唆する「法」と「法外なもの」の境界線

一　はじめに：相模原事件とカフカの接点

フランツ・カフカ（一八八三―一九二四）の未完に終わった小説『審判 Der Process』（一九二五）、及び、その作中作であると共に、独立の短編としても刊行されている『掟（法）の門前 Vor dem Gesetz』（一九一五）は、「法」の逆説的で不可思議な本質を描き出す作品として、多くの文学研究者や哲学者、法学者の関心を集めてきた――カフカは法学で博士号を取得し、司法修習も経験している。しかし、こ（れら）の作品では、「法」あるいは「法的プロセス」が極めて寓意的に描かれているので、様々な解釈がなされてきた。『審判』の主人公ヨーゼフ・Kが巻き込まれ、本人の意思に反して次第に絡めとられていく「プロセス」、あるいは、「掟の門前」の「門」は、具体的にはどういう法現象あるいは制度に対応しているのか、作品は「法」の本質をどのように捉えているのか、作品全体はどのようなメッセージを発しているのか。総合的に説得力のある解釈を示すのは容易ではない。

この文学的・哲学的に魅力的であるものの、現実社会で生じている個別具体的な法現象の理解に直接的に結び付けにくい作品を、日本で現実に起こった刑事事件、具体的には、知的障害者施設での大量殺傷事件と結び付けることを試みたユニークな研究がある。社会思想史家である西角純志の著作『相模原障害者殺傷事件』（明石書店、二〇二一）である。[1]

二〇一六年七月二六日に相模原市の津久井やまゆり園で起こったこの殺傷事件は当時大きな話題になった。一九人もの人が命を奪われたこと、犠牲者たちが知的障害者であったこと、容疑者が元職員であったこと、容疑者の言動が不可解であり、彼自身の責任能力が問題になったこと。少なくとも四重の意味でショッキングな出来事であり、障害者福祉の在り方、個人による大量殺戮の可能性、陰謀論的な妄想と刑事責任能力という三つの大きな社会的課題が絡んでいた。

この事件について多くの書籍や論考が刊行され、雑誌の特集や連載が組まれているが、[2]それらの中で西角の仕事が特に注目に値するのは、彼自身がかつて四年間この施設に勤務した経験があり、かつ、マルクスやフランクフルト学派などドイツ語圏を中心とする社会思想史の研究者でもあるという特殊な立場にあることだ。彼はその両面性を生かして論述を進めている。事実関係を再構成するだけでなく、二〇二〇年三月の横浜地裁の判決（確定）[3]を踏まえ、裁判を通して「明らかになったこと」と「明らかにならなかった」ことについて考察している点も重要だが、私にとって最も興味深いのは、彼が事件を引き起こした植松に拘置所でインタビューする際に、『掟の門前』を渡し、その感想を求めている点だ。

植松の反応自体は、必ずしも、西角が提起した哲学的な問いにストレートに答えるものではなく、すれ違いに終わっているようにも思える。しかし、同書に掲載されている、植松が描いた「掟の門前」のイラストは、彼自身にとっての「掟（法）」のイメージを端的に表現しているように見える。また、様々な場面での植松の言動を、「掟の門前」と関連付けようとする西角の執拗な試みは、通常の文学的カフカ解釈でははっきりと見えてこない、「法」による線引きと言語の関係をめぐる洞察に、新たな光を当てるものと思われる。

以下では、この西角のアプローチに触発された、『審判』と『掟の門前』についての私の解釈と、その法理論への応用の可能性について論じていく。カフカの作品の読解の可能性を、現実に起こった事件から浮かびあがる問題を参照することで拡げると共に、その逆の方向、即ち、前者を通して後者の理解の助けとするという、相互参照を反復し、分析を進めていくことで、文学作品の解釈と法理論を、単にどちらかを他方のための参考資料とするのではなく、生産的に結合させることが狙いである。最初に、私の問題関心に引き付けて、西角の著作を紹介しながら、こうしたリアルな現実の事件の分析に、カフカ的な「法」のイメージを利用することの意義を論じる。私は、西角の議論に全面的に賛成しているわけではなく、いくつかの点で異論があるが、それも随時示していく。次に、『審判』と『掟の門前』それぞれの物語の概要を、私から見て、あるいは、相模原事件との関連で重要と思われる点に焦点を当てる形で要約したうえで、カフカが「法」という現象をどのように特徴付け、他の社会現象とどう関係付けているか論じる。そのうえで、西角の試みを通して見えてくる、「法」と「言語」の関係を私なりの視点から明らかにし、それが法理論によってどのような意義を持ち得るか、今後の研究に繫がる展望を示したい。

二　相模原事件を「カフカ」から論じることの意義

二〇一六年に事件が起こり、報道された当初、哲学者や社会学者を含む多くの論客が相次いでコメントを発表し、新聞や総合誌だけでなく、思想・学術系の雑誌も特集を組んだが[4]、私にはそれらの大半が、短絡的な前提に基づいて事件を論じているように思われた。メディアや論客たちは、容疑者が重度の障害者は人間ではなく、彼らを殺すことが社会を変革することに繫がるという主旨の発言していたことをもって、ナチスに類似した優生思想が背景にあると断定し、彼の行動を、日本社会に蔓延しつつある差別思想の表れと捉えようとした[5]。彼が事件を起こす以前にはナチスの優生思想についてほとんど知らなかったということが分かっても、彼の「内なる優生思想」に拘る論評が多かった。

一般的に、多くの人命を奪う凶悪犯罪が起こると、マスコミも識者も、単一の分かりやすい犯行原因を特定しようとする。二〇〇一年の池田小学校事件の場合は、宅間守のエリートに対するコンプレックス、二〇〇八年の秋葉原通り魔事件の場合は、派遣社員であり非モテに悩んでいた加藤智大の疎外感という風に、犯人の人格性格形成と疎外・孤立感に焦点が当てられた。ショッキングな事件での犯人の動機特定の定番である。しかし、このケースでは、人格的・心理的要素よりも、「思想」が強調された。そうなったのは恐らく、西角も示唆しているように、植松聖には友人も多く、付き合った女性も複数いて、人間関係で孤立してはいなかったことや、攻撃の対象になったのが犯人より更に弱い立場にある人たちであるため、通常の図式では説明しにくいことから、障害者の殺害を社会正義として正当化しようとする彼の言動の一側面としての〝優生思想〟に注目が集まってしまったのだろう。しかし、〝思想〟に焦点を当てすぎると、見えてこなくなることがある。

知識人、特に思想・哲学系の研究者（あるいは、そう自負している人）は、凶悪犯罪者や問題発言で物議を醸す人物の〝動機〟を分析する際、本人が書いたものであれ、熱心に読んでいるものであれ、テクスト化された「思想」を参照点にしがちだ。自分たちが普段やっていることの延長で、〝分析〟できるからだ。しかし私は、プラトン、マキャヴェッリ、マルキ・ド・サド、ニーチェ、ザッヘル・マゾッホなどの極端な主張をする思想家を徹底的に研究し、彼らのテクストで示唆されている実践を、個人としてそのまま実行した、という知識人に出会ったことはない。カント、ニーチェ、ハイデガーを生きていると称する〝思想家〟が、極めて平凡な生き方しかしていない例ならいくらでも知っている。

マルクスの場合、実践している人間があれほどいるではないか、と言う人がいるかもしれないが、それはマルクス主義を標榜し、共同生活を送る集団が結成されているからだ。某新興宗教の信者として長年にわたる共同生活を経験し、その後、何年か新左翼系の（元）活動家たちとかなり親しく付き合い、雑誌編集やイベント企画などを一緒にやってきた私の経験[6]からして、人間は特定の「思想のテクスト」を一人で読み耽り、その影響だけで過激な行動へと動機付けられることはほぼないと思う——そういう奇特な人間がどこかにいる可能性は否定しない。同じ〝思想〟を信奉する、あるいは、強く関心を持つ密な人間関係の中で、その「テクスト」で示された教えについて語り合い、一緒に実践しようと試み、その過程において対立したり、仲間と比べてダメな自分にコンプレックスを抱いたり、自信を喪失した後再度絆を確認したり、といったことを繰り返すなかで、単独ではありえないような無謀な行動に出ることもあるのではないか。特定の「思想のテクスト」の影響に拘ると、そうした「テクスト」を媒介として展開する関係性の連鎖が見えなくなる。

植松の場合、ナチスの優生思想さえ体系的に学んだ形跡はないのだから、「思想のテクスト」（ナチスの歴史観・民族観によって基礎付けられる優生学）に関連付けて理解したつもりになるのは、猶更的外れだろう。詳しくは、少し後で西角の叙述の手法を説明する際に述べるが、様々な体験が重なって、ある時期から、「障害者を殺すこと」が、植松にとって「自分の人生に意味を与える使命」に思えるようになり、その固定観念を補強するため、ネット上に散らばっているヘイトスピーチや陰謀論の言説の断片をかき集め、その都度それらしい正当化の言い分を、知り合い相手に語ったり、公的機関向けにアピールしたりしているうちに、自己暗示がエスカレートしていった、と見るべきだと思う。これは植松に限らず、あまり体系的と思えない、妄想的な世界観を語る人全般に言えることだ。

何かのきっかけで囚われた固定観念に、うまく当てはまりそうな「思想のテクスト」の断片――孫引きの孫引きの……――をネットやテレビ、雑誌、口頭の噂話など、様々なソースからかき集めてくるのであって、（本として刊行されたり、ナチスのような団体の教義になったりすることで）定型化された「思想のテクスト」が原因で過激な行動が生み出されるのではない。どのようなプロセスを経て犯行に至ったかきちんと分析するには、定型化された「思想のテクスト」だけ見るのではなく、関連する様々な思想的言説の断片と、当人の行動の変化を関係付ける地道な作業が必要になるはずだ。

加えて、ナチスに代表される「優生思想」がある時点から植松の思考を支配していたと考えると、施設の職員でありながら、自分がケアしている入所者の人間性を否定するに至った彼の言動の不可解さが説明できた気になってしまう、という問題がある。命を失った障害者は、日本に蔓延しつつある「優生思想」の一方的な犠牲者ということになる。知識人は、たとえ生き残ったとしても自分の意思を明確に表現できない知的障害者を「代理」して、「優生思想」という悪の思想を批判する、という使命を果たしたことになる。こうした事件に関しては、そうした、いかにも啓蒙知識人的な図式で書かれた本や雑誌記事が多くなるが、このケースでは特にその傾向が強かったように思われる。

同じ施設の職員として植松の先輩である西角の叙述と、こうした図式的な理解との違いがはっきりするのは、彼が、犠牲者たちを「津久井やまゆり園の入所者」ということで一括りにしていないことだ。分量として全体の四割弱を占める第四〜第九章では、彼らが入居していた六つのグループホームごとに、どういうタイプの人が居住し、各人がどういう人となりで、家族や職員とどういう関係を築いていたか、遺族や担当職員の証言を抜粋する形で再現されている。そうした各人のプロフィールと、犯行時に、それぞれが植松から受けた扱いが対置されている。この部分では、西角自身のコメントはあまり挟まず、資料に語らせる手法が取られている。元入所者の家族であるデザイナーによって描かれた園内の居室図や写真も挿入されており、これらが証言と一体となって、犯行の行われた空間と、そこでの犯人と犠牲者の肉体的な接触の光景を、リアルに想像するよう読者に促している。

ポストコロニアル批評の先駆者の一人であるガヤトリ・スピヴァック（一九四二―　）は「サバルタンは語ることができるか」（一九八八）[7]で、植民地時代のインドに生きた女性たちを例にして、独自の文化・伝統を形成することを許されず、もっぱら支配層の文化に従属して生きてきたサバルタン（被従属民subaltern）が自分たちの言葉で自分たちの歴史を書き残すことの不可能性を示唆し、サバルタン研究の自己矛盾を露わにした。それに対し、フェミニズム法哲学者のドゥルシラ・コーネル（一九五〇―二〇二二）は、サバルタンとされている人たちは実際に多くのことを語っている、私たちにそれを聞き取る感受性がないだけではないか、と応じ、自らそうした声を聞き取ることを試みている。[8] やまゆり園の職員であった西角は、そういうスタンスのもとに、〝犠牲者〟の「声」の痕跡を拾い集めることを試みていると見ることができよう。

西角はそれとパラレルに、加害者である植松の「声」にも可能な限り耳を傾けようとしている。そのための方法の一つとして採用したのが、カフカの『掟の門前』を読んで感想を語ってもらうことで、彼と「法」との距離感を測るアプローチだ。

これは一見突飛に見えるが、犯行前後の植松は、「法」に対して独得な拘りを見せているように思える。具体的には、自らの障害者殺害計画に承認を与えてくれるよう首相に働きかけてくれることを依頼する衆議院議長宛ての手紙[9]を、議長公邸を訪れて職員に手渡したことと、事件後、自らに責任能力があると主張し、責任能力がある人間として裁かれることに拘ったことなどである。前者は、目立ってしまって、犯行を実行に移すのを困難にしてしまう行為である。にもかかわらず、植松は総理大臣の同意を得ることにかなり拘り、首相に直接手渡すのが困難だと分かった後、衆議院議長を経由して自らの意図を伝えることにしたのである。「法」あるいは国家権力による承認が、彼にとって特別な意味を持っているように思える。後者については、自分に不利だと分かっているにもかかわらず、「法」の言語が語られる場で、自らも語ることが、彼にとって特別な意味があったように思える――この点については、後述する。

こうした形で「法」的なものに拘る彼が、「法」についてどういうイメージを持っていたのか明らかにすることは無意味ではなかろう。「掟（法）Gesetz」の門の前に番人が立ちはだかっていて、どうしても中に入れてもらえない、そのうち自分はだんだん老いて力を失っていく、という寓意的な状況を描くカフカの『掟の門前』は、法律のプロではないのに、何かのきっかけで法をめぐる問題に巻き込まれてしまった人が、「法」について抱く漠然としたイメージを端的に描き出していると言える。西角からテクストを渡されるまで、植松はこの物語のことを知らなかったという。（法の素人である植松にとって、自分の分身のような存在が登場する）この物語に初めて触れることで、植松が「法」について抱いているイメージが引き出されるのではないかと期待するのはあながち不当ではなかろう[10]。

西角のかなり風変わりなリクエストに、植松は応えている。ただし、先に述べたように、植松のレポートは、この作品を直接解釈しようとするというより、これをきっかけとして、（知的）障害者をめぐる日本の法制度の欠陥についての彼なりの印象を書き連ねたものであり、西角の問いの答えとしては、ズレている。

ただそれでも、彼が「法」について以下のようなイメージを抱いていたことは、読み取れる。①「法律で決められている」というフレーズを使うのは、弁護士や精神科医など「高学歴」「高収入」の人間だけであり、やっとの思いで権力を手に入れた彼らは、「法律」について敢えて再考しようとはしない——だから、法律で障害者の扱いが一度決まってしまえば、それが社会にとって損失だと分かったとしても、彼らはその法律の是非を問おうとはしない、②「人間が集まれば、ヒエラルキー（見えない階級）が発生し、その場に最も適応した人間が尊敬」され、「殺戮が認められる空間では、それが一つの正義」となる、③カフカが提起したのは、「正義の神はじっとしていなくちゃ。でないと秤がゆれて、正しい裁きが下せない」、という問題である[11]。

植松自身の意図しなかったことだろうが、これらはカフカの文学に表れた「法」のイメージとして必ずしも見当外れではない。カフカには、『審判』と『掟の門前』以外にも、『判決 das Urteil』（一九一三）『流刑地にて In der Strafkolonie』（一九一九）『掟の問題について Zur Frage der Gesetze』（一九二〇）など、「法」をテーマにした作品が数多くあるが、このうち、『掟の問題について』では、「掟（法律）」というのは、支配者である少数の貴族集団の秘密であって、一般には知られておらず、しかもかなり古くからの秘密らしく、それをどう解釈する（auslegen）かということ自体が、「掟」になっているので、民衆は貴族の振る舞いから、「掟」というものがあり、それがどういうものなのか想像するしかない、と述べ

られている。▼12

自分たち素人には理解できない、法律家など特権階級の間の決まり事として措定（setzen）された「法 Gesetz」なるものが存在し、それが自分たちを支配しているらしい、という感覚は、普通の人が漠然と感じていることだろう。〈Gesetz〉という言葉を、「法律」だけでなく、医療、教育、科学、文化、宗教など、人間の行動を規制する規則一般の意味に取れば、この作品で示唆されている問題は、社会の成り立ちそのものに関わっており、かつ、法律家自身を含むほとんどの人間が何らかの形で感じている普遍的問題だと言えそうだ。法律家や医者などの「掟」の専門家は、自分たちが扱っている「掟」がどういうケースにどう適応されるかは知っているが、それがどうして当該分野の「掟」になったのかはっきり分かっていないし、この「掟」が妥当する根拠になっている、大本の「掟」（メタ掟）とはどのようなものか問い続けると、自分の立ち位置が分からなくなり、権威を失いかねないので、植松が示唆するように、「掟」はともかく存在する、という態度を取らざるを得ない。

民衆にとって不可視の「法」に人々を従わせるには、貴族＝エリート＝法律家階級が神のごとく全知全能で、逆らっても無駄であるという印象と、「法」が目指す「正義」は、植松が言うように、何があっても揺れ動くことはなく公平である、という印象を普及・定着させる必要がある。後で見るように、『掟の門前』は、「掟」を生み出し管理する門番たちの強大さの印象と不可視性を描き出しているとすれば、『審判』は、「掟」あるいはその管理者たちは、「掟」が適用される対象として決定された人物の行動を何故か完全に把握し、決して見逃さないこと（＝「正義」は必ず執行されるということ）と、その解釈は、少数の専門家に独占されていて、素人はそこに直接アクセスできないことを、ストーリー展開全体を通して示唆している。

先の①〜③を私なりに総合すると、植松は、以下のように「法」をイメージしていたのではないかと推測できる。「正義」は、社会的な権力関係、特にエリート層の利害でいかようにでも恣意的に変動可能であり、根源的に不安定なものであるがゆえに、大衆がそのことに気付き、〝正義〟について余計なことを考えないよう、「正義」を実現する手段としての「法」の番人は、「法」は決して変動しないし、アクセスできないという外観（＝掟の門）を維持し続けねばならない。植松が、たとえ断片的にでも、こうした「法」の権力的な性格を、『掟の門前』のテクストを読んだ印象と自分のそれまでの「法」経験を重ね合わせる形で、認識したとすれば、注目すべきだろう。

レポートでは、植松が描いた、カフカの似顔絵と「掟の門」のイラストが添えられている。カフカの似顔絵は、やせこけて目が大きく、（ナチス風に見えなくもない）潔癖症的な印象を与える。ある意味、いかにもカフカという雰囲気のものだ。それに対し、「掟の門」のイメージは独得だ。タイル張りの床の上に、大理石のような模様がはいった石造りのきれいなアーチが立てられているが、番人は見当たらない。門の向こう側は光り輝いていて、次の門ではなく、やはり壁のようなものが薄っすらと見える。天国への門に見えなくもないが、単なる門の形をしたものにすぎず、その先は壁に突き当たって行き止まりになるだけであることを案じているとも解釈できる。[13]

第九章では友人たち、第十章では交際女性たちの証言が、第四～第九章と同じように、可能な限り資料そのものに語らせる形で紹介されている。中高時代の植松が「不良」と呼ばれる人たちと付き合い、キレやすく、問題行動を見せる一方、社交的な性格で、部活動もやっていた、という両面性を示していたこと、大学卒業後の彼が脱法ハーブや大麻に手を出し、次第に妄想癖が強まっていくなかでやまゆり園に就職したこと、上司とぶつかって退職する前後に、「重複障害者は人間ではない」と発言するようになり、陰謀論的世界観を背景としたゲーム「イルミナティカード」にはまっていったことなどが明らかにされる。

第十二章では、事件とも当事者たちの物語からもいったん離れ、戦後の日本における「安楽死・尊厳死」の歴史について論じられている。日本安楽死協会の設立者である産婦人科医で政治家でもある太田典礼（一九〇〇－八五）と、安楽死法制化に反対した医師で育児評論家の松田道雄（一九〇八－九八）の思想的対立を軸に再構成し、そこに植松の「内なる優生思想」と通底するものがあるのではないか、と示唆している。これも一種の「思想のテクスト」によるアプローチだが、植松の言動をナチスの人種主義や優生思想と強引に直接結び付けるのではなく、植松の主張とは文脈的に距離がありそうな、「安楽死・尊厳死」問題との間の微かな共鳴を示唆するにとどめている。それによって、植松の言動にたびたび表れる一つの要素を浮き彫りにしようとしている。それは、社会的な「弱者」の死を、本人と社会のために願う発想だ。

この章で、西角は、植松が太田たち安楽死法制論者と同様に、「健常者・健全者という『強者の立場』▼14」に立っていると断定している。この点について私は疑問を感じる。第九〜第十章の彼を知る人たちの証言やそれに対応する被告人自身の裁判での発言を見る限り、彼が自らを「強者」と確信していたとは考えにくい。第九章に掲載されている、「イルミナティカード」に関する、弁護士の被告人質問では、重度障害者を殺すことが「社会に貢献する」ことだと語りながら、その直後に、自分がそういう話をしても、「人生がうまくいっている人はあまり興味がなかったかもしれません」、と言っている。彼自身は「充実した人生」を送っていない▼15。少なくとも本人はそう認識している。

植松は、自分に使命があると言いながら、社会的自己評価は低いように見える。その両極端な態度から見えてくるのは、自分の社会的立場についての不安と、その不安を緩和するため、自分より弱く、社会に貢献していないように見える、「意思疎通できない重度の障害者」に関心を向けていることだ。「意思疎通できないゆえに、社会の重荷になっている重度の障害者」という一面的なイメージは、彼自身の不安の投影だとすると、彼が「彼ら」（＝社会の役に立っていない自分の分身）をどうにかしなければという強迫観念に取り憑かれたこと、そのため「彼ら」がいる施設に就職し、仕事を覚えようと努力したこと、その挫折経験から、「彼ら」の死によって最終解決するという逆の方向へと飛躍したこと、自分の見ている前で入所者を杜撰に扱っていた——その点で、植松の犯行にヒントを与えたかもしれない——先輩や上司に対しては怒りや軽蔑の矛先を向けようとしないことなども、ある意味納得がいく。[16]

この「意思疎通」をめぐる問題は、植松と「掟の門」の関係を考えるうえで重要と思われるので、「言語」の問題を論じる際に改めて検討することにする。

三 『審判』と『掟の門前』の構造

法律をあまり意識しないで生きている一般人のイメージでは、「法」は予め決まったプログラム通りにルール違反かどうか判定し、違反者に強制措置を科す、自動的に動く機械のような存在で、法律家や警官はそのエージェント――映画『マトリックス』のエージェント・スミスのような意味で――だろう。ルールに違反したら、怖い目に遭うが、違反しなかったら、何もしてこないので、無視していい存在だ。『審判』のヨーゼフ・K(銀行員)が遭遇する「法」は、それとは若干異なった様相を呈する。「法」という名の「機械」のようなものが作動し、彼がそれによって次第に行動の自由を制限されていくので、その点では、普通の人の抱く「法」のイメージに近い。しかし、Kはそれとは微妙にズレた体験をする。

Kはある日突然、下宿で二人の見知らぬ男たちの訪問を受ける。彼らは、Kに部屋の外に出ることも、部屋に第三者を呼ぶことも禁じる。どうしてかと尋ねると、「あなたは逮捕されたんだ Sie sind ja gefangen」、と告げられる。自分の身に何が起こっているのか分からないKに、監視人(Wächter)は更に、「訴訟(das Verfahren)はとにかく始まったんだから、時さえくればまちがいなく知らせてもらえる」、と〝説明〟する。[17]

「法治国家 Rechtsstaat」に住んでいる自分がこんな目に遭うのはおかしいと感じたKは、監視人たちに彼らの「身分証明書 Legitimationspapiere」と、Kに対する「逮捕令状 Verhaftbefehl」を見せるよう要求する。ヴィレムという名前らしい監視人は、「おれたちはただの監視人なんだ。その監視人と身分証明書だの逮捕令状だの、そんなこと議論して、それであんたの呪われた大きな訴訟事件(Proceß)に、すばやくかたをつけようとでもいうのかね？」、と答える。彼に言わせれば、「おれたちにも、おれたちの勤めている役所では、こんな逮捕を行なうまえに、逮捕の理由や被逮捕者の人物などについて、きわめて正確に調査をしてあることぐらいは分かっているんだ。その調査にまちがいなんてこれっぽっちもありやしない。（…）これが法律（Gesetz）というものさ。どこにまちがいがあるというんだね」。「そんな法律は知らないね」というKに対し、ヴィレムは「知らないだけあんたの損さ」と言い、フランツというもう一人の監視人は、「奴さんは法律は知らないと言いながら、同時に無罪だ（schuldlos）なんて言い張っている」と、Kの言動の矛盾を指摘する。[18]

彼らは、法律用語らしきものを使いながらやりとりするが、肝心のところで話が通じていないし、監視人たちの振る舞いは、私たちがイメージする法治国家の正常な「法律」の手続きから逸脱し、かなり恣意的に解釈・運用されているように見える。[19] 二人は下宿でKのために用意されていた朝食を平らげてしまうし、下宿の別室にいるという監督（Aufseher）と呼ばれる男のところに連れて行く前に、正装に着替えるよう指示する。監督は、隣室の女性の部屋にいて、室内を勝手に荒らしている――Kは後で、彼女のところに説明とお詫びに行くが、もともと彼女に関心を持っていた――少なくとも、結果的にはそう見える――彼は、彼女に強引にキスすることになる。下宿の他の住人たちも騒ぎに巻き込まれ、Kの私生活（プライヴァシー）はかき乱され、彼がそれまで周囲に対して隠していた欲望や価値観が露わになっていく。「法」という公的であるはずのものが、近代法の大原則である公私二分論を無視し、プライヴァシーをなし崩し的に浸食する。

しかし、その一方彼はどこかに強制連行されたわけではなかった。「逮捕」されていながら、銀行に通って仕事を続けることができた。しかし、二人の監視人と、彼らに協力しているように見える銀行の同僚たちから絶えず監視される（ように見える）、という奇妙な状況が続く。

銀行で仕事をしていると、電話がかかってきて、日曜日に彼の件で「審理 Untersuchung」があると告げられる。それで、「審理委員会 Untersuchungskommission」を訪ねるが、指定の番地にはそれらしい建物は見当たらない。そこは貧しい人たちの住む灰色のアパート街だった。[20] 近くのアパートで聞き回っていると、洗濯をしている女性が住んでいる部屋が委員会の所在地だと判明する。部屋の〝中〟には、細い道があり、いくつかのグループが党派集会らしいものを開いていた。超満員のホールにつれていかれ、その隅の演壇に座っている、背の低い太った男が、彼を担当する「予審判事 Untersuchungsrichter」らしいことが分かったが、彼との会話はすれ違いに終わり、そもそもKの事件が審理されているのかさえ曖昧なままであり、Kは次第に苛立ってゆく。

次の〝期日〟に、その裁判所（Gerichtswesen）に行くと、状況は更に混沌としてくる。Kは予審判事など裁判所の関係者に働きかけてくれるかもしれないと思って、部屋の主らしい、洗濯していた女性に話しかける。彼女は、自分の夫は廷丁（Gerichtsdiener）で、自分たちは部屋を借りているだけで、裁判のある時は部屋を開け渡さねばならない、と言う。そのうえ女が彼を誘惑するようなそぶりを見せるので、先を急ごうとするが、引き止められる。そこに彼女にストーカー的につきまとっているという、「得たいのしれない法律学なるもの die unbekannte Rechtswissenschaft」を学んでいる学生が絡んできて、〝訴訟〟の本筋とは関係なさそうな奇妙な展開になる。

学生が女性を抱き上げてどこか――恐らく、予審判事のもと――に連れさった後、どこに連れさったのか少し興味を持って周囲を歩き回っていると、屋根裏部屋に通じる階段に、「裁判所事務局階段 Aufgang zu den Gerichtskanzleien」と書かれているのを見つける。階段の前でどうするか思案していると、女性の夫の廷丁が現われたので、彼に「事務局」を案内してもらい、廊下であてどなく自分の順番を待っている人たちと出会って、挨拶する。一応「事務局」の様子を見終わった後、廷丁の案内で帰ろうとするが、気分が悪くなって座りこんでしまう。用事があると言って既に行ってしまった廷丁の代わりに、近くにいた若い娘と案内係＝情報提供者（Auskunftgeber）の男に付き添われ、Kはようやく外に出る。ドアを開けた時の二人のリアクションから、Kは二人がなじんでいる「事務局のなかの空気 die Kanzleiluft」が、外のそれと異質なものであることを知る。

Kの見た「裁判所」は、その場所や空間的な拡がりの面でも、そこに集まっている雑多な人たちの、裁判そのものとはあまり関係なさそうな奇矯な振る舞いの面でも、現実の裁判所とはかけ離れているので、裁判制度の寓意やパロディというより、「法」に対してカフカが抱く感情や心理状態の反映と解釈されがちだ。[21] しかし、カフカが現実の裁判所や訴訟に対して抱いていた、否定的なイメージの誇張と取ることもできる。

「法」は、法律のことなどほとんど知らずに生活している一般庶民を、いきなり逮捕したり、あなたは訴えられていると言って、裁判所に召喚したりする。裁判官や担当の役人に事情を聞いても、書類を見て、「○○ということになっていますね」と言うだけで、全然要領を得ない。Kは最初に「裁判所」を訪ねた時、彼を別人と取り違えるなど、見当外れな対応をし、ノートをめくっているだけの「予審判事」に不信感を募らせる。周りには、圧力団体とか、役人と癒着しているブローカーとか、法廷の常連のような妙な連中がたむろしている——自分だけは、まともで、周りの人間はおかしい、と各人が思っているかもしれない。この得体のしれない「訴訟＝プロセス」によって自分はどうされるか分からない、と不安になる。「法」を学んで、よく知っているはずのエリートも、予期せずして、「訴訟＝プロセス」に巻き込まれると、「法」に関する同じようなグロテスクなイメージ、あるいは、もっと誇張されたイメージを抱いてしまうかもしれない。

「裁判所」を中心に動く訴訟＝プロセスは、どこで始動し、どのような人が巻き込まれるのか——訴訟当事者になるか——予想がつかない。人々の行動を法律の名の下に制限し、制裁を加えることのできる裁判所の権力基盤がどこにあるのか分からない。裁判所の「事務局」の奥で、裁判官たちが何らかの重要な決定を行っているらしいが、「外」の人間はそこにアクセスできない。そのため、廷丁とかその妻、案内係、法律家（法学者）の卵、裁判所の廊下にたむろしている常連のような、いわば、「法」の周辺に棲みついている連中の言動を通して、「裁判所」あるいは、その権威の源泉「法律」なるものを想像するしかないのである――権力の中心の不可視性がテーマになっている、小説『城』（一九二六）も似た構造になっている。

冷静に考えれば、廷丁の妻や廊下にいる常連が「裁判所」を代表しているはずはないのだが、Kのように不意を打たれ、訳も分からないまま裁判所に出頭させられ、どこに行ったらいいか分からないまま裁判所の廊下をうろうろしていると、そういう歪なイメージに囚われ、裁判所独得の「空気」を感じて、気分が悪くなるかもしれない――植松が「法」に対して抱く雑多なイメージも、やまゆり園の上司や衆議院議長公邸の職員など、「法」を代表していそうな人たちとの接触から生まれてきたのかもしれない。周辺的な人物との接触を通して「法」についての奇妙なイメージを持つ一方で、Kは徐々に、「裁判所」の中核で、実質的な決定を成している、本当の「裁判官」などどこにもいないのではないか、という疑問を持ち始める――これは、植松が描いた、向こう側に何もなく行き止まりになっているように見える「掟の門前」のイラストに対応しているかもしれない。

以上の通りだとすると、あまりにも素人っぽい「法」のイメージではある。しかし、カフカに二つの顔があるからこそ、「法」のグロテスクな様相を捉えることができたのかもしれない。法学博士という「法」に仕える知的エリートとしての顔と、マイノリティの視点から世界を描く小説家としての顔である。彼の小説は、精神的に追い込まれて不安定になり、辛うじて自己を保っている者、人間の限界からはみ出してしまった者たちの視点から見た世界、普通の日常が不気味に見える局面を描き出す▼[22]。

誰が市民なのか、誰にどのような権利があるのか、誰が制裁を受けねばならないか、何が正義かを定める「法」は、市民権や行為能力を認められていない者、実質的に人間として扱われてこなかった者、あるいは（植松のような）アイデンティティの危機を抱え、自分より弱く、「人間」の標準から更に隔たっているように見える他者に目を向けてしまう者にとっては、Kが体験したように見えるのかもしれない。そうした意味でKのように、「法」によって圧迫される形で、「人間」の限界へと押しやられ、法＝権利による保護をはぎとられ、「むき出しの生 la nuda vita」を生きる存在を、イタリアの哲学者アガンベン（一九四二―　）は、「ホモ・サケル homo sacer」と呼ぶ。訴訟＝プロセスの中に投げ込まれたKの身体から、権利やプライヴァシーに関する法的防御装置が次第に解除され、欲望も身体的な特徴も丸見えの、「ホモ・サケル」化していくなかで、「法」はその力を誇示する。▼23「ホモ・サケル」が、法の保護のない「むき出しの生」の典型として暴力的に扱われることで、一般市民は、自分たちを保護してくれている（はずの）「法」の力を知るのである――植松のように、自分より更にホモ・サケル的な他者に対し暴力を振るう存在も、「ホモ・サケル」に属するかどうかは、彼の振る舞いのどの側面に焦点を当てるかで異なってくるだろう。

『審判』のストーリーに話を戻そう。Kのことを心配して田舎から出て来た叔父の勧めで、Kは叔父の友人であるフルト弁護士に相談することにする。しかし、年老いた弁護士は病気がちで、いかにも頼りなさそうな様子だ。ただ、弁護士は裁判所に多くの知り合いがいるので、Kの力になってやれそうだと示唆し、その場にいた事務局長（Kanzleidirektor）に紹介する――弁護士が、その場に事務局長がいると口にするまで、Kには事務局長の姿は見えなかった。しかし、弁護士と叔父と事務局長がKを抜きに話し込んでいる間に、Kは弁護士の愛人でもあるらしいレーニという看護師の女性に誘われ、弁護士の仕事部屋らしいところで関係を持ってしまい、叔父や弁護士の機嫌を損ねる。

先の廷丁の妻やレーニの場合のように、Kは物語の展開で、いろいろな女性にまとわりつかれ、妙な関係になる。これらの女性は、プライヴァシーを奪われ、「ホモ・サケル」化したK自身の欲望が否応なく露出していくことの反映であり、実際にKの方からちょっかいをかけているという解釈も可能であるが、いったん始動した「法」のプロセスがターゲットにした者の身体に執拗に絡みつき、どんどん市民的な日常から遠ざけ、「ホモ・サケル」化していくこと、「法」＝「正義の女神」の粘着性を象徴しているとも解釈できる。

機嫌を損ねたものの、結局フルト弁護士は依頼を引き受けたが、訴訟のための書類を作成している様子もない。Kは弁護士と何度か話し合うとしたが、疑問に思っている点を質問できず、弁護士の実績と裁判の仕組みについて一方的に話を聞かされるだけだった。弁護士曰く、請願書（Eingabe）を書いても、最初の請願書は置き忘れられるか、読まずに放っておかれることが多い、「訴訟手続は公開（öffentlich）のものではないのであって、裁判所がそうする必要があると考えれば公開されるものだが、法律自身としては、公開すべきであると規定しているわけではない。だから裁判所の書類、とくに起訴状（Anklageschrift）は、被告と弁護人には見ることのできないものとなる[24]」。その上、「弁護側は、本来法律で認められているものではなく、ただ黙認されている（nur geduldet）にすぎ」ず、「厳密にとれば、裁判所によって公認された弁護士（Advokat）などは一人もいないのであって、この法廷に登場するものは、すべてみな三百代言（Winkeladvokat）であるにすぎない[25]」という。弁護士は、事務局に閉じこもって、外の世界とまともな人間関係（persönliche Beziehungen）を持つことなく、ひたすら書類仕事を続ける役人のところに押しかけ、無理に話を聞いてもらうしかない。近代法の常識からするとあり得ない、寓意的に誇張された話だが、追い詰められた精神状態の人には、頼りにならない弁護士の難しい専門用語による〝言い訳〟がそういう風に聞こえてしまうかもしれない。

訴訟のことが気になって仕方ないKは、銀行の仕事も手につかなくなり、上司である支店長代理が自分を陥れるのではないかと疑心暗鬼になる。取引先の工場主の紹介で、裁判官の肖像画を描いている関係で裁判所にコネがあるという画家ティトレリの所に相談に行く。画家は、屋根裏部屋に住んでいる。彼は近所の少女たちに人気があり、Kとの会話中にもしょっちゅう少女たちが入り込む――画家によると、その少女たちも「裁判所のもの zum Gericht gehören」である。画家の部屋には、裁判官たちの肖像画と並んで、目隠しをして秤を持っている正義の女神（die Gerechtigkeit）らしい絵もあった。ただし、かかとに翼が生えて飛んでいるので、Kがその点を不思議に思うと、画家は、頼まれて正義の女神と勝利の女神（die Siegesgöttin）を一緒にしたのだと答える。それに対してKは、「あまりうまい取り合わせじゃありませんね」「正義の女神はじっとしていなくちゃなりません。さもないと秤がゆれて、正しい判決ができなくなってしまいます[26]」と軽く——植松のそれと同じように素朴な——感想を述べる。

画家によると、一度起訴（anklagen）されると、裁判所は被告の有罪を確信するので、どんな論拠（Beweisgründe）を出しても、その確信から引き離すのは難しい。無罪判決については過去の伝説が残っているくらいだ。しかし、「本当の無罪宣告 die wirkliche Freisprechung」ではない〝無罪宣告〟なら、二つ可能性があるという。それは「見せかけの無罪宣告 die scheinbare Freisprechung」と「ひきのばし Verschleppung」である。

前者は、無罪の証明、無罪宣告、無罪宣告の理由などの書類を下級裁判所と上級裁判所の間で数えきれないくらいやりとりし、書類の上で「手続き中 im Verfahren」の状態にあり続けるようにする、というものである。「外から見れば、いっさいがもうとうに忘れられ、書類はなくなり、無罪宣告は完全なものになったように見える」こともあるが、実際には、「書類がなくなったわけでもないし、裁判所が忘れるなどということもない」ので、「裁判官のだれかが人一倍注意深く書類を手に取りあげ、その事件において告訴がまだ生きていることを認め、即時逮捕を手配する」こともあり得る[27]。「ひきのばし」は、被告と援助者、特に援助者が裁判所と常に個人的な接触を保って、「訴訟をいつまでもいちばん低い訴訟段階に引きとめることによって成り立つ[28]」。Kは画家の提案を受け入れるかどうか迷ったが、援助を約束してくれる画家の誠意に応えるため、彼の絵を何枚か買って帰る。

そうしたKのあがきにもかかわらず、彼を絡め取っていく「法」の「プロセス」は、どんどん進んでいたようだ。最後は、唐突にやってくる。彼の三一歳の誕生日の前夜、彼の下宿を訪れた二人の人物は、居間の戸口と、Kの部屋のドアの前で「儀式ばったことFörmlichkeit」を繰り返し行った後、Kに対峙した。誰かが来ることを予感していたKは、彼らについていく。二人は両側からKの腕を取ったので、三人一体となって、月明かりの下で町外れの石切り場まで歩いていく。二人はKの上衣やチョッキ、ワイシャツを脱がせ、石の上に寝かせる。そして、両刃の肉切り包丁を彼の心臓に突き立てる。

この長編小説の終わりに近いところで、銀行の顧客のイタリア人の観光に付き合うべく、聖堂の前で待ち合わせていたKは、雨宿りのため聖堂の中に入っていく。そこで説教壇の近くにいた教誨師(Gefängniskaplan)に呼びとめられる。Kの訴訟のことを知っているという教誨師は、裁判所に関する人々の思い違いを正すために法の入門書に書かれている、「掟の門前」の寓話を語り始める。

「掟の門」の前には門番がいる。田舎から来た男が、門番に「掟の中にin das Gesetz」入れてくれと頼むが、門番は許可しない――田舎というのは、法の中心部から遠い場所を暗示する寓意かもしれない。門番は今はダメだが、後で入れてやれるかもしれない、と言う。そこで男は脇に行って、身を屈め、門の中を覗き込む。門番は笑いながら、そんなに入りたいなら、私の禁止(Verbot)に構わず入ってみたらいい、ただし、「私は強い」、と言う。しかも自分は最下級の門番にすぎず、この向こうにまたいくつも門があり、それぞれの前にいる門番はどんどん強くなっていく、三番目の門番になると、自分も顔を見ることさえできないくらい恐ろしい。男は、入れてもらえるまで、門の脇で待つことにし、そこに何年も座り続けた。時折門番と雑談したり、贈り物をやって機嫌を取ったりしたが、変化はなかった。やがて年老い、弱っていった。亡くなる直前、男は門番に最後の質問をした。みんな掟を求めている(nach dem Gesetz streben)というのに、この間どうして他の人が入れてくれとやってこなかったのか。すると、門番は大声で、この門にお前以外の人間が入れてくれと言ってやってくることはあり得なかった、「この門はただお前だけのものときめられていたのだ。さあわしも行って、門をしめるとしよう[▼29]」、と告げた。

四　「法」の二つの側面

『審判』の本筋だけを見ていると、不可解な論理に従って、勝手に進行していく「法」の「プロセス」が自分を追いつめているという妄想に取り憑かれた男の現実と幻影が混じった物語に見える。それを一応の前提にしたうえで、「法」とは何の象徴か、文字通りの意味で「法律」か、法曹界か、政治的あるいは経済的権力か、[30]フロイトやラカンなどの精神分析理論における象徴的な「父」[31]か、と考えるのが、この小説を解釈する時の定石だろう。多分、それで間違っていないだろう。しかし、それだけだと、どうしてそんなに法律が気になるのか、あるいは、どうして「法」が父や社会的権威の象徴になるのか、といった根本的な疑問が残る。

法律家や法学者に言わせれば、「法」が社会で中核的な役割を果たしているのは自明の理だろうが、先に述べたように、普通の市民は、何かのきっかけで訴訟などの当事者にならない限り、「法」のことなど気にしない。法学者でもあるカフカが、「法」のプロセスにたまたま巻き込まれた普通の人が体験する理不尽さを告発する作品として『審判』を捉えることもできなくはないが、それなら、『審判』のような幻想とリアルが入り混じった寓意のような形ではなく、ノンフィクションに近い法律ドラマにした方が遥かに効果的だろう。

そもそも小説全体を通して、Kがどういう容疑で逮捕され、起訴されているのか、K自身を含めて誰も語っていない。その点で、法律のリアルな欠陥を告発する作品ではない。読み進めていけば、多くの読者は、監視人や裁判所、廷丁夫妻や画家などは、Kの妄想の産物かもしれない、という印象を受ける。そういう奇妙な性格を持っているからこそ、『審判』はプロの法律家を含めて多くの読者を惹きつけてきたのである。「法」が何らかの事情で、一方的にKを追ってきたというだけでなく、監視人や廷丁夫妻、（公式の立場を与えられていないという）弁護士などに、Kが自分から関わりを持ち、余計に妄想をこじらせているように見える場面は多々ある。Kが逮捕・起訴された理由がいつまでも明らかにならないのは、出来事のほとんどがKの妄想にすぎないからかもしれない。

この方向で考えると、（法学者でもあるカフカではなく）Kがどうして「法」が迫ってくるという脅迫観念に囚われたのか、という問いが意味を持ってくる。

そこで補助線として、「掟の門」の寓意を重ね合わせて考えてみよう。『審判』では、「法」の暴力あるいは権力機構が、Kをしつこく狩りをするように追い回して[▼32]、（彼の権利とプライヴァシーを奪いながら）まとわりつき、最後はその身体を暴力的に破壊する（ようにKには見える）のに対し、『掟の門前』では、「法」にアクセスしようとする男が拒絶され続け、人生の大半を「法」に受け入れてもらえる徴候を待つことに費やしてしまう。二つの作品は、「法」の暴力＝権力（Gewalt）の二面性、特定の者を追い回す性質と、逆に、拒絶する性質を表現している。

門番の男の台詞から分かるように、「掟の門」は、特定の誰かのために現れるもののようだ。その意味で、「私的」なものだ。万人に平等に適用されねばならないはずの「掟＝法律Gesetz」が「私的」だというのは矛盾している。ただ、田舎から来た男を、起訴されて訴訟に巻き込まれた人間としてではなく、この世界を支配している「法（掟）」を〝自分のもの〟にしたい、最低でも「法」を適用される側ではなく、適用する側――植松の表現だと、「法律で決められている」というフレーズを使う側――になりたい、というある意味、万人に共通の欲望に強く突き動かされ、じっとしていられなくなった人間と捉えると、分かりやすくなるように思える。

この寓話が、作品の最後に近い所に埋め込まれていることは、「法」がいきなりKを追ってきたようにKは感じているが、実際には、K自身が――その自覚なしに――「法」によって禁じられているもの、あるいは「法」それ自体を我が物にしようとして、自ら「法」の「門前」に押しかけた可能性を暗示している。押しかけた結果、自ら「法」の暴力に身を晒すことになったわけである。私たちは、自分を拘束するものとしての「法律」――狭い意味での「法」――とは関わりを持ちたくない、面倒だと思う一方、他者を支配し、影響力を行使するための道具としての「法」——「掟」というニュアンスを帯びた、広い意味での「法」——には憧れ、自分のものにしたいという欲望を抱くことがあるのではないか。

私たちがこの世界に「掟（法）」が存在することを最初に意識した、（私的な）瞬間を思い出してみよう。自由に行動させてくれないルールの存在を知らされると、私たちの多くは厭な圧迫感を覚える。他人にルールの存在を指摘されると、その人物にコントロールされているような気分になる。ルールを他人から押し付けられるのは不快だが、逆に、自分が他人に押し付けることができると、気持ちいい。極めて私的な思い出であるが、幼少期に階段から落ちて歩き方が少々おかしかったということもあって、幼稚園から中学に入る頃までの私は、他の子と同じように動作することができず、親や親せき、先生からよく注意されていた。周りの子まで、大人の真似をして、私が何か（標準から）外れたことをするたびに、「〇〇してはいけないんだよ！」、と教えようとする。ルールの存在を私に教えてやろうと、いつも待ち構えている子もいたような気がする。それがかなり苦痛だった。

他人の行動を強制によって支配するやり方は、大きく分けて二つある。暴力による威嚇と、言葉による威嚇である。前者は原始的なので、子供でも、お互いの間で実行できる。後者の場合、自分の背後にある権力とか利害関係をほのめかすなどテクニックが必要だが、一番ストレートに効き目があるのが、「ルールです！」だ。複雑な言い回しはいらない。「ルール」の存在を端的に指摘されたら、抵抗しても無駄である。社会的に通用する客観的事実だからだ。「ルールです！」で、相手の動きをぴたっと止められると気持ちがいいし、かっこいい。一種の呪文のように思えてくる。

「ルールです！」で痛めつけられたことのある人間ほど、「ルールです！」を自分のものにして、思い通りに使いたいという欲望を抱く。いわば、「法」に魅せられる。この場合の「法」とは、日常生活や科学やビジネス、芸術創作の場において、人々の行動を制限する諸ルールを作る時に守らねばならないメタ・ルールのメタ・ルール、メタ・ルール……のメタ・ルール、大本のルールである。『審判』に登場する、監視人や廷丁の夫婦、法学生、（公認の資格があるのかないのかよく分からない）弁護士、叔父、法廷画家、教誨師など、「法」の周辺にたむろする人物が、Ｋに「法」にまつわる怪しげなルールを押し付けようとするのは、周辺にいる彼らこそ、自分で手軽に使える〝ルール〟を欲しているからかもしれない。

　このように、人間関係の「ルール」をめぐる卑近な例で説明すると、『審判』の中で働いている不可思議な「プロセス」を平板化しすぎているように思えるかもしれない。ただ、こうした「法（掟）」をめぐる日常的なせめぎ合いは、「禁止」されたり、「隠蔽」されたりすることで、その対象への欲望がかえって喚起され、無意識に抱いていた欲望を掘り起こされた主体はその対象に取り憑かれていく、という文芸批評や精神分析でしばしば話題になるメカニズムに対応していると解することができる。無論、特定の精神分析や心理学の理論に従って、欲望の本質を特定する必要はない。その対象は、性、力、地位、権威、名誉など、様々なものが考えられる。「法（掟）」は私たちがそれらに自由にアクセスできないようにし、それらに社会的価値を付与すると共に、私たちに、自分はそれらへの「欲望」を抱いていることを〝自覚〟させる。そうした欲望の主体を生み出す操作を通して、「法」自体が欲望される対象になっていく。

　「ルールです！」や「法で決められている」は、そのようにして喚起される、「法」自体への欲望を端的に表すフレーズだ。『掟の門前』の門番のように、「法」は、現在は無理だが、いつか中に入れてやれるかもしれない、と示唆することで、人々を魅了する。しかし、その時は訪れず、「門」の前で無限に待ち続けることになる。仮に、「門」をくぐって中に入ることに成功したと本人が思っても、実際に手に入るのは「法」の末端の断片のようなものだけで、〝真の法の力〟を獲得するには、更に奥の「門」を通り抜ける必要があることがすぐに判明するので、次の段階の法への欲望が喚起され、いつまでも「法」それ自体には到達できない。[▼33] 狭い意味での「法律」の「プロセス」は、様々な書式や手順、役職、裁判所の空間性、裁判や刑執行の様式などの儀礼的要素によって、そこに欲しいもの、手に入れねばならないものがあると思わせる、「法（掟）」の罠を圧縮した形で表現していると言えよう。[▼34]

五　言語と「掟の門」

ここで、『審判』―『掟の門前』から読み取れる、禁止し拒絶することによって、かえって人を惹き寄せ、虜にしていく「法の力」というイメージを、今一度『相模原障害者殺傷事件』で提起されている問題に適用してみよう。

植松は、自分が「掟の門」に入ることを拒否されている（＝社会のルールを作る法的エリートに相手にされていない）と感じる一方で、自分の立っている位置よりも〝更に外側の門の前〟をうろうろしているように見える人たち、言い換えれば、ホモ・サケルのように法の保護を半ば剝奪されているように見える人たちに暴力を振るって排除しようとした。「田舎から来た男」が、自分より弱い立場にいる人に共感するのではなく、彼らに対しては「門番」の役割を演じようとしたのである。第三者的に見ると、植松がやったことは、自分より弱そうな者を虐めることでストレスを発散しようとする、抑圧の下方移譲でしかない。しかし、彼が衆議院議長への手紙などの形で、「法」を参照し、自分の行為を正当化しようとしたのは、彼もまた、「法の力」に魅せられていたからではないかと解釈できる。

『掟の門前』の門番は、「田舎から来た男」を口で脅しているだけで実際に暴力を振るったわけではない。『審判』の監視人たちも「逮捕した」と言っている割には、Kの身体を直接痛めつけたわけではない――むしろ、彼らがKの部屋で規律違反をしたとして、銀行の一室で鞭打ちの罰を受けるという幻想的なシーンがある。最後に出てくる処刑人も、ナイフを突き立てる最後の瞬間までは、さほど露骨な暴力をKに加えていない。

しかし、西角も指摘するように、カフカの世界では、弱そうな人間が急に何かに憑かれたように、「暴力 Gewalt」の化身になることがある。虫に変身してしまった息子に林檎を投げつけ、殺そうとする『変身』（一九一五）の父親、年老いて弱っていたにもかかわらず、突如ベッドから飛び起き、息子に自殺を命じる『判決』の父親、ただの酔っ払いのようでありながら、時に強大な権力（Gewalt）を振るう『城』

の長官クラム。彼らは、外見は頼りなく見えても、社会的秩序を維持する「法（掟）」の代理人であり、その意味で権力者である。彼らが急に暴力＝権力的になるのは、「門」の内に入ってはいけないものが入ってこようとするからだ。彼らは、「法」によって包摂すべきものと、入ってはならないもの＝排除すべきもの＝ホモ・サケルを選別し、境界線を守る番人だ[35]——デリダ式に考えると、「法」に最終的に包摂される者はいるのか、という疑問があるが、ここでの論点ではないので、拘らないことにしよう。

「掟の門」の暴力的選別作用を端的に表現するのが、ある者を犯罪者として認定し、「法」による平等な保護から一時的あるいは恒久的に排除する刑法・刑事訴訟法であり、裁判でその境界線が具体的に引かれるわけだが、植松はそれとは別の決定的な境界線の存在を主張した。それは、西角の表現では、「生きるに値する生」と「生きるに値しない生」の間の境界線だ[36]。

この点で興味深いのは、植松がやまゆり園に入所している障害者全てを「生きるに値しない」と一括りに断定し、本当に無差別に殺害しているのではない点だ。彼は、個々の被害者の殺害に先立って、担当職員に、「こいつはしゃべれるのか」と聞いて、「しゃべれない」という返事を得てから殺害に及んでいる。その彼なりの〝ルール〟に気付いた職員が、「しゃべれる」ことにして助けようとするようになると、植松もそれに気付き、自分で少し観察して、「しゃべれない」と判断して、殺害する方針に変更したようである[37]。意思疎通できるかどうかを基準にしているわけである。このことは、裁判に先立って精神鑑定を受けた植松が公判で、自らには責任能力があると強く訴えたこととも符合する[38]。

植松の〝論理〟では、自らの言葉で権利を主張できない重度の障害者たちは、人間／非人間の境界線を守る「門」の外側にあり、「生きるに値しない」。それに対し、法によって責任能力を認められ、法廷で証言できる植松自身はその「門」の内側にいることになる。彼は、「しゃべれる／しゃべれない」の境界線が「人間／非人間」の法的境界線と一致することを、自分なりのやり方で明らかにしようとしたのではないか。

「言語」によってコミュニケーションできることを「人間」の条件とするのは、古代ギリシア・ローマ以来継承されてきた考え方であり、法や政治の理論とも強く結び付いているが[39]、西欧思想に詳しいとは思えない植松はどうして言語に拘るようになったのか。ヒントになりそうなのが、元交際女性Cが語る、映画『テッド2』を見て感銘を受けた植松の様子である。西角はこの映画の影響を重視し、簡潔な分析を加えている[40]。テッドはぬいぐるみの熊だが、命がやどり、行動し、会話ができるようになる。同じ見た目のまま、精神的に年を取り、マリファナをやったり、売春婦を呼んでいかがわしいこともするが、持ち主＝親友の家を出て、働いて生活する、という自立性も持っている。『テッド2』では、人間の女性と結婚したテッドが子供が欲しくなり、精子提供者を求めるが、医療機関から拒絶され、次に、養子縁組しようとするが、「法」の壁が立ちはだかった。マサチューセッツ州の当局は、彼が「人間 person」ではなく、「所有物 property」にすぎないため、養子を取ることはできないと宣告した。彼と友人（持ち主？）のジョンは、弁護士に依頼して、州を相手取った訴訟を起こした。ところが、前作で彼を誘拐しようとしたストーカーの男ドニーは、裁判の過程で彼が「所有物」にすぎないことが証明されれば、彼を盗み出して解体しても殺人にはならないので、彼の仕組みを解明して大量生産すれば、儲かると玩具会社のＣＥＯに持ちかけ、陪審員たちを買収する。テッドは敗訴し、ドニーに追い回されることになる。しかし、彼とジョンの〝人間関係〟の強さに感銘を受けた、著名な人権派弁護士がこの案件を引き受けたことで、テッドは控訴審で勝訴し、「人間」だと認められ、無事養子を迎えることになる。判決の決め手になったのは、彼の「自己認識 self-awareness」と「複合感情を理解する能力 ability to understand complex emotions」「共感する力 capacity for empathy」であった。

西角は、これを見たことが植松が「意思疎通できる」かどうかに拘り、殺害する際の選別基準にする大きな要因になったのではないか、と指摘する。私もこの分析は妥当だと考える。補足すると、植松自身がテッドのように、自分が「人間の条件」をクリアしているかどうか不安だったからこそ、自分以上に条件を満たしているかどうかギリギリで、不安定なところにいるように見える「知的障害者」に関心を持ち、「言語」で意思疎通できるかで線引きできる、という彼なりの結論を出したのではないか、と推測できる。『テッド2』のDVDを見る前、障害者抹殺計画への支援を求める衆議院議長への手紙を出したことで、精神の正常性を疑われ、措置入院処分を受けていたため、彼のテッド的な不安はかなり高まっていたと考えられる。その前提で考えると、殺傷事件の法廷で弁護士が彼の責任能力を否定したのに、彼自身は死刑になる可能性が高いと分かっていながら、自分には責任能力があると主張したことも理解できる。彼にとって、「彼ら」と同じ側ではなく、「人間」の側でいることが重要だったのではないか。

この前提で植松の言動を、捉え直してみよう。障害者と自分はどこが決定的に異なるか、自分を障害者と違って「人間」の側に位置付けてくれる基準は何かに拘った植松は、「人間」の定義は「しゃべれること」だと早急に決め付け、「しゃべれない障害者」の「声」を聴こうとしなくなったがゆえに、自分の〝人間の証明〟のため、自分が〝人間〟であることを世間に認めさせる凶行に及んだ。

西角は、植松がテッドが「人間」として認められた理由として「意思疎通」にだけ注目し、「感情と心がある」という要因については——認識していたものの——敢えて無視し、「意思疎通がとれないものには人権を与えてはいけない」という結論に飛躍したことを問題視している[41]。そのうえで、自分が（自分が殺害した障害者と違って）「しゃべる」能力を持っていることを証明せんとばかりに、植松が法廷で言いたい放題だったことを、既存の裁判制度の問題として指摘している。「事件に及んだ動機や真相が十分解明されなかったのは、そもそも被告自身にその経緯や動機を語らせる自作自演の劇場型裁判の手法をとったからではないか[42]」。「動機や真相」ということで念頭に置かれているのは、どうして彼が障害者施設で働きたいと思ったのか、働き始めた当初彼が経験した入所者に対する非人間的扱いは本当か、彼はそのことについてどう思ったか、それは上司や同僚、入所者の家族、入所者との関係に影響を及ぼしたのか、「しゃべれない障害者は殺すべき」という考えが確信に変わったことに具体的なきっかけはあったのか、といったことだろう。

もっともな疑問だが、刑事裁判が、被告人が実際に処罰されるべき罪を犯したのか法の（言語によって定式化された）ルールに従って検証し、本人に可能な限りの抗弁の機会を与える場である以上、本人が口にしない〝真の動機〟を探り出すことは不可能だ。植松のように、自分の量刑を気にせず、言いたいことだけ言う被告人がいれば、それをメディアが大々的に取り上げ公衆が関心を持つかは別にして、法廷は「劇場」にならざるを得ない。このジレンマが生じる原因について少し哲学的に掘り下げて考えてみよう。

近代法、特に裁判制度は、言語による理性的なやりとりで、訴訟（プロセス）を進めていくことを前提にしている。民法の行為能力にしろ、刑法の責任能力にしろ、何らかの形で言語による意思表明ができなければ、そうした能力を有する、フルスペックの法＝権利の主体と認められるのは難しい。法廷のような公的な場で、自らの考えを法的に定められたコードに従って表明し、他者を説得する能力を持っていることが、法＝権利の主体であることの証明だとすれば、植松の犠牲者たちはたとえ生き残ったとしても、主体にはなることはできないだろう。身内や友人が代理として発言しても、それは本人が能力を有する主体であるという証明にはならないし、代理人の発言が、本当に本人の〝意思〟か確認するのは困難だ。

「法」、少なくとも近代法は、言語的コミュニケーションを前提にしており、「法の共同体」は、コミュニケーションの共同体である。[43]「法」は、言語的コミュニケーションによって運営され、そのメンバーシップは事実上、言語能力によって制限されている。植松がそこに着目したのだとすれば、あながち見当外れではない。無論、植松のやったことは、ハーバマス（一九二九－　）のようなコミュニケーションの理論家が想定する「コミュニケーション的行為」とはかけ離れている。ハーバマスの想定する「コミュニケーション的行為」とは、理性的な相互了解を目指して、討議の基本的ルール（相手の話を聞く、相手の話の妨害をしない……）を守り、互いに普遍的に妥当し得る理由を挙げながら対話することである。[44]

しかし、裁判のような制度化されたコミュニケーションの場で、植松のように自暴自棄になった当事者が、一方的な自己宣伝をするのを完全に防ぐことはできない。何をもって「コミュニケーション」とするか客観的に判定する方法や装置はない。植松のケースは極端だが、法律家や法学者など、法のプロの間の交渉も、理性的コミュニケーションとは言い難い、不明確で脅しや暗示を含んだやりとりによって進行することが少なくないのは言うまでもなかろう。違いは、プロの場合、その曖昧なやりとりの〝結果〟が法的に承認され、効力を持つ可能性が、素人の場合よりも高いというだけである。

「コミュニケーション」の定義を緩めて、以下のような社会学的な見方をすることもできよう。たとえ本人たちにそのつもりがなくても、自分たちが共通に従うべきルールについて言葉を交わし、それについて（たとえ不承不承であれ）何らかの〝合意〟らしきものが生まれ、一方が〝合意されたルール〟に従ったら、そこには既に「法」がある、と。『審判』では、「あんたは逮捕されたんだ」という監視人の言葉をKが本気で受けとめ、その状態から逃げ出そうとしたことから、（大した物理的暴力は行使されていないにもかかわらず）「訴訟＝プロセス」が始動した。彼が裁判所関係者らしき人たちと言葉を交わすたびに、プロセスは（彼の意思とは関係なく）進展する。『掟の門前』では、門番が実際に手を出していないにもかかわらず、「田舎から来た男」はその拒絶の言葉に圧倒され、その場から動けなくなる。「法」という支配の道具に魅せられた当事者たちが、「法」をめぐって自分が発した言葉に縛られ、〝コミュニケーション〟させられているうちに、暴力＝権力が強化されていく。

ごく素朴な捉え方をすれば、『審判』は、「法」をめぐるコミュニケーションの恣意性、暴力性（を誇示する脅し）、無駄な（としか思えない）膨大なおしゃべりや書類の増殖をパロディ化した作品だ。近代法は、そうした非合理な部分を削り落とし、手続きを整え、合理的な「コミュニケーション」によるプロセスを確立することを目指してきた。しかし、手続きの形式化・純粋化の代償として、法的なプロセスからノイズを除去すべく「門」が強化されきてきた。「門」の強化には、『審判』――『掟の門前』と、『相模原障害者殺傷事件』から読み取ることができる二つの側面がある。「暴力」の集中・強化と、「門」に入る資格の多段階的な限定である。

「掟」の「門」は、決定に従わない者もいることを想定し、「門番」＝「暴力 Gewalt」装置を常に備えているが、近代法はその暴力を独占し、それを法的に正当化しようとする（マックス・ウェーバー）。「法」のルールに従って警察や軍隊などの「暴力」装置を動かす権限が「権力 Gewalt」だ。「法」の決定がスムーズに実行されるには、「権力」が動員できる「暴力」が、共同体の正規メンバーであれそうでない人であれ、「法」に従うべき諸個人の「暴力」の総計を凌駕しなければならない。近代国家は、それを目指してきた。『掟の門前』の「田舎から来た男」は、門番の力が恐ろしくて、暴力で中に入ろうという気にならなかったし、植松は侵入時、自分より体格がいい職員がいないか気にしていたという。

「法」は、誰がそれを共有する「人間の共同体」の正規メンバーであるか予め規定する。「門」に入れる資格を定める。メンバーシップを奪うことも、部分的に停止することも、あるいは部分的に付与することもできる。また、『掟の問題について』で暗示されているように、裁判などの紛争処理過程で使用される言語のコードも、「法」によって指定されており、それを自由に駆使してプロセスに本格的に関与できるのはごく少数のエリートだけだ。「人間（法）の共同体」の正規メンバーでも、この言語をマスターしていると公式に認められない限り、プロセスに直接関与できない。法の専門家であるエリートに「代理」してもらわねばならない。知的障害者で言語による意思疎通自体が難しければ、「代理」の「代理」……という形でしか、「法」のプロセスに参加できない。

植松は、自分の知らないところで自分の生き方を決め、「門」の内側で進行するプロセスに参加させてくれない「法」に異議申し立てしようとしたが、番人――具体的には、やまゆり園の上司、総理官邸や衆議院議長公邸の警備に当たる警官、津久井警察署、精神保健指定医、相模原市担当部署職員など――によって門前払いを食わされ続け、自分の位置よりもう一つか二つ外側の「門」の前にいるように見える「しゃべれない障害者」に暴力をふるうことで、門番になったつもりになる、という極めてネガティヴな反応をしたわけである。

近代法が、理想的なコミュニケーションの空間を築くためノイズを排除しようとすると、多くの人がノイズ扱いされ、場合によっては暴力的に排除されることになる。それは、万人が参加する非暴力的な対話、という近代法の理想と矛盾する。この矛盾から、『審判』―『掟の門前』の登場人物たちのように、歪な形で「法」に執着する者が生まれてくるのかもしれない。

この矛盾を根本から解消することは当面不可能なので、各種の緩和措置を取るしかなかろう。西角が求めている事件の「動機や真相」を明らかにするというのはそうした緩和措置の一つだろう。そのためには、被告人に対する刑罰を定める刑事裁判とは別に、理由も分からず被害に遭った人たちのために事件が起こった背景を総合的に解明する、別の法的プロセスが必要だ。相模原事件で言えば、植松だけでなく、彼と関わった施設職員や、指定管理者である「社会福祉法人かながわ共同会」や県の担当部署の当時の責任者にも、当事者として証言してもらい、記録に残せるようにしないといけない。ただ、そういうもう一つのプロセスを構築するには、どういうケースでどういう関連部署に証言する責任を負わせるのか、被害者や家族の同意を真相究明をスタートさせる前提条件とするのか、といったことを決めねばならないので、制度設計は容易ではない。

限定された様式に従って、違法か合法か、有罪か無罪かだけを判定するために考案された裁判という制度で、万人の声が聞き届けられ、不正を生み出した根本原因が究明できるかのような幻想は捨てるしかない。「暴力を制御するための暴力」を背後に隠し持つ、形式的なルールの体系にすぎない「法」に、どういう機能を担わせることができるのか、担わせたいのかリアルに考えるしかない。「法」の合理性への過度の執着は、時として人を不条理な行動へと導く。それが、『審判』―『掟の門前』と相模原事件を交差させた地点から見えてくることである。

第2章　シュミットの『政治神学』のポストモダン的な再考

一　はじめに：『政治神学』のポストモダン的な側面

カール・シュミット（一八八八―一九八五）の初期の主要著作『政治神学』（一九二二、三四）は、オーソドックスな法哲学・政治思想史だけでなく、ポストモダン系の政治理論にも大きな影響を及ぼしているテクストである。数十頁の短いテクストだが、多様な要素を含んでおり、どこに焦点を当てるかによって様々な読解が可能だ。その多義性は既に、有名な冒頭の一文に表れている。《Souverän ist, wer über den Ausnahmezustand entscheidet.》[1]

この文の前置詞〈über〉を、ごく普通に「〜について」「〜に関して」という意味に取ると、この文は、「例外状態について決定する者こそが、主権者である」と訳せる。その場合の「例外状態について über den Ausnahmezustand」とはどういうことか？　ごく素朴に考えると、「例外状態において生じてくる諸問題について」、ということだろう。だとすると、この文は、国家が危機に陥った時に、通常の法的手続きの例外をどこまで、誰の権限で認めるかをめぐる、伝統的な法学の枠内での問題に関わるものだということになる――これを解釈①とする。

この文にすぐ続く箇所で、シュミットが彼と同時代、あるいは少し前の世代の主要な法理論を、「例外状態」との関連で批判的に検討していることからも、この見方は常識的であるように思われる。これに先立つ論文『独裁』（一九二一、二八）で、古代ローマ以来の法的制度としての「独裁」を「例外状態」と関係付けて論じていること、後に続く論文『ライヒ大統領の独裁』（一九二四）で、ワイマール憲法の四八条（緊急事態条項）の下での大統領の権限を論じていることは、この見方の傍証になろう。[2]「独裁官＝（実質的な）主権者」と考えると、この文はすんなり理解できる。政治思想史では、こうした法学的理解を前提にしながら、ワイマール共和国が陥っていた現実の危機状況との関連で、このテクストに表れているシュミットの具体的な問題意識を浮き彫りにしようとするアプローチが目立つ。[3]

しかし、「例外状態について決定する」というフレーズをこれとは全く違う意味に解することもできる。「何が例外状態であるのか決定する」という意味だ。「例外状態」というのが、単に、滅多に起こらない国家や社会にとっての危機ということではなく、事前の想定を超えた事態、想像を超えた事態、国家が今後存続するかどうかさえ不確かであることを含意しているのであれば、憲法などで、「例外状態」に必要な権限やその限界等について決めておく、というのは不合理だ。「これは憲法や●●法で規定されている例外状態なのか……」と議論している間に、事態が進行し、国家が崩壊してしまうかもしれない。そうなると、憲法などの法規範に囚われることなく、誰かが「今が（真の）例外状態」であると決定したうえで、必要な措置を取らないといけない。シュミット自身、「この主権者は、現に極度の急迫状態（der extreme Notfall）であるかいなかを決定すると同時に、これを除去するためになにをなすべきかを決定するのである」[4]、と述べている。

当然、国家の基本的法体系で想定されていない「決定」をして、それに実効性を与えようとすれば、想定外の強い権力が必要になるだろう。更に言えば、既存の法によって予め正統性が与えられていない以上、何らかの法を超えた手段で、その権力を迅速に獲得する必要がある。この意味での「決定」は、崩壊しかかった国家の秩序を再建、あるいは新たに創造することを含意する可能性がある――これを解釈②とする。

こうした理解は、法学的なシュミット理解とは相容れないが、ドイツ語としてはこちらの意味に取る方が自然だろう。ドイツ語の文法にもう少し拘ってみよう。ドイツ語の〈über〉には、上記の「～について」「～に関して」以外の意味もある。〈über〉の後に四格（目的格）の名詞あるいは代名詞が続く場合、「～を越えて」「～の彼方に」といった、運動の方向性を指すことがある。この前提で訳すと、「例外状態を越えて決定する者こそが、主権者である」となる。この訳だと文学的な曖昧さが伴うことになるが、大きく分けて二つの解釈の可能性がありそうだ：（a）危機の瞬間に「例外状態とは何か」を決定して権力を行使するだけにとどまらず、その権力を、その後の秩序形成のために使う者が主権者である（b）「例外状態」という未曾有の事態に混乱させられることなく、言い換えれば、「例外状態」を超越し、その社会や国家にとってその瞬間何が必要なのか本質的な洞察をすることができる者が主権者である――（a）を解釈③、（b）を解釈④とする。

解釈②と③はいわば地続きの関係にある。②がマキャベリ（一四六九―一五二七）が『君主論』（一五三二）で論じているような、権力者の「力量」に関わる問題の極端なケースだとすれば、③は、憲法学で「憲法制定権力」、政治思想史やポストモダン系思想で「構成的権力」と訳される〈pouvoir constituant〉をめぐる問題だ。それは、（憲法の基礎となる）国家体制あるいは法秩序を新たに生み出す（権）力、憲法を超えた権力だ。

④は、例外状況のただ中にあっても混乱することなく、「政治」や「法」の本質とは何か、何を目的とすべきかを見据えたうえで、その観点から見て、相応しい「決定」をするということだが、これは経験的には実証しえない、ある意味、神学レベルの問題だ。普通の人間は、自分が置かれている身近かな環境、社会・経済情勢に囚われ、物の見方、感じ方が制限されており、自分が属している「世界」を「外」から第三者的に見ることはできない。自分の属している国家や社会が危機に瀕し、自分の生存さえ危うい時で

あれば猶更だ。そういう時に、全てを超越しているかのように、政治や法の本質に適った正しい決定をできるとすれば、それは神のごとき視点を持つ存在だろう。

そうした神の視点から「政治」や「法」を捉え返すのが「政治神学」だ。ただ、この本のタイトルにもなっている、この言葉には注意が必要だ。「神学」という言い方をすると、どうしても、シュミットがカトリック的な背景を持っていたことから、伝統的なカトリック神学やカトリック系の教会法学を連想しがちである。カトリック神学との関連からシュミットの法思想自体を理解することを試みる研究もある。[5] しかし、『政治神学』でシュミットが「政治神学」の例として挙げているド・メーストル（一七五三－一八二一）、ボナール（一七五四－一八四〇）、ドノソ・コルテス（一八〇九－五三）はいずれも、専門的なカトリック神学者でも教会法学者でもない。市民革命を危険視し、反革命の思想を展開した政治家あるいは政治活動家だ。彼らは、反革命を正当化するためにカトリック的な秩序思考を引き合いに出したのである。

シュミットがこの三人の思想家を参照するのは、彼らが伝統的なカトリック思想の代表だからではない。「例外状態」において国家という枠を維持するには、三人の保守思想家に代表される、カトリック的秩序観についての極端な解釈に依拠するのが有効だと考えたからだろう。実際、三人の思想の具体的内実を検討している第四章でも、正統なカトリック神学との関係は問題にしていない。シュミットは、一面では、伝統的な法理論やカトリックの秩序観に依拠しながら議論しているように見えるが、穿った見方をすれば、危機を乗り越えるための道具としてそれらを利用している、更に言えば、それらを踏み台にして、独自の「政治神学」を構築しようとしているようにさえ見える。先の冒頭の一文の解釈をめぐる四つの解釈可能性に即して言えば、①のレベルの問題を起点にしながら、②③へと議論を進めていき、④を目指している、ということになろう。

しかし、このように整理してみると、カトリック的な秩序観・世界観を利用することで、伝統的な法学的思考の限界を超え、ドイツ国家の危機に対処しようとしたシュミットの『政治神学』に、そもそも現代的な意義があるのか、という疑問も生じる。シュミットの時代のドイツには、カトリックは大きな政治勢力で、中央党という政党を擁していた。現代でも、カトリックは全世界で十数億の信徒を有する巨大な宗派であるとはいえ、どこかの国で信者を本格動員して政治を大きく動かすことができる可能性は、シュミットが生きた当時のドイツよりもかなり低い。カトリック的な秩序の復権を訴えることで、「例外状態」に効果的に対処できる、と考える現代の思想家、政治学者はほとんどいないだろう。

シュミットの「政治神学」に現代的な魅力があるとすれば、それは彼が、一九世紀の〝政治神学者〟たちが発見した〝カトリック的秩序観〟の内に潜むもの、政治や法の核にあるもの、秩序を生み出す源泉としての、「ぎりぎりの極限まで（zum äußersten Extrem）高まっていくエネルギー」を宿した「決定 Entscheidung」[6]に備わる力、神学・形而上学的な力を露わにしたように見えるからだろう。だからこそ、伝統的制度や秩序を重んじるカトリック思想や法学と対極にあるように見える、ポストモダンの思想家たち、特にポストモダン左派の論客が、合理的な理解を拒絶する「決定（決断）」の絶対性をめぐるシュミットの言説に魅せられる。

そこで、本章の以下の部分では、『政治神学』を通してシュミットが露わにしたものは何か、オーソドックスな法学・政治学的なシュミット解釈からは離れて、シュミットを積極的に評価する、あるいは反面教師として参照するポストモダン系の思想家たちの言説との対比を通して明らかにすることを試みる。

具体的には、①法に内在する暴力を浮き彫りにしたベンヤミン（一八九二－一九四〇）の「神的暴力」論とシュミットの「憲法制定（構成的）権力」論の関係、②アガンベンの「ホモ・サケル」とシュミットの「例外状態」論の関係、③シュミットの秩序論・制度論における「正常性」と、ミシェル・フーコー（一九二六－八四）の生権力論における「正常＝規範性」の繋がりを明らかにする。一九三〇年代の半ば以降、シュミットの法・政治思想の焦点が制度主義や具体的秩序に移っていったことが知られているが、[7]

本章では「政治神学」に絞るため、シュミットの他の著作の参照は、『政治的なものの概念』（一九三二）など、『政治神学』と関係の深いものに限定する。

二　原初における暴力と権力

国家は、軍隊や警察などの暴力装置を備えて、自らに歯向かう個人や集団の暴力を制圧する。「例外状態」には、そうした国家の暴力装置が機能不全に陥るので、それまで国家の「権力 Gewalt」によって抑圧されていた、様々な「暴力 Gewalt」が噴出してくるのではないかと考えられる。ドイツ語の〈Gewalt〉には、国家などの制度化された機構が持つ「権力」という意味の他に、物理的・心理的な（制御されていない）力という意味での「暴力」という意味もあるが、両者の間に決定的な違いはあるのか。「例外状態」においては、その違いはかなり相対化される。国家権力自体が解体し、更には、新しい国家権力の生成へと展開していく時に、制度化された「権力」を剝き出しの「暴力」から区別する根拠はあるのだろうか。

ドイツ帝国が崩壊し、ワイマール共和政がまだ正式に発足していない、不安定な移行期に行った講演『職業としての政治』（一九一九）の中で、マックス・ウェーバー（一八六四―一九二〇）は、国家を、特定の領域内における自らの「正統な物理的暴力行使の独占 Monopol der legitimen physischen Gewaltsamkeit」を主張する「人間の共同体」として定義した。▼8 これは、「あらゆる国家は暴力を基礎としている」という、ロシアの革命家トロツキー（一八七九―一九四〇）の言明を修正し、「正統な独占」であることを強調したものだが、何をもって「正統な独占」と言うのだろうか。

通常は、その国家の法体系、特に憲法に相当する基本法によって「正統化」されるわけだが、「例外状態」には基本法自体が機能しなくなっている可能性が高い。ワイマール共和制は、SPD（ドイツ社会民主党）の幹部で国務大臣のシャイデマン（一八六五―一九三〇）の一方的な共和国宣言によって発足したが、帝政の最後の首相を務めていたSPD党首のエーベルト（一八七一―一九二五）さえ、そのことを事前に承知していなかった。この宣言を既成事実化することで、新しい国家権力は自己を正統化することになった。当然、それを認めない政治勢力は少なくなかった。それがワイマール共和制の不安定要因になり、憲法四八条に基づく大統領緊急令を何度も出さざるを得なくなった。

ウェーバーは国家の定義のすぐ後に続けて、国家相互であれ、国家の枠内で活動する集団同士の関係であれ、「政治」とは「(権) 力 Macht」の分け前に預かろうとする、あるいは、権力の配分に影響を与えようとする努力であるとしている。[9] 最終的に「権力」を掌握したものが、国家権力を名乗り、自己が行使する暴力を正統化するようになることを、ウェーバーは暗に認めているように見える。

正統な「権力」と、剥き出しの「暴力」の違いについてシュミットはどのように考えていたのか。『政治神学』では直接的に「暴力」について語っていない。[10] この著作でシュミットが問題にしている「例外状態」は、「法的秩序」は崩壊していても、国家は依然として存続し、それに対応した「秩序」はあり、「アナーキーとカオス」ではないので、[11] この意味での「例外状態」論の枠で考える限り、いかなる「権力」にも服さない剥き出しの「暴力」について考える必要はない、ということかもしれない。

しかしヒントになりそうなことは言っている。第三章でシュミットは、自らの意志で最終的に「決定」する、「人格的主権者 der persönliche Souverän」の表象を欠く、民主主義的国家が抱える根源的な問題を指摘している。[12] ホッブズ（一五八八―一六七九）などの近代初期の国家哲学においては、神が世界から超越し、自らの決定で世界の在り方を決めるごとくに、自らの統治する国家から超越し、立法という形で国家の在り方を決定する「主権者」が、国家の統一性を保持するうえで決定的な役割を果たしていたが、民主化された国家の主権者である「民衆（人民）Volk」はどのようにして、「主権者」として決定するのか？　ヘーゲル左派などの急進主義的な思想家たちは、かつての「神」の位置に、「自己に目覚めていく人類 eine sich ihrer selbst bewußt werdende Menschheit」[13] を押し上げたが、全ての人間を包摂する

〝人類〟という概念が、どのようにして、人々の利害や価値観をめぐる対立に決着を付ける政治的な「決定」を行いうるのか――この点については、『政治的なものの概念』で論じられている。[14]

一八四八年の三月革命以降の国家論・国法学では、全ての「権力 Gewalt」は、民衆の「憲法制定権力＝構成的権力」に依拠するものと見なす理論的な試みがなされるようになったが、シュミットはそうした試みは無意味と見ているようだ。[15]『独裁』や『現代議会主義の精神史的地位』（一九二三、二六）などの近い時期の著作からも分かるように、シュミットは、様々な立場の諸個人の自由と平等を前提とする、通常の意味での「人民＝主権者」論にはコミットしていない。[16] シュミットに言わせれば、（不特定の人間の集合体である）「民衆」あるいは「人民」を〝主権者〟として形式的に想定するだけで、それがどのようにして現実的な判断能力を持った具体的人格による意思決定へと至るのか定めようとしない民主主義は、最終的には、「アナーキズム的な自由 eine anarchistische Freiheit」[17] に行き着かざるを得ない。「アナーキズム的な自由」とは、ホッブズ等の社会契約論の「自然状態」のように、各人が独立した「権力（＝暴力）Gewalt」の担い手になった状態だと考えることができる。

では、「アナーキズム的な自由」とは、どのような状態なのか。ホッブズは『リヴァイアサン』（一六五一）の第十三章で、（国家が存在しない）「自然状態」の人間は、他者や家畜に対する支配、自己防衛、そして自らの誇りのために「暴力 violence」を使用するので、「自然状態」は「戦争状態」になると主張している。[18] ホッブズの「国家＝主権者」論を、自らの議論のベースにしているシュミットも、「自然状態＝アナーキズム的な自由」を同じように捉えていたのではないかと推測することができる。ド・メーストルは、『サンクト・ペテルスブルクの夜話』（一八二一）で、生物界全体にわたって「明白な暴力 une violence manifeste」が支配しており、人間も例外ではなく、「狂暴な人間性 féroce humanité」のために戦争が必然化する、と述べている。彼は、戦争は「世界の法則 une loi du monde」であり、それ自体として「神的 divine」であるとさえ述べている。[19]

ホッブズやド・メーストルと同様にシュミットが、「アナーキズム的な自由」を回避しようとしているのは間違いない。その反面、シュミットは、「アナーキズム的な自由」を求めた思想家たちに注目し、彼らの思考の根底にある、ある意味、神学的な要素を抽出しようとする。プルードン（一八〇九―六五）やバクーニン（一八一四―七六）のようなアナーキストにとって、人は、「本性において善 von Natur gut」であり、「権力」がそれを歪めている。「アナーキズム的な自由」とは、権力による歪みが除去され、人間の善が全面的に開花し、相互に平和な関係を築ける理想的な状態だろう。彼らはそうした期待に基づいて革命を称揚した。それに対して、人は「本性において悪 von Natur böse」と考える、ボナールやコルテスのような人たちにとって、「アナーキスト的な自由」は、人々が理性によるコントロールを失い、「肉欲 fleischliche Begierde」に突き動かされ、各人が勝手に権力への意志を追求する悍ましい状態だ。[20]市民革命によって従来の支配体制が揺さぶられ、あらゆる政治的正統性が疑われ、次第にアナーキーに近付いていく（かに見える）状況にあって、カトリック系の反革命の思想家たちは、人間の「悪」が全面的に解放されるのを防ぐため、教会の「権威 Autorität」を後ろ盾にした「独裁 Diktatur」の必要性を訴える。[21]人間の「本性」を「善」と見るか「悪」と見るかで、「アナーキー」か「独裁」か、という政治への基本的スタンスが決まるわけである。「およそ政治理念はすべて、人間の「本性」についての何らかの態度決定をするものであって、人間が「本性において善」か「本性において悪」かのいずれかを前提とする」[22]。

シュミット自身は当然コルテスたちの側に立っているが、人間の「本性」を「善」と見るか「悪」と見るかという神学的次元の争点を明らかにしているという点で、アナーキストたちの議論は本質を突いていた、と見ているようだ。シュミットは、プルードンを悪魔的な偉大さを持った好敵手として評価するコルテスの言明と、それに対するプルードンの敢えて悪魔を演じるアイロニカルな応答に言及し、[23]彼らの対立を通して、政治の根底にある神学的性質を描き出すことを試みている。

シュミットにとって、「アナーキー（＝秩序がない状態）」はどうしても回避すべき状態である。そのためか、自然状態において各人が行使する剝き出しの「暴力 Gewalt」が、どのようにして教会や各種団体、国家等の「権力 Gewalt」へと組織化されていくのか、その過程において政治神学的な要因が一定の役割を果したとすれば、それはどのようにしてか、といった人類学的な問題について掘り下げて論じていない。

シュミットにとって重要なのは、諸「権力」の間にはっきりした階層的序列が形成され、「秩序」が生み出されることであって、個々の「権力」が（「暴力」を素材として）どのようにして生まれてきたのかはさほど重要ではないのかもしれない。あるいは、「権力」の起源としての「暴力」に言及すれば、国家や教会の「権力」に正統性あるいは権威を付与するうえでマイナスになると考えたのかもしれない。霊長類の進化の過程で人間が登場したことに言及すると、人間に固有の尊厳とか人権を基礎付けにくくなると思ってしまうのと、同じような発想で。

ただ、「権力」と剝き出しの「暴力」との関係を明らかにしないと、「権力」とはそもそも何なのか、「例外状態」のような既成の権力＝統治機構が機能停止する状態において、どのようにして、剝き出しの「暴力」と、組織化された「権力」を見分けたらいいのか分からなくなる。また、シュミットの言う「政治神学」が、コルテスやプルードンのように、「国家」や「政治」の本質をめぐって論議する理論家たちの思考枠組みにすぎないのか、それだけにとどまらず、（時として、「暴力」的になる）素朴な「民衆」の情動を動員して、「権力」を生成させ、リアルな政治に影響を与えているものなのか、ということがはっきりしなくなる。後者の場合、「政治神学」自体の根底に、「暴力」が潜んでいるということになるかもしれない。

三　シュミットとベンヤミンの接点

そうしたシュミット自身が踏み込んでいない、「暴力」と「権力」、及び両者を結び付けているかもしれない、神学的あるいは宗教的な要素について、本格的に哲学的な議論を展開したのが、彼と同時代のドイツの思想家ヴァルター・ベンヤミンである。彼の初期の論文『暴力批判論』（一九二一）は、この問題を正面から論じている。

保守主義的な法学者であるシュミットと、マルクス主義者やフランクフルト学派と関係の深い文芸・芸術批評家であるベンヤミンとではあまり接点はなさそうに思えるが、両者の仕事を細かく調べ、突き合わせると、複数の共通の関心があることが分かってくる。

シュミットが文学に興味を持ち、文芸批評系の著作もあり、法・哲学の論文でも随所で文学作品を参照していることは知られているが、彼のこの方面での関心と、政治哲学的関心の合流点に位置するのが『政治的ロマン主義』（一九一九、二四）だ。この著作でシュミットは、ウィーン会議以降、カトリック保守主義的な傾向を強めたとされるドイツ・ロマン派の論客、フリードリヒ・シュレーゲル（一七七二―一八二九）やアダム・ミュラー（一七七九―一八二九）を、彼らの理論的源泉であるロマン派の哲学・文学にまで遡って批判する一方で、ド・メーストルやボナールを真のカトリック保守主義者として評価している。[24] シュミットは、「窮屈な客観性を逃れ sich der beengenden Objektivität」、現実に対する自己の態度決定を保留しようとする「ロマン主義的イロニー die romantische Ironie」を政治思想に応用することの不適切さを指摘している。[25]

一方、ベンヤミンは博士論文「ドイツ・ロマン派における芸術批評の概念」（一九一九）で、まさにその「ロマン主義的イロニー」の脱近代哲学的な意義、デカルト的な自我の制約を逃れ、間主観的に作用する神話的想像力を解放するポテンシャルを秘めていることを示唆している。[26]「ロマン主義的イロニー」に対する両者の評価は真逆だが、ドイツ観念論とゲーテに代表される古典主義文学の全盛期の後で、ドイツ思想史に生じた大きな変化を把握するうえで、ロマン派の言語哲学・文芸批評がカギになるとの認識から、ワイマール共和国発足直後の時期に「ロマン派」に取り組んだのは、両者の重要な共通項とも言える。

ベンヤミンはもともと教授資格論文として執筆した『ドイツ悲劇の根源』（一九二八）で、バロックの悲劇が成立した背景として、一七世紀に登場した新しい「主権 Souveränität」概念、「例外状態 Ausnahmezustand」において独裁的権力（die diktatorische Gewalt）を行使する者としての「主権者 der Souverän」（＝君主）の絶対不可侵性（die absolute Unverletzlichkeit）を起点に展開された、主権論の影響に言及し、参考文献としてシュミットの『政治神学』を挙げている。[27]

古代ギリシアの悲劇（Tragödie）では、神々によって課された避けることができない運命と、苦しみながらそれに抗って生きようとする英雄的な人間の間の葛藤が描き出された。神々の力が衰退した近代では、それと同じ構図での悲劇は成立しにくい。しかし、バロック期――一六世紀末から一八世紀前半にかけて、政治史的には絶対君主制の時代――に、ある意味で神々に〝似た〟圧倒的な力、人々の政治的な命運を決定する存在として、主権者＝君主がイメージされるようになった。そうした主権者の存在が、近代における、新しいタイプの悲劇（Trauerspiel）が生み出される契機になった。君主の主権的な命令と、それに翻弄され、抗いながら自分の生き方を貫こうとする王族や臣下を待ち受けているもの。ベンヤミンはそうした着想を、例外状態における主権者の働きと、キリスト教神学のパラレルな関係を明らかにしたシュミットのテクストから得た、というわけである。

ベンヤミンは、『ドイツ悲劇の根源』をシュミットに献本する際に添えた書簡で、シュミットの主権概念を参考にさせてもらったことに謝意を示すと共に、『独裁』などにおけるシュミットの国家哲学の探求方法と照らし合わせたことで、自分の芸術哲学の探求方法が適切なものであるとの確証を得ることができたと述べている。[28] これは、「独裁」論が、「主権」論と不可分な関係にあることをベンヤミンが理解するうえで、『独裁』でのシュミットの議論が参考になったということだと思われる。『ドイツ悲劇の根源』の中でベンヤミンは、あたかも神のごとき存在として位置付けられるようになった君主の臣民に対する精神的影響力は、「独裁を実行する能力 das Vermögen, Diktatur auszuüben」[29] であると述べている。

シュミットの側も、カトリックとプロテスタントの対立が激化していた時代における王朝の正統性をめぐる問題という視点からシェイクスピア（一五六四－一六一六）の『ハムレット』を読み解いた、戦後の著作『ハムレットもしくはヘカベ』（一九五六）の補論2で、ベンヤミンの『ドイツ悲劇の根源』を論じている。シュミットは、ベンヤミンがシェイクスピアの作品におけるアレゴリー（寓意）の意義を強調していることと、ハムレットの台詞にプロテスタンティズムによる神学の平板化をめぐる問題を読み取っていることを評価している反面、当時のイングランドの状況と大陸の状況、それに対応するイングランドの戯曲とバロックの戯曲の違いを十分認識していないことを指摘している。[30]

両者が、近代における主権国家の台頭がヨーロッパ人の精神状況や芸術的表象に与えた影響、（悲劇に代表されるような）危機的状況から垣間見えてくる神学的あるいは神話的思考に対する関心を共有していたのは確かであろう。[31]

ロシアでの十月革命（一九一七）の成功による社会主義政権での成立や、第一次大戦末期からワイマール初期にかけてのマルクス主義者たちによる革命の試みの挫折など、暴力革命の是非に対する関心が高まっていた時期に執筆された『暴力批判論』でベンヤミンは、「暴力 Gewalt」と、法や正義の関係を根源的に問い直している。

四　『暴力批判論』の歴史的位置

ヨーロッパ諸国の法は、個人が自らの目的を追求するために「暴力」を行使することを危険視し、「暴力」を独占することで、秩序を守ろうとしてきた。しかし、ベンヤミンに言わせると、あらゆる非国家的主体による「暴力」が禁止されているわけではない。その端的な例として彼は、「ストライキ権 Streikrecht」を挙げている。ストライキに際して労働者たちは、雇用者の指図に反して作業を停止し、雇用者側が要求に応じない限り再開しないと脅かす。そのために作業場を占拠することもある。ベンヤミンはそこに不可避的に「暴力」的な契機が含まれることに注目する。「国家の見かたとは対立する労働者の見かたから見て、ストライキ権は、なんらかの目的を貫徹するために暴力を用いる権利である」[32]。

「ストライキ権」は、ヨーロッパ諸国で一九世紀後半から次第に認められるようになったが、各国政府とも多くの労働組合が全国的な共同行動を取る「ゼネスト Generalstreik」については否定的な態度を取った。「ゼネスト」は、革命に繋がる可能性が高いからだ。実際、フランスでは、一九世紀末以降、ゼネストを通して労働者の自治の範囲を拡大して、次第に国家から権力を奪うことを目指すアナルコ・サンディカリスム（無政府・組合主義）と呼ばれる運動が盛んになった。ロシア革命はゼネストをきっかけにしていたし、ワイマールの臨時政府を転覆しようとしたローザ・ルクセンブルク（一八七一―一九一九）等が率いる共産党系のスパルタクス団の蜂起は、ゼネストを主要な闘争手段とした。国家は、「ゼネスト」の「暴力」は許容しない。

ごく平凡な考え方をすれば、小規模な労働争議に際しての組合側の暴力であれば、国家の暴力装置によって簡単に抑え込むことができるが、国家規模だとそうはいかないからだ、というスケールの話にしかならないが、ベンヤミンは、ストライキに際して顕在化する、「暴力」のある機能を国家が恐れているからだ、と指摘する。ストライキにはある意味、戦争のように、法の基礎になっている人間の関係性を根本的に変化させ、「法を措定する性格 ein rechtssetzender Charakter」[33]が備わっている。ベンヤミンはどういう意味で、ストライキが「法を措定する」のか具体的に述べていないが、恐らく、雇用条件や労働環境、労使関係、組合の自治等の形での労働者相互の関係についての新しい法的関係を作り出すこと、ゼネストのように大規模になると、国家に対抗するような権力機構を作り出す可能性もあることを指していると考えられる。労働者階級にストライキ権を認めることは、この権利に伴って行使される暴力の「法措定的な性格」を承認することを含意している。その意味でストライキ権は、国家による法措定の権力の独占への挑戦になる。ストライキ権を行使する「暴力」は、法措定の「権力」に転化する可能性があるわけだ。

ベンヤミンは、「暴力」の第二の機能として、「法維持的 rechtserhaltend」[34]な機能を挙げている。これは警察や軍隊によって行使される暴力、日本語で「権力」と結び付けてイメージされることが多い、分かりやすい暴力であるが、ベンヤミンは、この暴力の本質は、警告を発すること（Abschreckung）ではなく、「威嚇する drohen」ことだとしている。「警告」というのは、何をやったらどういう罰を受けるか予め決めたルールを示し、翻意を促すことだ。それに対して、「威嚇」は、法による制裁を逃れることができるかもしれないが、捕まってしまうかもしれない、全ては運命（Schicksal）次第だというような、不確定性ゆえの不安を抱かせる。

手段としての「暴力」はこの二つの性格のいずれかを持っている。しかも、両者は時として、「不自然に結合」し、「お化けめいた結合体 gespenstische Vermischung」になるという。その端的な例が近代国家の制度としての「警察」だ。[35]

警察は通常、現行の法を維持するために暴力を行使する機関として理解されているが、法的目的を自ら設定する権限（命令権）も与えられている。具体的には、警察の様々な任務を執行するために、道路や公園の使用を許可／禁止したり、道路交通の細かいルールや、勾留した容疑者に対する生活規則の策定など、法律の〝運用〟という形で与えられている権限だ。警察が（任された領域で）新たに「法」を措定すべく暴力を行使すると、次にはその「法」を維持するために暴力を行使することになる。自らが措定した「法」を維持するための暴力＝権力を執行するうえで支障が生じると、また別の「法」を措定する必要が生じる。警察の現行の権限の範囲では、それ以上の拡張が無理な場合には、政府や議会に働きかけて、新たな「法」措定へと誘導する。

当然、こうした悪循環が生じるのは、警察に限ったことではない。秩序創造・維持のために、厳格なルールの体系としての「法」を作り、それを厳格に適用しようとすると、悪循環になるのは避けられない。『政治神学』でシュミットは、「主権したがってまた国家自体の本質」は、「公共の利益 das allgemeine

Beste」をめぐる「争いに決着をつけること、すなわち、公共の秩序（öffentliche Ordnung）や安全（Sicherheit）とはなんであり、いかなるときそれが乱されるのであるか等々を定められることにある、ということである」[36]、と述べているが、この言明は、主権者を頂点とする国家権力自体が、ベンヤミンの言う、「お化けめいた結合」の連鎖から成り立っていることを暗示しているようにも見える。国家秩序を保持したいシュミットが、国家というお化けめいた結合体が、自らの決定とそれに伴う暴力行使（＝法措定の暴力）によって自己を維持していることをある意味開き直って認め、そういう冷徹な見方をするように読者に促しているとすれば、アナーキストに寄り添うベンヤミンは、そこに「法における何か腐ったもの irgend etwas Morsches im Recht」[37]があると言い放ち、非難の目を向ける。

しかも、これが「法」と「暴力↓権力」をめぐる普遍的な問題だとすると、既成の国家の「暴力」だけでなく、マルクス主義者やアナーキストのグループが国家に対抗して行使する「暴力」も、法措定を行って、自己を権力化した瞬間に、この悪循環に陥る可能性がある。ベンヤミンは敢えて語っていないが、フランス革命以降のヨーロッパの歴史には、新たな体制を生み出すために強力に行使された、始原の法措定の暴力が、自らを維持する暴力を行使する過程で次第に肥大化し、革命の目的から逸脱していった例は数多くある。

「ストライキ権」に伴う「暴力」にもそうした疑念は向けられる。そこでベンヤミンは、一九世紀後半から二〇世紀にかけて活動した、フランスのアナーキズム思想家ジョルジュ・ソレル（一八四七―一九二二）の議論に注目する。ソレルは『暴力論』（一九〇八）で、フランス革命以降、人々の間の「暴力」を忌避する傾向が強まったのは、フランス革命後の恐怖政治のような事態があったからだが、そうなったのは、革命を指導した勢力が依然として「国家」を崇拝し、自らが国家機構の中枢を握って「権力pouvoir」を利用したからだと指摘した。[38]その点で、プロレタリアートの独裁の名の下に、ブルジョワジーが他者に強制するために行使している「力」を奪おうとしているマルクス主義の正統派を批判する。[39]

ソレルに言わせると、プロレタリアートの行使する「暴力 violences」は、国家の「強制力 force」とは本来無縁であり、「純粋かつ単純に戦争行為であり、軍事的示威作戦としての価値をもち、階級の切り離しを強調するのに役立つ」が、「憎悪も復讐もなく生じ」、敗者に向かって「強制力」を行使することもない。[40] サンディカリストたちは、「強制力」のための「権力」を志向せず、もっぱら人々を闘いに動員する「プロレタリアートの暴力」を追求するという。

ベンヤミンは、ソレルが国家権力を奪取しようとする「政治的ゼネスト」と、国家権力の完全な廃絶と、労働の在り方の変革を目指す「プロレタリアート・ゼネスト」を区別していることに注目する。前者の本質が暴力（Gewalt）であり、「法措定的」であるのに対し、後者は非権力的（gewaltlos）でアナーキスティックであるとしている。[41]

フランス語の〈violence〉に、「権力」という意味がなく、ドイツ語の〈Gewalt〉と意味がズレていることもあって、ベンヤミンとソレルの言葉遣いにはかなりのズレがある。ソレルが闘いに向けて味方を結集するためだけに行使される力を〈violence〉と呼んでいるのに対し、ベンヤミンがストライキを論じる文脈で〈Gewalt〉と呼んでいるものは、威嚇によって相手を支配しようとする、権力的な性質の力である。それに対し、権力性を志向しない集団的営みを〈gewaltlos〉と形容している。〈gewaltlos〉は、ソレル式に言えば、〈pouvoir（権力）〉や〈force（強制力）〉を伴わない、純粋な〈violence〉の特徴ということになるだろう。この点でかなり紛らわしいが、ベンヤミンがソレルを通して、集団的な行動によって社会的関係性を変化させる「ゼネスト」という営みが、必ずしも、「法」を核とする権力形成に向かうわけではないことを認識し、そこに希望を見出したのは確かだろう。

ただベンヤミンはそれほど楽観的ではない。自然法であれ実定法であれ、「法」は「正しい目的 gerechte Zwecke」を想定したうえで、それを実現する「手段 Mittel」としての自らの「暴力」を「正当化」[42]し、それ以外の全ての「暴力」を違法なものとして排除しようとする。別の「正しい目的」を掲げる革命によって、国家権力の担い手が入れ替わっても、「法措定の暴力」⇅「法維持の暴力」の悪循環は続くことになる。「正しい目的」と「法」が結び付いている限り、この呪縛から逃れられない。

そこでベンヤミンは、「目的―手段」連関から外れ、「法措定の暴力」⇅「法維持の暴力」の悪循環を引き起こさない「暴力」、自己の維持に固執する「権力 Gewalt」に転化しない、純粋な「暴力」はあるのか、という問いを提起する。この問いについて掘り下げて考えるため、彼は「神話」における「暴力」に焦点を移す。

五　ベンヤミンとシュミットを結ぶ「神話」と「暴力」

いきなり「神話」に話題を移すのは、文芸批評家ならではの飛躍のようにも思えるが、ここでもソレルの議論がヒントになっていると思われる。ソレルは『暴力論』の「序論」で、民衆の「解放 délivrance」のための闘争で大きな「暴力」を動員するには、キリスト教における神とサタンの闘争の構図のような「神話 mythes」が必要であるという認識を示している。彼はド・メーストルが「サタンとの闘争 la lutte satanique」という、古い「神話」を復活させようとしたことにも言及し、[43] プロレタリアートの側も「ゼネスト」に多くの労働者を糾合するには、現代の「革命的神話 mythes révolutionnaires」を作り出す必要があることを示唆している。[44] 無論、この場合の「神話」とは、神々や半神、精霊、怪物などが活躍する太古の物語という意味ではなく、人々がその登場人物に感情的に同化し、自分の生き方や行動のモデルにするような物語ということだ。

興味深いことにシュミットも、論文「神話の政治的理論」（一九二三）で、神と国家に対するプルードンとバクーニンの理論的闘争を、ゼネストを鼓舞するための「神話」をめぐる議論という形で継承したソレルを評価し、その概要を紹介している。シュミットは、「神話論の大いなる心理学、歴史的意義を否定することはできない」[45]、と主張する。ヘーゲル（一七七〇―一八三一）の弁証法や、スタンダール（一七八三―一八四二）やボードレール（一八二一―六七）の文学作品や、マルクス（一八一八―八三）やエンゲルス（一八二〇―九五）の階級論的著作などを通じて、憎むべき、醜い「敵」としての「ブルジョワジー」をめぐる神話的な「像 Bild」が形成・継承され、それがロシアにおいてボリシェヴィキの革命家たちを、敵との神話的な闘争の戦士になるよう鼓舞した。シュミットは、そうした革命的神話の影響を認めている。

その一方でシュミットは、フランス革命の余波として、ブルジョワジー打倒を目指す革命の神話と並んで、ナポレオンの侵略に対抗する形で浮上してきたナショナリズムの神話の影響の拡がりも指摘し、その例として、アイルランド独立運動や、イタリアのファシズム運動、ボリシェヴィキが見せるもう一つの顔、ナショナリズム的な顔などを挙げている。二つの神話は、アイルランド独立運動やボリシェヴィキの場合のように、コラボすることも少なくないが、両者が対立する場合は、ナショナリズムの方が勝利する。その結果、アナーキストによる神話利用は、彼らの意図とは逆の帰結をもたらすことになる、という。「アナーキズムの著作家たちが権威と統一性に対する敵対から神話的なものの非合理性を発見したわけだが、そのことは、彼らが新しい権威、秩序、規律、ヒエラルキーに対する新しい感情の基礎作りのために協働することの妨げにはならなかった」。[46] シュミットは、アナーキストたちが神話を利用して既成の国家の枠組みに挑戦し続け、結果的に、多数の神話が乱立する状態が生じれば、そこから、権威と統一性をもたらす強力な神話への希求が強まっていくと見ていたわけである。

話をベンヤミンに戻そう。ベンヤミンは、ギリシア神話や聖書において見られる、いかなる「目的―手段」連関にも関係なく、一方的に人間にふりかかってくる運命的な「暴力」を、「神話的暴力 die mythische Gewalt」と「神的暴力 die göttliche Gewalt」に分けて論じている。前者は、何の理由もなく、新しい法を打ち立てる神々の単なる「宣言 Manifestation」の形を取る。[47] 例えば、ゼウスが原初の人間に火の使用を禁じる場合のように、いかなる理由もなく、神の意思＝運命として一方的に宣言され、禁を破ったものは罰せられる。この種の暴力は、法措定の暴力の原型だ。

その影響は、神話という虚構の世界に留まるものではない。ベンヤミンに言わせると、「神話的暴力」に現実の世界で対応するものが、「国家法」、特に、国家自体の創設に関わる法関係、例えば、国境の設定や権力者である王侯貴族への特権＝先権利《Vor《recht》の付与に際して不可避的に行使される法措定の暴力がそれに当たる。[48] 逆に言うと、「神話的暴力」のような有無を言わせぬ、運命的な力が作動して、様々な抵抗を一挙に排除しない限り、いかなる権力も法関係もないところに、政治体制を創出することは不可能だ。後にハンナ・アーレント（一九〇六―七五）は『革命について』（一九六三）で、モーセやロムルスなどの神話的な国家（政治共同体）創設に際して行使された暴力に言及しながら、あらゆる政治体制にとって、「暴力ははじまり（beginning）であった。すなわち暴力を犯さ（violate）ないでは、はじまりはありえなかった」[49] としている。

この文脈で考えると、ベンヤミンが「神話的暴力」という時の「神話」とは、特に国家創設や法の起源に関わる神話であり、既存の国家や法の存在を正当化し、その登場人物の行為をモデルとして、各市民＝臣民（Subjekt）が――国家や法を維持していくために――いかに振る舞うべきか例示する物語ということになろう。神話的暴力とは、その圧倒的な力によって、他の諸力を抑圧して国家や法を作り出す暴力、それを正当化するために語り継がれることになる一連の「神話」の起点となる暴力ということになるだろう。（自然の摂理に介入する）神の「奇蹟 Wunder」[50] との類比でシュミットがその基本的性質を描写した、「例外状態」において行使される主権者の権力＝暴力は、「神話的暴力」を原型とする「法措定の暴力」の部分的な現れと見ることができよう。

それに対し「神的暴力」とは、法否定的（vernichtend）な性格を持つ。神話的暴力が限界を設定するのに対し、神的暴力は限界なしに否定する。前者が罪を作り、贖わせるのに対し、後者は罪を取り去る。[51]

ベンヤミンはその例として、旧約聖書でモーセとアロンに反逆したコラの一党をことごとく焼き尽くした神の火の猛威（Gewalt）を挙げている。現代人の感覚からすると、これは極めて理不尽な暴力、あるいは、指導者に歯向かう者には容赦しないことを象徴的に示す、法維持的な暴力のように見えてしまうが、ベンヤミンに言わせると、この暴力は、罪自体を消滅させるので、後に残った者たちに罪ゆえの負債を負わせることはないし、制度的なものの助けを借りて発動したわけではなく、文字通り瞬間的に発動し、消えていくものなので、法措定－法維持的な性格は持たない。こうした新しい法関係を作り出すことのない、国家や法を正当化するための神話を伴わない暴力に、現代社会で対応するのが、いかなる意味でも法―権力関係を新たに産出することのない、ソレルが理想とする純粋なアナーキズムの暴力だ。

無論、そうした「神的暴力」があるとすれば、それはいかなる現実的制約も受けないので、何の前触れもなく、何の意味があるのか理解できない理不尽な猛威を際限なくふるい続けるかもしれない、と普通の人間は不安になる。「神的暴力」を装う、つまり未知の神に導かれているかのように演じる、あるいは自分でそう思い込んでいる指導者が出現したら、何が起こるか分からない[52]――現代人は、ベンヤミンが『暴力批判論』を執筆した、約一〇〇年後にドイツで起こったことを連想してしまう。〝アナーキスト〟が現代の偽の預言者でないという保証はない。

そもそも、「神的暴力」であるとどうやって判定したらいいのか。その難しさについてベンヤミンは率直に認めている。

だが、ひとびとにとって、純粋な暴力がいつ、ひとつの特定のケースとして、現実に存在したかを決定することは、すぐにできることでもないし、すぐにしなければならぬことでもない。なぜなら、それとしてはっきり認められる暴力は、比喩を絶する作用力として現われる場合を除けば、神的ならぬ神話的暴力なのだから。暴力のもつ滅罪的な力は、人間の眼には隠されている[53]。

このように認めてしまうと、アナーキストの暴力が「神的暴力」の要素を持っているかどうかは、暴力が過ぎ去った後で、検証するしかないということになる。文芸批評家・哲学者であるベンヤミンにとって、「神的暴力」の可能性が少しでもあるのならそれで十分だろうが、法学者であり、「例外状態」と「主権」をめぐるアクチュアルな論争の文脈で、「暴力＝権力」について考えているシュミットにとっては、予めどのように作用するか予見できない「神的暴力＝純粋暴力」は使えない概念だろう。シュミットが関心を持つのは、どのような「神話的暴力」が、法秩序維持に寄与するかだ。

ドイツの政治哲学者ヤン＝ヴェルナー・ミュラー（一九七〇－　）は、合意に達するための手続きを規定するもの、人々に権利を与えるものとして「法」を捉えるリベラルな法理解に反対し、通常の法が機能停止する特殊な瞬間に、法の「暴力」的な本質が現れるという見方をしている点で、シュミットとベンヤミンは極めて近いところにいると示唆する。[54] その一方でミュラーは、両者が別の面で対局にいることも指摘する。シュミットが、政治的秩序を維持するため、原初の暴力と主権的行為に絶えず遡及し、それを再現＝表象（represent）することを重視するのに対し、ベンヤミンは、その後の反復や再現＝表象を一切伴うことなく、人々を「法」権力の循環的な構造から解放する純粋な暴力が出現するメシア的な瞬間に期待を寄せている。[55]

ソレルのアナーキスト的な神話論を反面教師にし、より強力で、人々を法＝権力に呪縛する神話を求めたシュミットと、ソレルの神話論とアナーキズムが矛盾なく両立する極限的な状況を想像したベンヤミン。ソレルを間に挟んで、シュミットとベンヤミンの「暴力＝権力」論を対置すると、「暴力」「権力」「表象」「反復」をめぐる、ポストモダン系の現代思想における重要な問題系の輪郭が見えてくる。

六　「例外状態」と「剝き出しの生」

ベンヤミンとシュミット双方の影響を強く受けているイタリアの哲学者アガンベンは主著『ホモ・サケ

ル』（一九九五）において、シュミットの「例外状態」論に含意されている、「主権」と「暴力」の絡み合いをめぐる問題を、「ホモ・サケル（聖なる人）homo sacer」と関連付けて論じている。

「ホモ・サケル」とは、古代ローマ法において、神に呪われているがゆえに、あらゆる権利をはく奪され、社会から追放された存在だ。当然、当該の社会の宗教的儀礼に関与することは許されない。その人を殺しても、殺人罪にはならない。ただ、その人は、彼を呪っている神の所有物であり、他の神に生け贄として捧げることは許されない。「ホモ・サケル」は「呪われている」が、特定の神のものになっているという意味では、「聖なる」存在でもある。

「呪われている」と同時に「聖なる」ものであるという説明を聞くと、一見、両価的、プラスの価値とマイナスの価値の双方を帯びているように思えるが、アガンベンはこれをむしろ、「人間の法 diritto umano」からも「神の法 diritto divino」からも二重に排除されていることとして捉えるべきだとしている。「ホモ・サケル」を殺しても、殺人罪にならないだけでなく、彼の死を、宗教的に意味のある犠牲と見なすこともできないのである。この点を強調したうえで、アガンベンは、この二重の排除ゆえに不可避的に、「聖事の圏域でも世俗的な活動でもない人間活動の圏域（sfera dell'agire umano）」[56]が開けるとしている。

では、それはどのような圏域か？ 他の動物と同じように扱われることになるので、権利や法、正義などとは何の関係のない、単純にヒトという動物としての生命維持活動をしているだけの圏域ということなのか？

アガンベンは「序文」で、古代ギリシア語で、生命を意味する二つの言葉、〈bíos〉と〈zōḗ〉の意味の違いに言及し、プラトンやアリストテレスなどの古代の著述家が、ポリスの市民の「生 vita」について語っている時に使っている言葉は、もっぱら〈bíos〉で、動物と共通する生命活動を意味する〈zōḗ〉とははっきり区別されていたとしている。国民の人口動態や健康の管理といった文脈での、〈zōḗ〉の管理——フーコーの用語で言えば、「生政治 biopolitique」——が国家の政策的課題として浮上してくるのは、近代に入ってからのことである。[57]

では、「ホモ・サケル」は、ポリスに属さない、もっぱら動物的な生を送るヒトだと理解すればいいのか？　最低限の定義としてはそれでよさそうだが、どうも単純にそういう話だけではすまないようである。「ホモ・サケル」は、ポリス（政治的共同体）の法＝権利の体系から排除されているが、ポリスを生み出し、維持している「法」の「暴力」と全く無関係ではないらしい。

アガンベンは、『暴力批判論』でのベンヤミンの「単なる生（剝き出しの生）das bloße Leben = la nuda vita」という表現を引いて、これが、「ホモ・サケル」の生の在り方だとしている。[58] ベンヤミンは、「神話的暴力」あるいは「法的暴力」と、「剝き出しの生」との複雑な関係に言及している。ベンヤミンは、コラの徒党を焼き尽くしたような「神的暴力」が、法的暴力を解消することがどのような効果をもたらすか説明する文脈で、以下のように述べている。

> 法的暴力の解消は、したがって、たんなる自然的生命に罪があるとされていることへも、遡及力をおよぼしてゆく。（…）たしかに、たんなる生命が終われば、生活者にたいする法の支配も終わる。神話的暴力はたんなる生命にたいする、暴力それ自体のための、血の匂いのする暴力であり、神的暴力はすべての生命にたいする、生活者のための、純粋な暴力である。[59]

神話的暴力、あるいは、「神話」の形で発現する法的暴力が、「単なる生＝剝き出しの生」を罪あるものとするというのは、どういうことか？　ベンヤミンが直接念頭に置いているのは、『暴力批判論』での議論の流れからごく普通に考えれば、キリスト教の原罪論とか、人々がある掟に従うべき理由を示す起源神話のようなものだろうが、アガンベンの描く「ホモ・サケル」の状態と見ることもできる。「ホモ・サケル」は、神の法からも人の法からも排除され、「単に生きているだけ」の状態になりながら、その一方で、呪われた存在であるがゆえに、殺しても殺人罪には問われない存在として〝法的〟に位置付けられている。いわば、既存の法とは関係ない存在である、と〝法〟によって名指しされた逆説的な存在だ。ホモ・サケルにそうした逆説的なステータスを与えているのが、彼を呪われたものと宣告した「神話的暴力」であるとすれば、この暴力が、「単なる生命」を、「罪がある schuldig」ものと見なし、「法の支配 Herrschaft des Rechtes」下に置くというベンヤミンの議論と繋がってくる。

ただ、「ホモ・サケル」があくまで「例外」的な存在であり、〝普通のポリスの市民〟は、単に生きているだけで罪があるとされているわけではないとすると、「神話的暴力」をめぐるベンヤミンの言明とうまく繋がらないようにも思える。ベンヤミンは、「神話的暴力」の例外的作用ではなく、一般的な性格について語っているように思える。

そこで、シュミットの「例外状態―主権者」論が、「ホモ・サケル」と、ベンヤミンの「神話的暴力―単なる生」をよりスムーズに結び付ける蝶番の役割を果たすことになる。「例外状態」において行使される「主権者」の通常の法を超えた「権力=暴力」は、隙さえあれば自らの欲望のままに私的暴力を行使し、ほしいものを手に入れようとする臣民たちに対し、国家権力の本質=神話的暴力を啓示すると共に、自分たちの本性が「法」とは相容れない「悪」であることを受け入れさせる。ワイマール憲法四八条二項で、人身の自由、居住の自由、意見表明の自由など、基本的人権が停止される可能性が言及されていることに象徴されるように、「例外状態」にあっては、通常の法による保護が解除され、臣民たちは「単なる生=剝き出しの生」に近い状態に置かれる。そこで臣民たちは、国家と自分たちの間の本来の関係、(罪深い存在である)自分たちは国家の権力に従うしかないことを認識させられる。

だとすると、「ホモ・サケル」は、「例外状態」において、全ての臣民が否応なく直視させられる事態の極限に位置していることになる。人々は、二重に排除された「ホモ・サケル」の内に、自分たちと国家との間の本当の関係、通常の法＝権利の体系によって覆い隠されている暴力的な支配関係を見るのかもしれない。アガンベンは、「例外」の哲学的な意味をめぐるシュミットの以下の考察に注意を向けている。

例外は通常の事例よりも興味深い。常態はなにひとつ証明せず、例外がすべてを証明する。例外は通例を裏づけるばかりか、通例はそもそも例外のみによって生きる。例外においてこそ、現実生活の力が、くり返しとして硬直した習慣的なものの殻を突き破るのである。▼60

「常態＝正常なもの das Normale」とはどういう状態なのかは、それから外れる例外、異常な(abnormal)ものとの対比を通して初めて明らかになる、というのは差別や排除の本質をめぐる議論でしばしば出てくる図式だ。障碍者や狂気に憑かれた人、犯罪者（予備軍）、同性愛者などが例外としてクローズアップされることで、「正常な市民」の輪郭が描き出される。シュミットの「例外」論に関係付けて、アガンベンは以下のように述べている。

例外化とは一種の排除である。例外は、一般的な規範から排除された単独の事例である。しかし、例外をまさしく例外として特徴づけるのは、排除されるものが、排除されるからといって規範とまったく関連をもたないわけではない、ということである。それどころか、規範は、宙吊りという形で例外との関係を維持する。**規範は、例外に対して自らの適用を外し、例外から身を退くことによって自らを適用する。**したがって、例外状態とは秩序に先行する混沌のことではなく、秩序の宙吊りから結果する状況のことである。この意味で、例外はまさしく、その語源 ex-capere のとおり、**外に捉えられている**のであって、単に排除されているのではない。▼61

「例外 l'eccezione」が「一般的な規範 la norma generale」からの「排除 l'esclusione」であるというのは分かりやすいが、「例外」が「（秩序の）外に捉えられている」というのはどういうことか？　「例外」という意味のイタリア語の〈eccezione〉や英語の〈exception〉の語源であるラテン語の〈excapere〉が「外に ex-」と「捉える capere」に分解できるというのはその通りだが、「外に捉える」、あるいは「宙吊り sospensione」とはどういうことか？　「ホモ・サケル」がそういう状態にある、と言いたいのだということは、アガンベンの議論の流れから明らかだが、だとしても、「ホモ・サケル」が法秩序の「外」で「捉えられている」とか、「宙吊り」になっているとはどういうことか？

アガンベンは「外に捉えられている」イメージの説明として、カフカの短編小説『掟（法）の門前』（一九一五）を援用している。ベンヤミンがカフカから強い影響を受けており、『暴力批判論』にもカフカの作品における法のイメージが反映されている可能性があることはよく知られている。[62] 田舎から来た男が「掟の門」を通ろうとするが、門番が許可してくれないので、許可が出るのを待ち、門の前で門番にいろいろ働きかけているうちに一生を費やすことになるというエピソードは、「法」の本質を寓意的に表す物語として様々に解釈されてきた。[63]

この田舎から来た男は、「掟（法）の門」を通ることを禁じられているので「法の外」にはいるけれど、かといって、「法」と全く無関係に生きているわけではなく、むしろ、「門」の向こうにその実態があるのか分からない「法」に、「門の外」で呪縛され続けているという状態にある。アガンベンによると、「法」はこの男に対し、「自らを適用することで自らを適用し si applica disapplicandosi」、男を「法の外（fuori di sé）に遺棄する（abbandonare）ことで、彼を法による締め出しの内に保つ（lo tiene nel suo bando）」。[64]

これを具体的にイメージしやすいように言い換えてみよう。ホモ・サケル的な人物が法から排除されると、その存在が周囲から忘れられ、無視されるようになり、本人も自分が排除された存在であることを意識することなく、動物のようにひっそりと生きるようになる、というわけではない。むしろ、その人物が〝法から排除された存在であること〟を絶えず想起させる仕掛け、例えば、彼にその共同体の法や儀礼の枠組みにおける何らかの位置を——たとえ負の価値のものであれ——与えてはならないこと、共同体の構成員は彼と契約などの法的関係を結んではならないこと、彼を殺しても殺人罪にはならないことが絶えず強調され、本人と共同体のメンバーに想起させるようなメカニズムが働く。共同体を直接に支配している「法」から排除されているが、その「法」と周囲の「法外」な領域を併せて支配しているメタ・レベルの〝法〟の働きには捉えられており、前者の意味での狭義の「法」がスムーズに機能するための、見せしめ的な役割を、後者の〝法〟から割り当てられていると言うこともできるだろう。

　そういうホモ・サケル的人物が担っている役割という観点から見ると、『掟の門前』の田舎から来た男のように、排除されていると分かっていながら、自らの意志で、「門前」にとどまり、「法」にアクセスすることに固執し続けてくれるのが好都合だろう。歴史的に言うと、キリスト教社会から法的に（半ば）排除されながら、キリスト教社会の中で一定のステータスを占めることに拘ったユダヤ人たちが、このイメージに近いだろう。あるいは、汚れた存在として共同体の「外」に隔離されたハンセン病などの感染者も、「内」の人たちから見れば、「門前」に留まり続けるホモ・サケルだったかもしれない——フーコーは、政治が感染病に対処する際のモデルが、共同体の「外部」への「隔離」を基本とする対ハンセン病のそれから、「内部」の特定領域への封じ込めと管理を基本とする対ペストへのそれに転換したことが、後述する、「規律権力」の生成と不可分の関係にあることを指摘している。[▼65]

　シュミットが、法の本質を示すものとして重視する「例外状態」とは、自分は「法」の下にあると信じてきた〝私たち〟が、瞬間的に「剥き出しの生」の状態に置かれることを意味する。その瞬間に〝私たち〟が、自分たちは「通常」は辛うじて「門」の〝内〟にいるものの、何かのきっかけで、「門」をキープしている現行の法秩序が崩れれば、いつ「門」の〝外〟に押し出され、ホモ・サケルになるか分からないことを思い知らされる。
アガンベンは、第二次大戦の真っただ中、前線での作戦遂行や強制収容所の建設・運営に力を集中させなければならない時、〝不治の精神病患者〟をドイツ全土から集めて、マニュアルに従って安楽死させる「安楽死計画」にヒトラーが拘った、生政治学的な背景として、〈bios〉と〈zoē〉の区別が彼にとって重要だったことを示唆している。[66] この二つの形態を区別し、法的に問題なく殺害可能な「剝き出しの生」を選び出せる立場にあることが主権的権力の本質だとすると、国家が差し迫った危機、例外状態にある時にこそ、「ホモ・サケル」を名指しする力の誇示が必要になる。逆に言うと、人種・民族、障害、セクシュアリティ、思想信条等を名目に、（法的に保護すべき「国民」とは異質な存在として）「ホモ・サケル」を名指し、法外な存在として処理することに専心したナチス政権[67]は、政権発足当初から意図的に〝例外状態〟を作り出していたと言える。[68]
因みにベンヤミンは、遺稿となった『歴史哲学の概念』（一九四〇）の第八テーゼで、「被抑圧者の伝統は、私たちがその中に生きている『例外状態 Ausnahmezustand』が、例外ならぬ通常の状態（Regel）であることを教える」[69]と述べているが、これはアガンベンが指摘する、「ホモ・サケル」の「剝き出しの生」と、「例外状態」の不可分の関係をコンパクトに言い表していると解することができる。アガンベンはそう解釈しているようである。[70]
シュミットはワイマール共和国のかなり末期まで、主権的な独裁権力が暴走しないよう抑止する必要を説き、法治国家的な体制を覆そうとするナチスに反対する論陣を張っており、ヒトラーの政権掌握後、急にナチスにすり寄ったのは彼の人間としての節操のなさの表れであって、彼の政治神学から論理的な帰結ではないと見るのが、シュミット研究者の間の常識的見解になっている。[71] しかし、「法の外部」に排除される者と「法の暴力」性をめぐるカフカ－ベンヤミン－アガンベンの議論の流れに照らして、彼の政治神学－主権論を見直すと、彼がユダヤ人や障碍者をホモ・サケル化することに固執するナチスに接近したことに、一定の法理論上の根拠があったのではないかと思えてくる。

七　通常と例外、正常と異常

アガンベンは更に、シュミットの「例外状態」論と、フーコーの「生政治 bio-politique」論の繋がりを示唆している。「生政治」とは、近代において登場した、統計調査等に基づいて人口全体の年齢構成、健康状態、教育水準などを把握し、適正水準に保とうとする政治の在り方であり、そうした全体的な管理と表裏一体に、各個人に対しては、逸脱行動を取らない、「規範 norme」に従って振る舞う「正常な normal」人間として自己形成するよう働きかける。後者の側面は、「規律権力 pouvoir disciplinaire」と呼ばれる。

フーコーは『監獄の誕生』（一九七五）で、「規律権力」が人々の身体に働きかける具体的な装置として、囚人たちに自分の行動がいつ監視されているという意識を植え付けると共に、囚人たちの行動を細かく記録し、「正常性」の基準に照らして評価する近代的な刑務所システムや、その仕組みを応用した病院、学校、工場などを挙げている。建造物の構造の光学的効果を利用して、囚人を効率的に監視・管理することで、社会秩序の改善を目指したベンサム（一七四八―一八三二）の「パノプティコン（一望監視装置）panopticon」の構想は、「規律権力」にとっての理想だ。[72]「さまざまな規律・訓練（les disciplines）をとおして出現してくるのが、〈規格〉を旨とする権力（le pouvoir de la Norme）である」。[73] 規律権力はまた、「正常さ」の基準を際立たせるため、精神障碍者、犯罪者、非異性愛者など「異常 anormal」な人々をマークする。[74]「生政治」は、「規範」による「正常化 normalisation」を推進する。[75]

「生政治」は、ヒトを権利の主体として法的に扱うのではなく、「人口」という集合体あるいは、ある施設に収容され監視される個々の身体として、つまり〈zōē〉として管理するという点で、あらゆる市民が潜在的に「ホモ・サケル」であること、法の暴力に攻撃される可能性があることを際立てる。また、先に見たように、『政治神学』における「例外状態」の記述でも、「生政治」と同様に、「正常／異常」の区別が重要な意味を持っている。「例外状態」は、生政治が日常的、官僚統治的に――統治されている「臣民＝主体」たちにはあまり自覚させない形で――実行していることを、ある期間に集約した形で、臣民たちにはっきり自覚させる形で断行する、と言えそうだ。『政治神学』の先に引用した箇所の少し前の以下の箇所は、生政治的なニュアンスを感じさせる。

> 例外事例が、その絶対的な姿で出現するのは、法規が有効となりうる状況が作りだされたうえでのことである。いかなる一般的規範も、生活関係の正常な形成を要求するのであって、一般的規範は、事実上それに適用されるべきであり、かつそれを規範的規制に従わせるのである。規範は、同質的媒体を必要とする。この事実上の正常性は、たんに「外的前提」として、法律学者の無視しうるものではなく、それはむしろ、規範の内在的有効性の一部を構成するのである。混乱状態に適用しうる法など存在しない。法秩序が意味をもちうるためには、秩序が作りだされていなければならないのである。正常な状態が作りだされなければならないし、また、この正常な状態が実際に存在するかいなかを明確に決定する者こそが、主権者なのである。法はすべて、「状況に規定されている法」なのである。主権者が、全一体としての状況を、その全体において作りだし保証する。▼76

この箇所でシュミットは、後のフーコーと同様に、「規範 Norm」と「正常性 Normalität」をめぐるちょっとした言葉遊びをしながら、「規範」が「正常性」を生み出す原型になっていることを示唆している。シュミットは、「法」を、現実と直接的な接点がない抽象的な「規範」の体系と見るオーソドックスな法学、特に、ケルゼン（一八八一－一九七三）と理論的に対立している。『政治神学』自体でも、国家を「根本規範 Grundnorm」から演繹される法秩序の体系に還元し、「主権」の問題を無視しようとさえするケルゼンに矛先を向けている[77]。

ただ、だからといって、シュミットは、「規範」が「法」の表面をなぞっているだけ、といって軽視するのではなく、「規範」を、より実体的なもの、「生活関係 Lebensverhältnisse」の「正常な形成 eine normale Gestaltung」を促す装置として捉え直しているわけである。「生活関係」というのは、法による規制や保護の対象になる日常生活における人間関係の諸側面ということだろう。「同質的媒体 ein homogenes Medium」というのは、法が人々を同じように、可能な限り平等＝均一に扱うための警察や官僚などの国家機構やそれらに備わっているインフラのようなものだろう。フーコーも、「正常化をおこなう権力（le pouvoir de normalisation）は同質性（l'homogénéité）を強制する[78]」と述べている。

生活的諸関係が「規範」に従っている、秩序付けられているという意味での「正常な状態 der normale Zustand」が成立しているかどうかを決定し、それを「保証 garantieren」するのが「主権者」だとすれば、シュミットの「主権者」は、フーコーが「生権力」と呼んだものを全体として統括するコントロール・センターのように思えてくる。ただ、論文『中立化と脱政治化の時代』（一九二九）などで、政治的に決定すべきことが、現代人の生活の様々な局面に入り込んでいる高度に発展した「技術 Technik」の実情に合わせて――そうするのが、最も合理的であるかのごとく――〝決定〟されるようになりつつあることを問題視していたシュミットのスタンスからすると、高度に発展した技術による「正常化」を志向する「生政治」を肯定するとは考えにくい。

『政治神学』では、「生活関係」とは具体的にどういうものか述べていないが、『法学的思惟の三類型』（一九三四）では、法的規範が適用されるべき「生活領域 Lebensbereich」の二つのタイプの違いに言及している。一つは、時刻表に基づく鉄道運輸や、自動式信号機による交通規制に見られるように、予測可能性（Berechenbarkeit）が重視される、「取引的―技術的 verkehrsmäßig-technisch」に形成された領域。もう一つは、夫婦、家族、血族、ある身分層に属する同輩、国家の官吏、聖職者、軍隊の兵士などの共同生活のように、制度的に形成された領域だ。

これらの生活領域は、何が正常であり、何が正常な類型および正常な状態であるかについてのおのおのの概念をそれ自らのうちに持っており、その正常性の概念は、技術化された取引社会とはちがって、単に規範による規則づけの予測可能な函数であるということにつきるものではない。これらの生活領域はそれぞれ独自の法的実体を持っている。そして、それは一般的な規則も規則適合性ということもよく知っているのであるが、しかし、それをただこのような実体から流れ出したものとしてのみ、あの規則や函数の総計ではないその具体的な独自の内面的秩序から流れ出たものとしてのみ知っているのである。[79]

この箇所からシュミットが、人々の生活実態に基づいて歴史的に形成された規範―正常性の領域と、経済・技術的効率性に基づいて形成された現代的なそれ（生政治に支配される領域）を対抗関係にあると見ていること、後者が次第に拡大して、前者を侵食するのを好ましくないと考えていることが分かる。この箇所に続けて、更に次のようにも述べている。

いっさいの制度の具体的な内面的秩序、規律および名誉は、その制度が存続するかぎり、徹底的に規範づけ規則だてようとするあらゆる試みに対して抵抗する。このような秩序、規律、および名誉は、いっさいの立法者並びに法律を適用する人びとを、制度とともに与えられた具体的な法概念を受容し使用すべきか、それとも、制度を破壊すべきか、というディレンマに直面させる。たとえば、家族なるものがなお存在するかぎりは、立法者も法律を適用する法律家も、ある一般的概念を抽象的に提示する代わりに、「家族」という具体的制度の具体的秩序を現わした観念を受容せざるをえないことをつねに悟るのである。裁判官や立法者は、その場合、「善良なる家父」(bonus pater familias) について語ることに

よって、「家族」という具体的な構成体の現に存在する秩序に従っているのである。▼80

シュミットが、歴史的に形成された生活領域に対応する具体的制度―具体的秩序を、恣意的な立法や行政から守るべきと考えているのは明らかだろう。『政治神学』の段階で既に、（保守主義者である）シュミットがこうした生活領域の二つのタイプの違いを意識していたとすれば、彼が、主権者の「決断」を、少なくとも、経済・技術的効率性の最大化のための世界改造、合理的新秩序創出のようなものとしてイメージしていたのではないことは確かだろう。そうしたゼロからの計画的世界改造は、ド・メーストルたちが徹底的に抵抗したフランス革命の指導者たちの発想だろう。例外状態における主権者の「決断」を通して再設定される「正常性」とは、歴史的に形成された生活領域と適合し、それを壊さないように人々に働きかける規範であると解釈すべきだろう。

『法学的思惟の三類型』以降のシュミットは、「正常性」を確定する主権者の「決断」よりも、人々の伝統的な生活形態と結び付いた（本来の）「正常性」を支え、安定化させる制度や秩序の具体的な働きに関心を移していく。そうした彼の問題意識は、人々が「法」による（国家のそれを含む諸暴力からの）保護を徐々にはぎ取られ、あからさまな「ホモ・サケル」になっていくことに懸念を覚え、そのメカニズムを分析したフーコー―アガンベンのそれと通じているとも言える。

無論、カトリックをベースとする保守主義の立場を取るシュミットと、ポストモダン左派的な視点から近代的統治を批判するフーコーやアガンベンでは、政治的スタンスは全く異なる。しかし、経済・技術的効率性が、人間の生活領域を全面的に掌握し、「正常性」の水準が技術的に決定されるようになり、「法」が機能停止することに懸念を覚え、どうしてそうなってしまったのか、「法」や「規範」の根源に遡って考察しようとする発想は共有している、と言ってもいいのではないか。

しかし、だとするとなおさら、主権者の直接の指令で、医学を中心とする近代的技術を応用した生権力の行使を断行し、伝統的な「生活領域」を徹底的に破壊したナチスを、彼が支持するに至ったのは、皮肉な結末だ。

八 『政治神学』のポストモダン性

「現代国家理論の重要な概念は、すべて世俗化された神学概念である」[81]という有名な命題によって、法や政治に不可避的に備わる「神学」的、非合理的な次元があることを示唆し、規範主義・実証主義的傾向が優位になっていた当時の法学を、根底から再考しようとしたシュミットの試みは、恐らく彼自身は意図しなかった仕方で、「法」に潜むポストモダン系の問題を明るみに出した。それは、人々の権利や生命を保護するはずの法が、その目的を達成するためには、通常（normal）の法＝権利、更には道徳や慣習を含む各種の規範（Norm）効力が停止する「例外状態」において、主権的権力が、「かつて」――必ずしも歴史的過去ということではなく、共同体の集合的な記憶の中で表象される――の神話的暴力を再現する必要がある、という逆説だ。

例外状態において、「剝き出し」になった人々の生が、（いかなる上位の審級にも従わない）神話的暴力と直面することで、「主権」の本質が明らかになり、主権の名において何が「正常である＝規範に適っているか normal」、その尺度を決めることが可能になる。「根本規範」が「根本規範」として実効性を持つには、そうした神話的暴力としての力を帯びた「主権」が必要だ。

しかし、近代化に伴って、価値観や人々の生き方が多様化し、様々な党派が対立し、「正常性」を確立しにくくなると、絶えず〝例外状態〟を宣言し、神話的暴力を繰り返し再演せざるを得なくなる恐れがある。更に言えば、法が様々な科学技術と結び付いた現代社会では、主権的権力が自らの決断を遂行する能力（＝法維持の暴力）を強化しようとすれば、様々な技術を権力装置に組み込むことになる。その結果、シュミットが政治の機能喪失として危険視していた、ヒトの生をもっぱら「剝き出しの生」として扱う生政治の様相を露骨に呈することになる。主権的権力は自らを維持するために、ごく一部の〝異常者〟だけでなく、全ての市民（臣民）の生を「剝き出し」にする〝例外状態〟を常態化せざるを得なくなる。『独裁』『政治神学』『大統領の独裁』（一九二九）等の初期の著作においてシュミットは、文字通りの「アナーキーとカオス」に陥るのを避けるため、「例外状態」を迅速に収拾し、「正常性」を回復する「主権者」の役割を法理論的に明確化することを試み続けた。「例外状態」から「正常性」へと復帰するために、神のごとき「主権者」の「決断」が要請されるのであって、「主権者」の権威と権力を維持するために、「例外状態」を人為的・連続的に作り出し、しょっちゅう〝決断〟が成されているというのは、本末転倒であり、シュミットもそんなことは求めていなかったはずだ。「正常性」を再設定し、法秩序を安定することに失敗し、結果的に何度も繰り返し発動される〝決断〟は、シュミットが想定する「主権者の決断」ではないだろう。

しかし、ワイマールの後期には、経済政策の行き詰まりやナチスなどの過激派の台頭によって、求心力を失った政権が、自らの統治能力を維持するため、大統領緊急命令を乱発するようになり、シュミットは国法学者としてそれを支持した。[82]立場上支持せざるをえなかったということかもしれないが、「主権者」の神のごとき権威によって、人間の本性に内在する「悪」を封じ込めようとするシュミットの政治神学は、

「例外状態の常態化」を招き寄せる危険を当初から内包していた、と見ることもできよう。意図せずしてパンドラの箱を開いてしまったシュミットは、神の位置に居続けるために生政治を断行するナチスの悪に対して、理論的に距離を取ることができなくなっていたのかもしれない。

そうした悪循環を予感していたからこそ、ベンヤミンは、法措定のための神話的暴力と法維持の暴力を悪循環させる「法における何か腐ったもの」を消滅させる、「神的暴力」を夢想したのかもしれない。ベンヤミン、フーコー、アガンベンのテクストとクロスさせることで、シュミットの「政治神学」に秘められていた、神話的なものと生政治的な技法が結び付くポストモダン的な様相が見えてくる。

第3章　シュタールとシュミット――法学とキリスト教保守主義

一　二つの保守主義的な法理論

三月革命（一八四八）前後のプロイセンの公法学・法哲学で中心的な役割を担い、現在一般的に知られている意味での「法治国家 Rechtsstaat」概念を定式化したことで知られるフリードリヒ・ユリウス・シュタール（一八〇二―六一）[1]と、ワイマール期に、例外状態における主権者の決断を核とする「政治神学」を展開し、現代のドイツの憲法学にも影響を与え続けているカール・シュミットには、重要な共通点がある。それは、（万人が共有する）普遍的合理性に根ざした、抽象的な「法」の存在を否定し、キリスト教的な人間観、人間は神から離れた罪人であり、宗教的な支えがなければ、自己を律することができないという見方に根ざした、保守主義的な法理論、国家論を体系的に展開したということだ。シュタールは教会法学者でもあったし、シュミットは最後まで政治神学に拘り続け、晩年はキリスト教の終末論と法学の関係を明らかにすることを試み続けた[2]。

両者とも〝キリスト教保守主義の法学者〟だとすると、シュミットは、シュタールをドイツの法思想史の発展に重要な貢献をした先人として評価してしかるべきだと思われるが、むしろその逆だ。『トマス・

ホッブズの国家論におけるリヴァイアサン』（一九三八：邦訳タイトル『レヴィアタン』）では、国家の法を、宗教や道徳から独立した中立的な統治技術の体系へと矮小化した元凶としてシュタールを強く非難している。[3]

無論、ナチス政権期のシュミットは政権の意向を慮って、改宗ユダヤ人であるシュタールを必要以上に攻撃した可能性もある。『政治的ロマン主義』、『政治神学』（一九二二）、『政治的なものの概念』（一九三二）などの初期の主要著作でシュミットは、シュタールの保守主義や現状分析の鋭さに肯定的に言及している。[4]ただ、これらの著作で、シュミットが最も高く評価しているド・メーストル（一七五三―一八二一）、ボナール（一七五四―一八四〇）、コルテス（一八〇九―五三）等のカトリック系保守主義者と比べると、シュタールの扱いはかなり小さく、思想史的な概観のために申し訳程度に触れたにすぎないとも見える。

シュタールに対する評価がそれほど高くないのは、シュミット自身がカトリックであることと関係していると思われるが、それは単なる個人的信仰の違いゆえの好き嫌いではなかろう。カトリックの教義――特に原罪や教皇の地位に関わる部分――と位階制をモデルにして、法と国家の本来あるべき姿を探求した初期シュミットの思考と、シュタールのプロテスタント的個人主義が相容れなかったためではないか、と考えられる。

『レヴィアタン』でシュミットは、ホッブズが『リヴァイアサン』において、世俗的な意味での主権を論ずるにとどまらず、政治と宗教の統一を目指す主権の本来の在り方を描いたことを肯定的に評価する。その一方で、奇蹟信仰の問題をめぐってホッブズが、「内的信仰 innerer Glauben」と「外的礼拝 äußeres Bekenntnis」を区別し、主権者が真偽を決定できるのは後者だけであるという見解を取っていることを問題視している。[5]奇蹟をめぐる礼拝をどう扱うかは主権者の管轄に属するが、内面の信仰にまで干渉するのは現実的に不可能なので、各人に任せるしかないというのは、現代人には至極当たり前の話に思えるが、シュミットに言わせれば、この譲歩が、後に近代的「個人主義」が発展する余地を生み出したのである。

『リヴァイアサン』でホッブズは、内心の自由を主権の及ばない領域として消極的に位置付けただけだったが、ユダヤ人哲学者スピノザ（一六三二—七七）はこの主権にとって不可侵の領域を、近代自由主義を発展させる突破口にした。そうシュミットは見ている。スピノザの『神学・政治論』（一六七〇）は、社会契約から国家主権を導き出す『リヴァイアサン』の基本的枠組みに依拠しながら、聖書の独自解釈に基づいて、この枠組みを自由主義的な方向に読み替えることを試みた著作として知られる。その『神学・政治論』の第一九章では、内的確信（Innere Überzeugung）と敬虔の情（Frömmigkeit）は、各人の権利の領域に属するとして、積極的な位置を与える。続く第二〇章では、これを「思想・感情・言論の自由 Freiheit des Denkens, Fühlens und der Meinungsäußerung」という一般原則へと拡張している。

『リヴァイアサン』は、各人は自己の安全のために、自己の持っている自然権を主権者に譲渡せざるを得ない立場に追い込まれ、主権者が黙過する限りでのみ、個人の自由や権利が認められるという主権者中心の国家論だが、『神学・政治論』は、むしろ、「内心」の自由を核とした様々な自由権的諸権利を保持することこそが、社会契約の目的であるとする、個人の自由中心の国家論だ。スピノザ流の個人主義はやがて、近代自由主義の前提である「内＝私／外＝公」の区分と結び付き、一八世紀にヨーロッパ諸国の「自由主義的立憲国家・法治国家」の大前提となる。「内／外」「公／私」の分離、あるいは「内面留保 der innerliche Vorbehalt」の原則は、教養人たちの常識となった。

一九世紀になると、各種の自由権を獲得した市民たちは「憲法」を盾に（絶対主義時代には無制約の権力を振るっていた）主権者の権威や権力を徐々に奪い、リヴァイアサン＝国家を、単に予め定められた規則（法）に従って当面の問題に自動的に対処する技術的機構へと「中立化」していった。[6] シュミットは、こうした個人主義と結び付いた立憲主義・法治国家の概念によって、リヴァイアサンを無力化するプロセスに大きく寄与したもう一人のユダヤ人としてシュタールを位置付けている。

一九世紀以降、「法治国家」と呼ばれたのは、その内容的な目的、真理、正義がいかなるものであるかに関わらず、制定された法律に従って、予測可能に機能する国家法秩序であった。従って、どのような国家目的にも仕えることができる。ボリシェヴィキ政権のソ連も、法治国家と呼ぶことができる。そういう方向に、「法治国家」概念を発展させたのが、シュタールなのである。

彼はドイツ人自由主義者ロバート・モールの中立的法治国家概念を克服せず「法治国とは国家の目的に非ず、その実現の態様・性格を意味するに過ぎず」と、万人に極めて「法学的」に響く定義をして一般に受容された。この内容と形式、目的と性格という新たな分離は、十八世紀に展開された内面と外面の対立を法概念上保持したものである。このシュタール＝ヨルゾンは、トマジウスの道徳・法区別論は「重要な進歩」であり、彼は「両領域の分離を永久に確保し」「内面の平和と外的平和、法の強行可能性と道徳の強行不可能性をあらゆる部面で限界づけた」として称揚しているが、これも彼の立場からすれば当然である。この奇妙なキリスト教的君主神権論者は、ホッブズがグロティウスと異なって、国家を君主からも国民からも区別したことに満足の意を表しているが、これは何という「保守主義」であろう。ハーマンはスピノザのような人物は哲学する「能力も資格もない」と述べたが、彼がこのようなキリスト教君主制の擁護者を見たら何といったであろうか。このユダヤ人哲学者は「キリスト教国家」とか反革命的「正統性」とかという美辞麗句を並べたてながら、確実な本能と目的意識をもってスピノザ、メンデルスゾーンの途を進んでいるのである。▼7

シュタールに関する否定的な要素があまり整理されないまま詰め込まれているので、読みにくいが、当時のシュミットにとって、近代的な「国家」を、（主権的権力や宗教的権威、民族的同一性など、シュミットから見て国家に不可欠の要因から分離された）単なる統治のための機構に還元しようとする、いくつかの思想的な流れがあること、その結節点にシュタールがいたということは読み取れる。

先ほど見たように、ホッブズ→スピノザの流れで、「内心の自由」を中心とする個人の私的生活を、国家も介入できない不可侵の領域として政治的に重視する見方が生まれてきたわけだが、シュミットは、プロイセンの啓蒙専制君主政治を支持した、初期啓蒙主義の法学者トマジウス（一六五五―一七二八）の「法／道徳」分離論[8]が結果的にそれを補強し、シュタールの国家観はそれを前提にしていると見たわけである。

モーゼス・メンデルスゾーン（一七二九―八六）は、一八世紀のユダヤ系の啓蒙主義知識人であり、後期の著作『エルサレム、あるいは宗教的力とユダヤ教について』（一七八三）で、「国家」の役割と「宗教」の役割を峻別したうえで、宗教の信仰は個人の問題なので、国家が強制すべきでないという見地から、「寛容 Toleranz」の重要性を説いている。シュタールとほぼ同時代人の国家学者ロベルト・フォン・モール（一七九九―一八七六）は、第二帝政成立後はバーデン公国に改革派の官僚として仕えているが、もともと、三月革命時に積極的に活動し、フランクフルトの国民議会の代議員、臨時政府の閣僚に選ばれた自由主義の闘士であった。シュタールに先駆けて「法治国家」を定義した『法治国家の諸原則から見たドイツの警察学』（一八三三）でモールは、全ての市民が各人の力を全面的に発展させていくうえでの障害を除去することが法治国家の目的であるとしたうえで、そのための必要最小限の介入を行うことを警察の使命と見なし、警察活動が法によって認められる範囲を超えて不当に拡大されるべきでないと主張している[9]。

国家を信仰の領域から排除しようとしたメンデルスゾーン[10]や、市民の自由のために国家権力の限界を定めようとするモールのような自由主義者と、キリスト教的な視点から君主制を正当化しようとし、経済的自由化や民主化に抵抗し、君主制原理の貫徹を主張する、プロイセンの「保守党[11]」の活動家でもあったシュタールでは思想的背景が随分異なるように思える。しかし、(『レヴィアタン』の著者としての）シュミットに言わせれば、「国家」を、臣民の内的生活に関わらず、君主の人格とも独立した、中立的な法規範の体系として捉えるシュタールの「国家」観は、リヴァイアサンを単なる統治技術の道具に貶めていった、ブルジョワ自由主義的な国家観と実質的に変わるところはない。むしろ、君主制を擁護する保守派のふりをして、国家の中立化を推進した確信犯で、スピノザ、メンデルスゾーン、モールなどと同じ穴の貉ではないか、ということになるのだろう。

逆に言えば、シュミットにとって、国家は法的権力によって人々の外的行動を統制するだけでなく、道徳や宗教によって臣民を内面的にも導くべきで、そのためには神的な権威を持った主権者を頂点とする階層的秩序が必要ということになるのだろう。『政治的ロマン主義』や『政治神学』の段階では、こうした国家観はまだそれほど明確ではなく、自由主義とも両立可能なシュタールの法治国家論も、かつて教会の権威によって保障されているものに似た秩序を志向しているという点で許容可能であったのかもしれない。しかし『レヴィアタン』を執筆した時点では、シュミットにとってぎりぎり許容可能であるホッブズの国家論を、自由主義的な中立化の方向に改変したスピノザの路線を踏襲しただけでなく、「法治国家」の名の下に正当化しようとするシュタールは、もはや〝敵〟でしかなかったのかもしれない――自由主義を、ユダヤ性と結び付けているのは、法思想史的な考察というより、ナチス的バイアスもしくは、ナチスへの忖度ではあろうが。

こうしたシュミットのシュタール評価の変化を踏まえて、本章では以下、シュタールとシュミットの〝保守主義的な国家観〟のどこが共通で、どこが決定的に異なっているのか検討していくことにする。最初に、シュタールの主著『法哲学』に即して、彼がヘーゲルに代表される普遍主義的な法・国家理論と距離を取りながら定式化した「法治国家」論が、どのような「法」及び「国家」の理解に基づいており、それが「保守主義」的と形容されるのはどういう意味においてなのか明らかにする。次に、シュミットが

『ローマ・カトリック教会と政治形態』(一九二三)や『憲法論』(一九二八)などワイマール時代中・後期――『政治的ロマン主義』や『政治神学』の段階よりも、シュミットの「国家」観がより具体化しているが、まだナチスに対する不自然な傾倒や露骨な反ユダヤ主義を示していない時期――の著作で示した「法」及び「国家」観の特徴を、シュタールのそれとの対比で明らかにする。そのうえで、シュタールとシュミットが対立することに、それぞれのよって立つ理論的な前提に起因する必然性があるのか、それはプロテスタント/カトリックの世界観の違いによるものなのか、それとも別の要因によるのか、一定の結論を出すことを試みる。

二 「法」の歴史的生成

シュタールの主要著作『法哲学』の第一巻「現代法哲学の生成」(一八三〇)で、従来の西欧法思想史、というより、西欧哲学史の「法」に関係する部分を概観したうえで、[12]ヘーゲル法哲学との対決姿勢を見せている。[13]ヘーゲル(一七七〇―一八三一)は、狭義の法哲学者ではなかったが、ベルリン大学の教授であった彼の『法哲学要綱』(一八二一)は、法典編纂論争とも絡んで、ドイツの法学者たちに広く影響を与え、サヴィニー(一七七九―一八六一)等の歴史法学に対抗して哲学的法学を推奨するヘーゲル派と呼ばれる潮流を生み出した。[14]

「序文 Vorrede」でシュタールは、法哲学に取り組むようになった当初、ヘーゲルに対してどのようなスタンスを取るべきか迷っていたと告白している。ヘーゲル哲学が真理でないことは当初から確信を持っていたが、それをどう学問的に克服できるか分からず、試行錯誤していたが、シェリング(一七七五―一八五四)の哲学と出会ったことで、ようやく自分の行くべき方向が分かったという。[15]

法哲学の諸理論を単に歴史的順番に従って並べるのではなく、それらの理論を生み出し、生成変化させ続けているもの、各人の内にある欲求の正体を明らかにしていくという、第一巻の執筆意図[16]は、歴史の中に精神の発展の過程を読み取ろうとする、ヘーゲルの歴史哲学的発想に通じるものがあるようにも思える。ただ、ヘーゲルの『法哲学要綱』が、「現実的なものは理想的であり、理想的なものは現実である」[17]、という有名なフレーズに象徴されるように、現実と理想の一致を前提とし、「精神」の発展の度合いに応じて、それに適合した「人倫 Sittlichkeit」（慣習化＋制度化された法・道徳規範）の諸形態が形成されるという見方をしているのに対し、シュタールはむしろ、「法」について人々が抱く理想と、現実の「法」が乖離する傾向があることに着目し、それを克服することを法哲学の課題と見ている。

古代ギリシア人の法に関するエートス（倫理的態度）を描き出すことを試みた第一巻第一部では、理想的な国家のイデアに自発的に従う市民を育成することに美を見出すプラトンと、現実の国家、その内部での婚姻、奴隷制、村落などの仕組みの観察によって、国家を維持しているものを明らかにしようとしたアリストテレスを対比することを通してシュタールは、ギリシア人にとっての「法」が、近代人のそれとは異質なものであったことを指摘する。アリストテレスとプラトンの法理解は、表面的には対立しているように見えるが、ギリシア的な法理解の二つの側面を表しており、その根っこは共有している。

> プラトンとアリストテレスの法哲学の共通の性格として、以下のことが明らかとなった。それは、人間の理性の外部に、エートスの原因となるものが自立的に存在する、という前提だ――歴史的原理の欠如。言い換えれば、人間に対する国家の優位であり、人間の幸福、自由、人倫的な完成は、国家のために犠牲に供されるのである。[18]

つまり、各人が身に付けるべきエートスの究極の源泉として、理想のものであれ、現実のものであれ、「国家」が想定され、個人（市民）の幸福や自由や、人格的完成も、国家の目的と合致する限りでのみ許容される、というのが両者の前提になっているということだ。では、何故、「国家」の目的に個人が従わねばならないのか。この近代人が当然持つはずの疑問に対しては、ギリシア人たちは、国家と個人の関係についての歴史的考察を欠いていたので、答えることができなかったであろうし、そもそも、疑問として提起されることさえなかったのである。

ある人がある領域の中で、自らの意思に従って思い通りにすることができるようにする、という私たちの意味での法＝権利は、ここでは考慮されない。ギリシア人は自分が属する世界、国家の外に踏み出すことはない、ギリシア人の自由は、ローマ人のそれと違って、特定の完結した対象に対する自由な処分権の保護ではなく、国家の行為に対する理想的な関与である。[19]

「国家」とは独立に、各人や自らの幸福を追求する、近代的な意味での自由や権利の概念がなく、国家の行為（自治）に参加することが「自由」であるとすれば、「法」は、「国家」の目的を実現するための手段でしかない。プラトンはその意味での「法」の理想的な在り方を探求し、アリストテレスは「法」の現実の在り方を記述した、ということになる。「国家」とはそもそも何かという問いは、法哲学を超えた問題だったのである。

こうした「国家」中心のギリシアの法哲学に対し、近代の法哲学は、主観的な原理（das subjektive Prinzip）を基本とする。各人の自由と人格性を前提とし、それがどうあるべきか「理性」によって明らかにしようとする。エートスの起点である、「私は何をなすべきか？」「善とは、あるいは悪とは何であるか？」という問いは、理性的思考の論理的帰結として答えられるべきと考えられるようになった。無論、すぐに答えが出るわけではない。

近代的な「自然法」論の創始者であるグロティウス（一五八三―一六四五）は、理性を「法／不法」の根拠にしようとした。ライプニッツ（一六四六―一七一六）やその体系を継承したクリスティアン・ヴォルフ（一六七九―一七五四）はその立場を擁護し、幾何学の法則が普遍的なものであることは、神を信じているか否かに関係なく、理性の働きで発見されるように、法の諸法則も理性によって見出されると主張した。それに対して、プーフェンドルフ（一六三二―九四）は、人間の理性は、元首（Oberherr）としての神を想定することなく、善／悪を判断することはできないと主張した。トマジウスは、理性は「エートス」を認識するための、現実的な「尺度」ではあっても、自らが「エートス」を作り出したわけではないと主張した。こうした論争は、カントによって、理性がエートスの原因であると明らかにされるまで続いた。[20]

しかし、それで全て片付いたわけではない。理性の判断は個人ごとに異なっているので、各人が自らの理性にだけ従っていたら、人々の見解が違った時に調整する共通の規則がなくなる。そこで「エートス」を、人々が自らの理性にのみ従い、いかなる強制も受けない「内的自由 innere Freyheit」の領域である「道徳 Moral」と、他者との間の平和を達成するという目的のために、強制が課される可能性がある「外的自由 äußere Freyheit」の領域である「（自然）法（Natur）Recht」への分割が必要になった。ライプニッツに始まったこの分割を理論的に完成したのもカントである。[21]

カントは、同じ一人の人間の内に、自らの理性の命令に従って行為しようとする人と、その時々の恣意的な欲望に従って行為し、他者の自由を侵害しがちな現実の人が混在することを前提に、前者の視点から後者に制約を課す行為として、「法」を理解しようとした。人々は自由意思によって社会契約を結び、国家を創設し、国家の「法」という形で、生身の存在としての自分たちに制約を課すに至った。その意味では、「法」もまた、道徳と同様に、各人に備わっている理性から導き出される。[22]

ただ、グロティウスからカント（一七二四―一八〇四）に至る近代の法哲学（自然法論）は概して、「法」は理想としてどうあるべきかに関心を集中させ、現実的な諸状況で「法」をどう遂行すべきか顧慮していなかったため、国家をどう運用すべきか、政治において目的を達成するにはどうすべきかをめぐる政治学（Politik）はそれと別個に発達することになった。法哲学が、（神ではなく）人間の理性と個々人の自由についての考察を起点にして、あるべき「法」を導き出そうとしたのに対し、イタリアの諸都市を対象にしたマキャベリ（一四六九―一五二七）の考察に始まり、ヨーロッパ全体を視野に入れたモンテスキュー（一六八九―一七五五）の体系的研究によって完成された近代の政治学は、（やはり神ではなく）人間の自然＝本性を研究し、人々が現に欲しているものに基づいて、政治や国家の目的を設定し、それをどのように実現できるかを探求した。[23]

プラグマティックな性格の強い政治学にあっては、全ての人間にとっての「目的」、すなわち「正しいもの das Rechte」を定める、政治的な「意思 Wille」こそがエートスの源泉であり、あらゆる行為が正しいか否かは、その「目的 Zweck」の実現に寄与するかどうかであった。[24] つまり、「エートス」をめぐる近代の知は、結果に関心がない抽象的倫理学＋自然法論と、それ自体として妥当する（in sich selbst gelten）ものを求めることなく、あらゆる事柄を、（理性的思考ではなく、環境や人間の身体的条件などによって外から与えられる）「外的目的」を評価し実現するための「手段 Mittel」としか見ない実践的政治学に二分されていたわけである。[25]

ただし、自然法論と政治学は、エートスに関しては対照的な見方をしていたものの、「現実の法 das wirkliche Recht」が、相互に独立し、自立的に活動する人間たちの相互作用の帰結として歴史的に生成するという見方は共有していた。[26] 国家や法を、歴史的な生成の産物だとする見方は、古代や中世とは違う、近代法哲学の特徴だ。抽象的な自然法論が、法の生成過程を、理性的思考の発展の帰結と見ていたのに対し、実践的政治学は、その都度の偶然の力関係、もしくは国家の安全保障の必要によって規定されると考えた。こうした両極化した見方に対し、「歴史的法学者の学派 Schule der geschichtlichen Juristen」は、歴史的に形成され、人々の生活に現実的かつ倫理的な影響を及ぼす、家族、それを取り巻く共同体、国家など様々なレベルの人倫的関係（sittliche Verhältnisse）に注目し、それぞれの関係に固有の「法」

を明らかにしようとする。

シュタールが「歴史的法哲学 die geschichtliche Rechtsphilosophie」と呼んでいるものは、サヴィニー等による『歴史法学』雑誌の創刊（一八一四）によって始まったとされる「歴史法学 historische Rechtsschule」のことではない。歴史法学は、ドイツ民族に固有の法の在り方を探求する法学者たちから成る学派であり、普遍的な法の発展法則を説くヘーゲル派の法学者たちと対立するが、シュタールが「歴史的法哲学」の代表的理論家として挙げているのは、いずれも狭義の法学者ではないシェリングとヘーゲルだ。「歴史的法哲学」とは、実定法の成り立ちを、歴史的、民族精神の視点から見直し、それを法解釈や立法に生かそうとする法の基礎理論ではなく、法や国家がどのように歴史的に形成されるのかその法則を探求する哲学的な理論を指す。

なお、『法哲学』第一巻の第二版（一八四七）では、ヘーゲルとシェリングは「歴史的法哲学」に哲学的基礎を与えた哲学者という位置付けになり、彼らとは別に狭義の「歴史的法哲学」の潮流が存在することを示唆している。具体的には、ド・メーストル、バーク（一七二九―九七）、家産国家論で知られるハラー（一七六八―一八五四）、政治的ロマン主義者でカトリックに改宗したアダム・ミュラーなど、フランス革命に抗して伝承されてきた秩序や権威を守り、国家の根源的一体性や有機的構成を説いた反革命哲学者たちと、サヴィニーをはじめ、彼と共に『歴史法学雑誌』を編集したアイヒホルン（一七八一―一八五四）、古代史家で、ガイウス（一三〇頃―一八〇頃）の『法学提要』を発見したニーブール（一七七六―一八三一）など、ドイツの「歴史法学」派の二つのグループが挙げられている。

ただ、シュタールはいずれの学派も無条件に肯定的に評価しているわけではない。反革命の思想家たちに関しては、過去の制度が全くもって満足のいくものであったかのごとく描いているせいで、革命が生じた本当の原因を捉えることができていないと批判する。[28] ド・メーストルについては、その著述が深く宗教的に動機付けられていることは認めているものの、教皇の権威の至上性を説く彼の議論が外面的なものにとどまっていることを示唆している。

至る所に彼は、神の直接的な摂理、神の備えと手段、神の目的と意図を認める。フランス人とイタリア人に特有の敬虔な感受性と空想による跳躍が、彼の著作に命の息吹を吹き込んでいる。それに対して彼の政治的見解は、生の現実的な条件や現代において真に求められているものと、際立って対立している。その原因はまた、彼の倫理的、宗教的な見解の一面性の内に既に見出される。彼は、地上の歴史、地上における人間たちの秩序を、直接的で可視的な神の王国と見なす。彼は神の定めと神の意思を外的な権威の内にのみ見出し、同様に神によって導かれているはずの諸々の状態の進展や、神の働きの器官であるはずの共同体の内的意識には見ようとしない。ある人たちが、神の名において、可視化された法的全権をもって統治するのに対し、他の人たちは彼らにただ受動的に従わねばならない。この全権授与された者たちから発するものは神的で、他の者たちから発するものは人間的な反抗である。歴史は内的発展によってではなく、外からの導きによって進行すべきなのである。[29]

個人の内面の信仰を重視するプロテスタントの立場からすれば、教皇を頂点とする教会の外的で階層的な権威・支配を認められないのは当然だが、シュタールはそれだけにとどまらず、(法の) 歴史的発展の過程を見る際にも、頂点だけでなく、信者の共同体を見るべきだと主張しているわけである。外的制度が維持されたか解体したか、変容したかといったことだけでなく、「共同体の内的意識 das innere Bewußtseyn der Gemeinschaft」が歴史の中で——神の導きによって——どう発展したかが重要なのである。

これは、シュミットが『政治的ロマン主義』や『政治神学』で示したド・メーストル観と明らかに相容れない。シュミットの見方では、ド・メーストルは教皇の外的権威を無根拠に信奉していたわけではなく、

（少なくともフランス人の）公共的道徳（morale publique）や国民的性格（caractère national）の育成のために、カトリシズムが不可欠であるとの認識に基づいて論を立てているのである[30]。また、ド・メーストルにとって、教会的秩序の核である教皇の無謬性は、国家的秩序を守るために不可欠な主権者の決断と同じ意味を持つ。神のごとく、絶対的で、無過失の権威による「決定」がなければ、その「本性からして悪」であり、アナーキーな暴力に走りがちの人間たちの間に秩序をもたらすことができないと見抜いていたからこそ、素朴な権威主義と取られかねない発言をしたのである[31]。

こうした「権威」の役割についての認識の違いが、シュタールに対するシュミットの反発の主な要因ではないか、と見ることができる。後で見るように、シュタールも、国家体制を維持するうえで、各人の理性を超えた「権威」が必要であるとの認識を持っているが、シュミットのように、既存の「権威」を強化してまで、臣民たちを服従へと仕向けるというような考え方はしておらず、その意味で、ド・メーストル＝シュミットほど保守的ではない。

「歴史法学派」に関しては、法を図式的・機械的に理解して、伝統と無関係な立法を行おうとした法典化推進派に抗して、人々の生活や慣習と結び付いた法の歴史的性質を明らかにした功績は認めている。また、一般的に流布している、歴史法学派が「法の絶対的な倫理的尺度 der absolute sittliche Maaßstab des Rechts」の存在を否定して、歴史の経過に全てを委ねる相対主義に陥っているという見方は誤解だとしている。その一方、彼らは自らが求める尺度を明らかにできる「法の哲学 Philosophie des Rechts」は持っていないと指摘する[32]。

つまり歴史学派は、法の哲学、言い換えれば、倫理を除去するというのとは程遠く、むしろ、新しく、より深い哲学的原理を内包してさえいる。ただし、その原理は常に、いかに法が生成するか、いかに法を導入し、発展させていくべきかにのみ関わっており、正義に適った倫理的な制度や法律がどのようなものであるかという内容には関わっていない。彼らはこの点での哲学的な学説を排除していないが、自らは提供していない。[33]

歴史学派が直接示していない、「法の絶対的な倫理的尺度」を明らかにするには、シュタール自身が、ヘーゲルやシェリングの法についての歴史的考察――第二版では、「思弁的法哲学 Spekulative Rechtsphilosophie」と呼ばれている[34]――を参照しながら考察を進めるしかないということだろう。

三 ポスト・ヘーゲル的な法理論

シュタールは、ヘーゲルを法や倫理の歴史的発展に注目し、その法則を明らかにしようとした哲学者と認めているが、抽象的に規定された概念からあらゆる事物や出来事を導き出そうとする、観念論的な合理主義を方法論としているがゆえの限界を指摘している。[35] 論理学や数学であれば、最初に設定した公理から、体系に属する全ての定理を導き出すことが合理的とされるが、あらゆる事象をそのように扱うことには無理がある。現実的な制度や慣習を扱う「法哲学」に関しても、ヘーゲルは、弁証法（肯定↓否定↓否定の否定＝肯定）の「論理」によって全てを導き出そうとする。

それまでの法理論とは違って、彼にとって、市民社会や国家は経験的な観察（経験は、人間は、強制する制度なしには法を受け入れないことを教えてくれる、といったこと）の帰結として与えられるものではなく、純粋な概念の展開から得られるものであった。彼の思考法則によって、国家は法の概念と共に既に与えられているのであり、概念としての国家を吟味しさえすれば、国家を見出すことができるのである。人間がこのように行動する傾向があり、そのためあのように行動するかもしれないので、国家が必要になるというのではなく、三角形が角を含んでいるように、空虚な存在が自然、人間、法などの概念と同様に、国家という概念をも含んでいるから、国家は必然的に存在するのである。[36]

抽象的な概念間の論理法則から国家や法が導き出されるとすれば、ある法が倫理的に正しいかどうかは問題でなくなる。正しい論理操作によって導き出されるのが、〝正しい法〟であり、〝法の正しさ〟にそれ以外の意味はない。シュタールは、「現実的なものは理想的であり、理想的なものは現実である」を、以下のようにもじっている。

正しいのは、三つの契機による法則に従う空虚な思考の規定から帰結するもの——思考可能なあらゆるもの——である（基本的にそれ以外には何もない）。[37]

ヘーゲルの法哲学の空虚さに対するシュタールの執拗な批判の中で特に興味深いのは、代議制に関する批判だ。

国家の中の多くの人々は代表される権利を有する。従って、代議制の国家体制は理性的に必要とされる。しかし、それは、A、B、Cというそこに生きる全員が代表されるのではなく、多数性というカテゴリーがその外的な機関を持つ、ということなのである。私たちがしばしば国家の中で自らの権利を維持できないのは、私たちの国家の不完全さではないのである。私たちの権利は、私たちに対して抽象的な形で保障されている。個々の人間の権利の承認は、永続する諸法律において表明され、法的慣習とそれに対する信仰告白を通して表現されているのである。従って、私たちの国家の理性にそれ以上のことは期待できないのである。[38]

要は、ヘーゲルの〝代議制〟は、抽象的観念として「人民」の権利を名目的に代表する機関にすぎず、実質はないことへの皮肉である。では、ヘーゲルの代議制論は実際どのようなものだったか。

ヘーゲルは『法哲学要綱』の国家体制＝憲法（Verfassung）論の部分で、立憲君主制を前提にしたうえで、国家権力を、普遍的な原則を規定する「立法権 die gesetzgebende Gewalt」、それを個別的な事項に適用する「統治権 die Regierungsgewalt」、最終的意思決定権＝主権としての「君主権 die fürstliche Gewalt」の三つに分けて説明しており[39]、かつ、「（身分制）議会 Stände」の存在に言及している。そこから、「議会」における代表たちによる立法を想定しているように一瞬思えるが、そうではない。ヘーゲルは「立法権」を構成する第一の契機として、最高決定権者である君主、第二の契機として、具体的な問題について専門的な知識をもって審議（beraten）する統治権力――具体的には、政府構成員（die Mitglieder der Regierung）と官吏（die Staatsbeamten）――を挙げ、最後に「議会」を挙げている[40]。立法権において「議会」が占める地位はかなり小さい。

> 議会という制度は、国家の要件がこの制度によって即自的事実的に最もよく審議され決議されるようになることを使命とするのではない。この面からいえば議会はたんに一つの派生物をなすにすぎない（…）。議会の特徴的な使命はむしろ、普遍的要件である公事にかんして、議会が共に知り審議し共に決議するというかたちで、政治にあずからない市民社会の成員のために、形式的自由の契機の正当な権利がかなえられるようにすることにある。――そういうわけでまず第一に、みんなが知るという契機が、議会の討論の公開によって拡張されるのである[41]。

つまり、国家の重大事に関して実質的な立法を行うのは、君主を頂点とする政府であって、一般の市民は、自分たちの「代表」を選出する――諸個人の自由な投票によるのではなく、職業団体ごとに有力者たちに委ねる形で、代表を選出する――ことを通して、形式的に立法過程に関与するだけなのである。「議会」の実質的な役割は、王や官僚たちがどのように考え、決めているかを、一般民衆に関心を持たせ、教育することである。ヘーゲルはまた、議会を通して立法権に参加することで、君主や政府と市民社会の関係を「媒介する vermitteln」ことを挙げているが、これは、個々人が自らの私的利益や意見に一方的に突き動かされ、「多数の衆 eine Menge」や「群れ ein Haufen」となって、国家に対抗すること、つまり革命が起こらないよう、彼らが「公共の福利 das allgemeine Beste」を考慮した行動ができるよう導くということだ。[42]

こうしたヘーゲルの形式的な代議制論に対抗する形で、国制の基本構造について論じた『法哲学』第二巻第二部（一八三七）でシュタールは、国王を頂点とする政府に対して、「民衆 Volk」の権利や利益を守るための機関として「議会 Volksvertretung」を位置付けている。[43] 自由選挙ではなく、身分団体を選出母体とするところはヘーゲルと同じだが、ヘーゲルが、「民衆」は、国家の内の「自分が何を欲しているか知らない der nicht weiß, was er will」部分であり、国家の最上位の官僚こそが、「国家のもろもろの機構や要求の本性に対していっそう深くて包括的な洞察を備えている」[44]と断じているのに対し、シュタールは、民衆の置かれている状況を自らの「経験と感性」によって認識することができない国王に代わって、民衆の真の姿を、各身分を代表する形で表すのが「議会」だとしている。「議会」とは、「民衆を現在の姿にあらしめている、あるいは、民衆がそうなろうとしている、原型の表現（Darstellung des Urbildes (Prototypus)）」[45]である。

「議会」は国王の担う国家権力（Staatsgewalt）、主権（Souveränität）に関与することはなく、自らの分は弁えているが、支配者をある行動へと促したり、差し控えさせたりする「力」は有している。

議会を通して民衆は保護と安全を獲得し、法が守られ、自らの権利が尊重され、自らの利益が考慮されるようにする。民衆はまた議会を通して、政治的尊厳へと高められる。というのも民衆は、その代表者の人格において、支配と、支配する地位に参与するからである。民衆と等しい者たちが、政府自体のそれと同じくらい強力な力を持っている。そのことによって民衆は、畏敬の念をもって従うべき支配と、同時に、兄弟のように親しい関係にある。他面では、議会を通して政府は、民衆の信頼と自発的な服従を獲得するのである。[46]

シュタールは、議会主権が常識になりつつあった英国の法理論と比べるとかなり控えめではあるが、ヘーゲルの構想よりも遥かに積極的な地位を議会に与えている。議会の主な役割は、予算案や法案を審議し、同意か拒否か態度表明すること、国王や政府に対し、民衆の立場から請願することなどだ。[47]八年後の『君主制原理』（一八四五）では、最終決定権はあくまでも君主にあることが強調されたが、法律や予算の細部について同意を与えるかどうか決める権利が議会にあることは確認されている。[48]『法哲学』第二巻が刊行された一八三〇年代後半にはいくつものドイツの領邦国家で憲法と議会制が既に導入されていたことや、[49]シュタール自身が一八三七年にエアランゲン大学の代表としてバイエルン議会（Bayerische Ständeversammlung）の議員に選出されていたことなどもあって、保守派の立場を取るシュタールも、議会制の導入自体は不可避と見て、議会の存在は前提としたうえで、その権限をできるだけ抑制するという戦略を取ったのかもしれない。[50]

このように、必ずしも積極的ではなかったものの、「民衆」の代表としての議会に一定の権力を与える方向に、少なくともヘーゲル以上に踏み込んでいこうとしたシュタールのスタンスは、ワイマール共和制の初期から、「議会主義」に対する不信感を露骨に表明していたシュミットには、保守派を名乗りながら、議会制をめぐるドイツ諸邦のせめぎ合いの中で早々に妥協してしまった、似非保守主義者に見えたかもしれない。『現代議会主義の精神史的状況』でシュミットは、近代の議会主義の思想史を振り返って、例外状態における主権者の決定こそが政治の本質であることを認めたがらない自由主義者たちの幻想が、討論によって合意を目指す議会制への過剰な期待を生み出したが、現代においては、議会は、大資本などの利益代表たちによる秘密裡の決定を表面的に正当化する場にすぎず、議会での公開の討論によって理性による統治が実現するという理想は空洞化している、と主張している。[52]

話を、法についての歴史的考察に戻そう。歴史の発展の抽象的な概念上の法則に拘るヘーゲルにかなり批判的な一方で、シュタールは、理性によって一義的に捉えることのできない、この世界自体の「生き生きとした生成 das lebendige Werden」を強調するシェリングにはかなり好意的だ。主にシェリングの『学問論』（一八〇三）[53]を参照しながら、シュタールは、家族、国家、教会といった形を取る人々の間の法的結合（die rechtlichen Verbindungen）を、単に互いを利用し合う関係ではなく、世界創造のプロセスにおいて生じる人倫的有機体（sittliche Organismen）と捉えるシェリングの見方に共鳴している。この見方では、国家は、その中でこそ各人の特殊利益（一）と、全員の利益（多）が一致する共同体である。

これらの契機、一と多が相互に浸透し合う様々な様式が、国家の歴史を形成する。古代の共和国においては、一性と多性が直接的（絶対的）に結合し、多数者たちは自分が国家であることを知り、自分たちが国家から分離するのは不可能であり、国家の統一性あるいは国家それ自体は、多数性の中にあることを知っていた。近代においては、この同一性は解体され、同時に多なるものではない君主の姿を取った一性は、多性、すなわち民衆に対峙する。民衆の中にある各人は、自らを間違いなく国家に属していると感じておらず、従って、多くの者たちは自らにおいて内的統一性を有していないのである。こうした普遍的なものと特殊なものの同一性の解体のため、媒介する権力が必要になったのである。法の学は国家を構成しなければならない、絶対者がいかにしてこの特別の制度を作り出さざるをえなかったか、そして国家自体、及びその様々な形態において、いかにして一にして、普遍的で、絶対的なものが表現されるかを見極めねばならない。[54]

現代的な法理論の言葉に置き換えると、古代のような、強い同胞意識に支えられた国家＝共同体を失った近代では、諸個人はバラバラになり、各人の私的利害・意見の対立・緊張が高まり、国家全体にとって普遍的な利益が見えなくなっているので、法哲学が、「絶対者」（≒神）の視点から、諸個人が国家へと自然と再統合されるような、有機体的な国家観を示すべき、ということである。神の視点からの有機体的国家観というのは、私たちが通常思い浮かべる、〝典型的な保守主義〟の発想であり、シュミットも受け入れそうだが、そうではない。

シュミットは『政治神学』で、有機体的な国家観は、統治者と被治者の同一性を説く民主主義的テーゼや、国家と法秩序を同一視するケルゼンの理論などと同列の、「内在表象 Immanenzvorstellung」に基づく国家観であり、シュミット自身の国家観とは全く異なるものだと強調している。シュミットにとって重要なのは、宇宙を創成し、時として奇蹟という形でその在り方に介入する超越神のごとく、国家から「超越」したところに、最終的な決断者としての「主権者」が位置付けられていることであって、宗教や伝統的な共同体が国家統合の基礎になっているかどうかではない。[55]国家全体が一つの「有機体」であり、（特別な位置にあり、権威を有する個人ではなく、国家自体が）「絶対者」の現れだとするシェリング流の国家観では、決断する主権者の超越性は見えてきにくい――「民族 Volk」を「生きた有機体」と捉える有機体的な思考が欠如していたことが、一九三〇年代後半に、シュミットと、ラインハルト・ヘーン（一九〇四―二〇〇〇）やヴェルナー・ベスト（一九〇三―八九）のような本格的なナチス法学者との理論的な対立点になったとの指摘もある。[56]

四　神と主権と法治国家

シュタールの『法哲学』第二巻第一部は、神とは何か、神の自由、神と被造物、世界、堕落、人間の自由と神の恩寵……といった神学的なテーマから始まっている。「法 Recht」も神との関係から定義されている。

「法」は、それによって秩序付けられる関係性と不可分であるとして、「法的諸関係 Rechtsverhältnisse」から議論を始める。「法的諸関係」は、言わば、「地上における神の王国」の「体」あるいは「道具」であり、個々の関係は神の属性の一部を表している。これらの関係には、①自由と財産、②家族、③国家と教会――の三つのレベルがある。これらは、人々の相互の関わりと規則的な行動によって成り立っている。

従って、この神の体へと人々を接合する絆それ自体は、身体的な性質のものではなく、人倫的な性質のものである――そして、これが法である。[57]

神によって創造された人間たちはもともと自然と結び付き、神の「身体」の一部になるようにできているが、堕落によって生じた「罪 Sünde」のために本来の関係が寸断され、神に直接導かれて、正しい関係へと至ることが困難になった。地上での人間関係は、偶然的なものに左右され、不安定になった。そこで、人々の間に秩序をもたらし、神の「身体」と言えるような状態へと近付けるのが、「法」の役割だ。[58]

各人の行為、財産、家族の相互承認（gegenseitige Anerkennung）に関わるのが「私法 Privatrecht」で、互いに離れている人々を結び付ける各種の「共同性 Gemeinschaft」に関わるのが「公法」だ。「公法」の対象になるのは、地域的な共同性である「共同体 Gemeinde」、職業的な共同性である「身分 Stand」と「協同組合 Genossenschaft」、人間の地上における使命全体を包括する「国家」、啓示への信仰に基づくのが「教会」だ。[59]「国家」とそこに包摂される下位の共同性が、外的・地上的なものを対象にするのに対し、「教会」は人間の内面と永遠なるものを対象にする点で異なっている。「国家」の「規範Norm」が人間の洞察に根ざしているのに対し、「教会」の「規範」は啓示された神の言葉に根ざしている。[60]

このように、「国家」と「教会」の役割を分離するのは現代人にとってはあまりにも当然のことで、むしろその〝前置き〟として、キリスト教の神学を持ち出すのは、政教分離の原則を否定する前近代的な態度にさえ見える。しかし、『レヴィアタン』を執筆した時点でのシュミットからすれば、いくら神や罪について語っても、結局、「教会」と「国家」の管轄が異なることを認めれば、自由主義的な「公／私」分離の発想に屈している、ということになる。

シュタール自身の議論に戻ろう。神の摂理を果たすうえで「教会」とは異なる役割を担っている「国家」は、「法」と不可分の関係にある。「国家」も「法」も人間の外的共同性を対象にする。「法」が人々を編成する掟（Gesetz）だとすれば、「国家」は彼らを統治するための造営物（Anstalt）だ。両者が必要とされるのは、人間が神から離れてしまったからだ。[61]人間の「堕落」ゆえに生じた「国家」と「法」には、人間が生まれた時から負っている「罪」に関連した役割がある。

法と国家は地上の世界に属するゆえに、両者の創設のされ方は、キリスト教的な啓示の対象ではない。ただし啓示は、上位者（Obrigkeit）に対する人間の振る舞いに関してだけ、一つの戒め（ein Gebot）を、すなわち従順（Gehorsam）の戒めを与えるのであり、それを通して国家の本質が明らかになる。つまり国家は神の秩序の一部であり、国家における上位者と権威は神によって定められたものであり、地上における最高の絶対的権力（剣）を与えられている、ということが明らかになるのである。それに対して、世界という平面における国家の位置については、宗教や人倫が関知するところではなく、学問に属することである。国家の体制と性質については、宗教や人倫は何も明らかにせず、いかなる戒めも与えない。国家の体制と性質に関しては、実際、それを踏み越えれば、即罪となるような絶対的で無条件の規則などない。ドグマ的で必然的な国家体制というようなものは、東洋の諸民族（Völker）がこれまで生きてきた、そして今も生きている外的律法の支配する状態に属することだ。それに対してキリスト者の自由には、諸民族がこうした外的な関係に縛られず、多様な国家形態の下にあって、不正を犯すことなく生きることを許されるということが含まれる。[62]

このようにシュタールは、罪人であり、神から離れがちな人間に「従順」を身に付けさせるという一点において、国家に宗教的な役割を担わせようとしているが、それ以外のことでは民族ごとにその環境や属性に合わせて、それぞれに適したやり方で、国家や法を構築すべきだと考える。ただ、各人に「自由」を保障しながら、「従順」を身に付けるよう導くことが国家の存在する目的だという前提に立っているので、あらゆる国家体制＝憲法体制が備えるべき共通要素を挙げることはできる。

上位者の力と声望、そして官吏の正しい養成――市民の人身と権利の保障――様々な身分と共同体の正しい尊重と位置付け――最高の尺度にして最終目標としての真の信仰と真の教会の承認。[63]

国家は宗教に関与しないと言っておきながら、「真の信仰 der wahre Glaube」と「真の教会 die wahre Kirche」を憲法の基礎にするというのは、矛盾しているように思えるが、彼が想定しているのは、「キリスト教」を「国教」として指定するということだ。国家や民族＝人民の形成に際しては、一夫一婦制や血の復讐の禁止など、核となる規範に関して人々の認識を一致させておく必要がある。そのため、キリスト教を国教に指定し、キリスト教の信仰を持っていることを官僚や議員の資格要件とし、教会に、婚姻、子供の洗礼などを通しての生活指導や信徒共同体の福祉などの役割を担ってもらうわけである。[64] ただし、カトリックとプロテスタントのいずれか一方、あるいは両方を「国教会」として指定するかについては、双方の教義の研究や民衆の信仰の分布によるとして明言を避けている[65]――後にプロテスタント系の団体で行った講演を元にした論文『政治的原理としてのプロテスタンティズム』（一八五三）では、当然のことながら、世俗君主の権力の上位に法皇の権力を置くカトリックよりも、君主の自立した神的権利（das selbstständige göttliche Recht der Fürsten）と、民衆の高度の政治的自由（die höhere politische Freiheit der Völker）の両立を可能性にするプロテスタンティズムの方が、近代の政治的原理として優れていることを示唆し、政治的原理としてのカトリックに固執するド・メーストルを批判している[66]。ヨーロッパに、良心の自由（Gewissensfreiheit）と寛容（Duldung）の理念が広がったのは、プロテスタントのおかげだとしている[67]。

このようにシュタールは純粋な政教分離は取らず、キリスト教を前提としながら、教会と世俗の国家が共同して人々を導く体制を想定するが、国教の存在によって、憲法の原則としての「信教の自由 Glaubensfreiheit」と「寛容 Toleranz」が排除されることはないとしている。具体的には、①個人に暴力によって信仰を強制しないこと、②どの宗派を信じるかは、人身の不可侵性と自由、個人の名誉、財産の保護等と並ぶ私的権利（Privatrecht）として完全に保障されること、③他の宗教や異端的な小宗派が独自の礼拝を行うのを許容することが原則になる[68]、という。

官吏への採用に際して本当のキリスト教徒かどうかどうやって見極めるのか、という問題に関連してシュタールは、「国家は心の中を覗き見ることはできないし、見るべきでないが、行為において公共的に知られることにのみ留意することが許される[69]」と述べ、キリスト教会の共同体に属しているかどうか、という外的事実だけ問題にすればよい、としている。これは、見方によれば、クリスチャンのふりさえしてくれればいいということである。シュミットからすれば、「内面／外面」の分離の原則を盾に、宗教的な要素を形骸化しようとする、姑息なやり方に見えたかもしれない。

［権力機構（Obrigkeit）―民衆］の関係を、「従順」という点で、［神―人間］関係のアナロジーとして捉えるシュタールであるが、権力機構の頂点に位置する、主権者としての国王の支配は無制約ではないとしている。

国王は国家における最高権力を有するが、支配全体を単独で司るわけではない。彼に対して、法（das Gesetz）――歴史的に伝承されてきた法――が、支配のために不可欠な人倫的な基礎を与えるからであり、完成した憲法においては更に、官吏の組織と、民衆を代表する議会が与えられるからである。それらは王の支配を補完するが、それによって彼に対する制約になるのである。彼は法に反して支配することは許されない、官吏による媒介なしに、民衆の代表なしに支配することは許されない。ここに制限君主制の必然性がある。王は、神の支配を代表する営造物の、たとえ最高のそれであるとしても、一部・一分肢にすぎないからだ。[70]

民衆全体に「従順」を求めるキリスト教の倫理は、王の支配が法や他の制度によって制約を受けることを要求するのである。王もまた罪人だからである。

ただし、この制約があること自体は、小さな目的ではない。この制約は、人間であり、罪深い人格が誘惑から引き離され、営造物全体が恣意に委ねられないようにするために存在するからだ。[71]

これが、プロテスタント教会法学者でもあるシュタールにとっての「法治国家」の根拠である。第二巻第一部の初版では、家産制国家、専制国家、神政国家などと異なる、発展した国家類型として「法治国家」に言及しているだけだが、[72]第二版（一八四六）では、「自らの活動の軌道と限界、及び自らの市民の自由の領域を法という様式において厳格に規定し、確固として保障する[73]」ことを特徴とする国家として定義している。この「国家」は、「人倫的な共同体 ein sittliches Gemeinwesen」ではあるが、自らの目的を実現するためにもっぱら「法」を通して働きかけ、直接的に市民にそれを押し付けることはしない。

法治国家は、とりわけ家父長制国家、家産制国家、単なる警察国家と対立する。こうした他の形態の国家では、権力機構が自らの人倫的な理念や有用な目的を、全面的に、かつ、あらゆる場合に、道徳的に、ということは恣意的な評価によって実現しようとする。法治国家はまた、私が民衆国家（Volksstaat）（ルソー、ロベスピエール）と呼ぶものとも対立する。この国家では、民衆が、国家のための完全で実体的な政治的徳を身に付けることを各市民に要求し、その要求を法的に制約する必要を認めず、各人に固有の人倫的な評価の余地を残さない[74]。

このように、シュタールは、古いタイプの国家による上からの抑圧と共に、革命的な多数派であると勝手に自負する民衆の暴走――同時代人であるトクヴィル（一八〇五－五九）やミル（一八〇六－七三）の表現で言えば、「多数派の専制」――の双方からはっきり距離を取る形で、「法」という中立的媒体によって市民の基本権を保障する「法治国家」を位置付ける。「法治国家」の定義だけ見ると、自由主義者であるモールの議論を拡充させたものであって、大きな違いはないように見える[75]。ただ、既に見たように、その背景にあるのは、人間は罪人であるので、誘惑に負けないよう、「従順」であることを学ばねばならないというプロテスタント保守主義の思想だ。

もともとケルゼンの指導を受ける法学者であったピーター・ドラッカー（一九〇九－二〇〇五[76]）は、市民的な自由を保護しながら、革命的な暴走を抑止し、人々が「人倫の帝国 das sittliche Reich」を目指して努力するよう、各人に自らの限界を自覚させる、君主の「主権」の役割を強調するシュタールのやり方を、当時のドイツの時代状況に即して現実的な戦略として高く評価している[77]。『憲法論』でシュミットは、近代憲法と不可分の関係にある「市民的法治国家 der bürgerliche Rechtsstaat」の概念を明らかにするために、シュタールのテクストをたびたび参照している。この概念を定式化したシュタールを讃えるためではない。

『憲法論』全体を通してシュミットは、既成の憲法の諸制度を分析するだけではなく、国家体制＝憲法を創出する「憲法制定権力 die verfassunnggebende Gewalt」に目を向けるべきことを強調する。「憲法制定権力」とは、ある政治的統一体（die politische Einheit）の「政治的意思」であり、「この意思の力または権威」によって、その政治的統一体は「自己の政治的実存の様態と形式についての具体的な全体的決定を下すことができる[78]」。

通常は、既成の憲法によって権限付与された諸機関の働きでほとんどの法的問題は処理されるが、革命等によって国家体制が変革される場合、あるいは国家が緊急事態（例外状態）に直面した場合、「憲法制定権力」が発動せざるを得ない。かつては、主権者である君主が「憲法制定権力」の担い手なので、それがどのように発動されるか分かりやすかったが、「人民 das Volk」を主権者、かつ、「憲法制定権力」の保持者と位置付ける「民主主義」では、危機に際して「憲法制定権力」がどのように発動されるか分かりにくい。

通常であれば、憲法上の手続きに従って選挙などで選出される「代表」を通じて、「人民」の「政治的意思」が表明されるが、その手続きや代表制がうまく機能しない時、政治的統一体としての「人民」がどのように自己を表明するか、そもそもどのようにして自己を「構成」するかは、常に問題に、まさに政治的決断を要する問題になる。「人民」は「確立し、組織された機関 feste, organisierte Instanz[79]」ではない。また、自らの政治的意思を表明し、行動するようになった「人民」という意味での「国民 Nation」も、政治的自決に基づいて不断に自己の形体を変える、「形体のない形成者 das „formlos Formende"[80]」

でしかない。

シュミットは、憲法制定権力の担い手である「人民」が、(君主や国家元首による国家の運命を決する行為を承認する時の)「喝采 Akklamation」のような形で直接的に意思表示するのを難しくしている障壁の一つが、個人の自由権を「法」によって保障することに拘る「市民的法治国家」だと見ていたようだ。『憲法論』においてシュミットは、「市民的法治国家」、及び、それと結び付いた――自由に活動する諸個人の間の利害対立を調整する機関として議会を位置付ける――「議会主義」の限界を明らかにすることで、「例外状態」に直面した「人民」が「憲法制定権力」を直接的に行使すること、言い換えれば、主権的な決断をすることを、正当化しようとしたと見ることができる[81]――ナチス時代に執筆した論文『法治国家』をめぐる論争は何を意味するか」(一九三五)になると、従来的な意味での「法治国家」を、自由主義的なイデオロギーの産物と見なし、敵対的な態度を露わにしている[82]。

では、「君主」を主権者の地位に据え置くことで、国家の有機体としての一体性を保とうとしたシュタールの戦略を、シュミットはどう見ていたのか。『憲法論』のシュミットは、君主制を宗教的に権威付けるやり方は、シュタールの時代には既に時代遅れになったと明言している。


F・J・シュタールの法と国家の哲学では、もろもろの観点が互いに結びつけられているが、ここですらすぐれて君主制的な思索過程がなくなっており、種々論証がなされているが、それは如才ない弁護でしかない。歴史的生成物ということが指摘され、人神への類推がなされ、畏敬の念をもつべきであるという要請が強制されるが、実際重要なのは正統性のみであった。人は、歴史的な根拠によってきわめてさまざまの制度を正当化することができる。しかしその実、ただ正統的な内政上の現状が弁護されているにすぎないならば、それは君主制の政治的原理とは別のものである。さらにこれに劣らず、ノヴァーリスやアダム・ミュラーに見られるような、国王のロマンチックな詩化は君主制の国家理論ではない。

> 彼らは君主を気分や感情のきっかけと考え、したがって君主制はその政治的意味ならびに制度的意味および正統的意味さえも失うのである。（…）国家の代表という考え、すなわち君主制の政治的形体原理は、国王は象徴または国旗のようなものだという観念に解消してしまうのであり、こうなるとこのような君主の諸概念はもはや従前の力を持たず、ロマンチックな情感や情緒の単なる機縁と化す[83]。

『憲法論』を著した時点でのシュミットにとって、シュタールの君主制論は、単に君主の地位の正統性を正当化するだけで、憲法制定権力の主体として君主を位置付けるには程遠いものになっていたのである。それは、国民の感情のより所として君主を持ち上げるだけで、ロマン主義者による過去の君主制への郷愁と大差ないものになっていた。

ただ、こうしたシュミットのシュタール―ロマン主義観は、客観的な歴史的分析というより、当時の彼の立場を過去に投影したものであったのかもしれない。ドイツ帝国と共に各領邦の君主制・貴族制が崩壊したワイマールの現状にあっては、もはや存在しない君主に拘るよりも、ラディカルな「民主主義」論の形を取りながら、人民＝民衆自身による憲法制定権力の行使を正当化する方が、現実的な選択肢であったのではないかと思われる。

五　君主と代表

「市民的法治国家」と「君主制」を両立させようとするシュタールのプロテスタント保守主義を非現実的と見るシュミットだが、彼は、自らが肯定的に評価していた一九世紀のカトリック系の反革命の国家哲学のアクチュアリティについてはどう考えていたのだろうか。

ごく普通に考えれば、「君主」の正統な地位に訴えかけても、現実的に政治を動かすうえであまり意味ないくらい、伝統的な権威が弱体化していたとすれば、教皇あるいはカトリック教会の権威も同様に弱体化しているように思える。しかし、シュミットは、『憲法論』の執筆後も、カトリックへの回帰を説くドノソ・コルテスの議論を、革命の危機からヨーロッパの精神を救う試みとして高く評価し続けている[84]。

彼がカトリック保守主義を支持し続けた背景を理解するうえでカギになるのが、政治的原理としてのカトリックを直接論じた『ローマ・カトリック教会と政治形態』だ。この中でシュミットは、カトリックの特徴として、第一に、フランスの国粋主義、ゲルマン主義的民族主義、自由主義、汎スラヴ主義など、様々の、相互に対立してさえいる立場を、自己の中で統合することができること、「反対物の複合体 complexio oppositorum」であることを挙げている[85]。カトリックは、ヨーロッパの大国の政治に強い影響を与えてきたが、一方で、チロル人、スペイン人、ポーランド人、アイルランド人などのカトリック国民（katholische Nationen）は、大国からの圧力に抵抗する時、カトリックとしてのアイデンティティを支えにする。

カトリック教会は、状況に応じて柔軟に変化しながら、各地域の勢力と結び付き、勢力を維持してきたわけだが、単に柔軟なだけでは、求心力を維持できない。シュミットは第二の側面として、「極めて厳密な教義 der präziseste Dogmatismus」および、教皇の不可謬性の教義に支えられた「決断への意思 ein Wille zur Dezision」を挙げている[86]。つまり、多くの個別具体的な問題には柔軟に対応しながら、教義の本質や教会の存立に関わる、最重要な問題に関しては、（間接的なやり方ではあるが、民主的に選出される）教皇の「決断」によって何が正しいかが最終的に決まるのである。

シュミットはこの二つの側面を結び付けるのが、カトリックに特有の「代表＝表象 Repräsentation」の原則だとしている[87]。これは、教皇だけでなく、教会全体がその制度や儀礼によって、信徒の共同体、及び、キリストを〈repräsentieren〉する、ということである。一般の信徒たちに対しては、キリストの「代理」としての威厳をもって対峙すると同時に、キリストに対しては、信徒たちを「代表」する形で、祈りを捧げ、儀礼を行う。そうした仲介的な地位に相応しく見えるよう、教会は、各種の儀礼、聖職の衣服や振る舞いの様式、建造物、宗教画・彫刻など、様々な美的・感性的な要素を動員した「表象」のポリティクスを展開する。こうした多重の意味での〈Repräsentation〉によって、教会は預言者に煽動された群衆の党派的な熱狂や、神秘的な法悦への埋没といった非合理主義を克服し、信徒たちを合理主義的に導くことに成功してきた。

カトリシズムのこのような合理主義は制度的なものの中に存し、本質的には法的なものである。僧侶職をひとつの位階職（Amt）にまで作り上げたこと、しかもこれを独特な仕方でやり遂げたことは、カトリック教会の偉大な業績である。無規律な預言者のあらゆる熱狂的野蛮性は、教皇は預言者ではなくキリストの代行者（Stellvertreter）である、といった論法で排除されてしまった。階職がカリスマから独立することにより、僧侶は自己の具体的人格を完全に捨象したかにみえるひとつの威厳を身につけることになる。とはいえ、僧侶は共和主義思想で言われるような公務員とか受任者ではなく、その威厳は近代的官僚の如き非人格的なものではない。むしろ僧職はとぎれることなく人格的委任者たるキリストの人格へとさかのぼるのである。[88]

教皇を含めてカトリックの僧侶は、法的・制度的な役割である「位階」によって規定され、与えられた役割に関して、教会を「代表」するにすぎないがゆえに、預言者のような個人的カリスマを発揮することはできない。制度的に信徒共同体を代表しているだけであれば、共和政体における官僚や議員と同じような役割を担っているにすぎないことになろう。しかし、その「位階」は、最終的にはキリストから与えられたものと見なされており、各僧侶はキリストの地上の代行者である教皇から委任を受けた代行の代行の……代行として、「位階」と結び付いた「威厳」を身に帯びるのである。カトリックの信仰を持つということは、救い主＝キリストと自分を結ぶ、教会の位階制を受け入れることでもある。

このように、キリストに由来する「威厳」を帯びた「位階制」が存在するという点が、教皇や教会貴族たちの特権的な地位を否定することから出発し、キリストと各信徒の直接の結び付きを——少なくとも建前上は——重視するプロテスタント系との決定的な違いである。先に見たように、シュタールは信教の自由の視点から、国教会を設置して特別な法的役割を与えることにも慎重だ。

現代人の発想からすれば、無謬の教皇を頂点とする威厳に満ちた位階制を受け入れることは、ひどく抑圧的に思えるが、シュミットはカトリックの「代表＝表象」システムは、教会によって「代表される」一般信者たちにも、威厳＝尊厳（Würde）を与えることを示唆する。

（…）代表の理念は人格的権威の観念に強く支配されているが故に、代表するものも代表されるものも、一定の人格的尊厳を主張せねばならない。代表の観念は決して物質的観念ではなく、すぐれた意味において代表可能なのは人格でしかあり得ない。しかも単なる「代理」とは異なり、この代表者は権威ある人格であるか、代表されることによりただちに自らも人格化される理念のいずれかである。（…）代表は代表者の人格に独特の威厳を付与する。高い価値を代表するものが、価値なきものではあり得ぬからだ。（…）代表の世界は価値の位階と人間性をもつ。カトリシズムの政治的理念および、カトリック教会のもつ三つの偉大な形式への力、すなわち、芸術の美学的形式、法学上の法的形式、そして最後に、光栄ある輝きに満ちた世界史上の権力形式への力、これらはすべて、代表の世界に息づくものである。▼89

「代表 Repräsentation」と「代理 Stellvertretung」はしばしばほぼ同じ意味で用いられるが、シュミットの区別では、後者が、誰かの「代わり」として発言するとか執行するといった機能的な意味しかないのに対し、前者の場合、人格的な要素を再現＝表象（repräsentieren）することができる一定の「形式 Form」が備わっている。

芸術で考えると分かりやすい。絵具をキャンバスに出鱈目に塗って、これは犬だ、猫だ、空だ、と宣言しても、その人物がそう言い張っているだけで、他人に通用しない。キャンバス上のある形象を、「人間」を表象するもの、しかも、見ている者に、単なる絵として軽視することができない、威厳を帯びたものと感じさせるには、カトリック教会などの伝統的宗教画のような様式を備えていないといけない。法の世界では、書式や権威者の署名や印象、裁判所や議会での議事進行のための儀礼、法的身分などがそうした様式の役割を果たしている。権力政治では、勝利を祝ったり、国民統合を確認したりするための各種の祭事、凱旋門や歴史書等における記録がそれに当たる。

シュミットは、イエスからペトロに委ねられたとされる位階制を保持するカトリック教会は、その長い歴史において、芸術や政治の面でも、こうした人格的な「代表＝表象」の様式を発展させ、それによって、教皇や聖職者の「権威」を支えると共に、異教的な要素や民族的な要素など、多様なものを取り込んできたと見ているのである。

『政治神学』でシュミットは、ド・メーストルに即して、人間の本性が悪であるがゆえに、決断する主権者が必要であることを示唆したが、『ローマ・カトリック教会と政治形態』ではむしろ、罪人であることを強調するのはプロテスタントであり、カトリックは、神学的にもっと柔軟だと主張する。人間が「本性上悪 von Natur böse」か「本性上善 von Natur gut」かという政治哲学の起点となる重要な問題に対し、カトリックの公会議では明確な答えを出さず、人間の本性は損傷している、あるいは衰弱している、混濁しているといった曖昧な言い方をし、柔軟に対応してきたという。[90] カトリックにとって大事なのは、位階制の頂点に位置する教皇が教義の正しい解釈を決定できることであって、人間の本性がどこまで悪なのか、といったプロテスタントにとっては、信仰の本質に属する問題も、状況に応じて様々に解釈できる、個別の論点にすぎないのかもしれない。

シュミットがカトリックの強みを、主権的決断それ自体ではなく、それを可能にする、三つの「代表制」の形式だと見るようになっていたとすると、そうした広い意味でのカトリシズムは、人民＝民衆――あるいは彼らの委任で独裁を行う大統領など――を憲法制定権力の主体として想定する、彼なりの民主主義論に生かせるかもしれない。民衆を動員し、指導者に喝采を与えるうえで、カトリック的な「表象」を使えるかもしれない。結果的に、それを最もうまくやってのけたのが、ナチスだったわけである。

全ての人が罪人であるがゆえに、個々の市民の自由にも、主権者である君主の統治にも、「法」による制約が必要であるというシュタールの保守主義的な法治国家論は、シュミットにとって当初、主権者の権力に制約がかかっているものの、ふわふわした政治的ロマン主義とは異なり、明確な国家観に根ざしていて好ましく見えていたかもしれない。しかし、シュミットが、どうやったら主権的決断が可能になるか、政治＝神学的な権威を復権できるか考え、威厳を伴った「代表＝表象」の力に注目するなかで、シュタールの法治国家がむしろ邪魔になってきた。プロテスタント的に抑制され、形骸化した「君主」のイメージでは、「代表」の力を十分に発揮することはできない。そうやって、保守主義的な法治国家論の限界を見定めた時、シュタールの自由主義的な傾向が、以前よりも目につくようになったとしても不思議はない。そう考えると、シュミットのシュタール観の変化がそれなりに理解できる。シュミットはカトリックの本質と見るものは、主権的決断から様々な対立を解消する位階制＝表象へと変化したが、それによってシュタールのプロテスタント的個人主義への反発はむしろ先鋭化したようだ。

第3章　補論　ドラッカーのシュタール論——法学とキリスト教保守主義

一　ドラッカーのシュタールに対する関心

カトリック的国家像を追求するシュミットにとって、シュタールの保守主義が受け入れがたいものであることは分かったが、法学者であった時代のピーター・ドラッカーが、シュタールを高く評価したのはどうしてだろうか。ドラッカーにとってシュタールの何が魅力的だったのか。シュミットのシュタール評価という本論から離れて考えてみよう。

まず、ドラッカーが論文「フリードリヒ・ユーリウス・シュタール」(一九三三)を書いた時代背景として、当然、ナチスの政権掌握がある。社会主義とははっきり一線を画し、共同体を重視する保守的な政治思想を持っていたにもかかわらず、ユダヤ系であったため、ドイツ国外への移住を余儀なくされたドラッカーは、[▼1]論文の冒頭で以下のように述べている。

近年のドイツの政治的・精神的闘争において、極めて異なる様々な陣営から、新しい「生きた保守主義 lebendiger Konservatismus」への呼びかけが何度も聞こえた。ただし、この声を上げたものの間でも、これをどう理解すべきであり、この保守主義にどういう課題があるのかほとんど明らかになってはいなかった。[2]

ナチスの政権掌握前のドイツには、カトリック系の中央党や、ユンカー層を基盤とし君主制の復活を求める国家人民党、退役軍人組織である鉄兜団、ユンガー（一八九五―一九九八）等の青年保守派……と様々な非ナチスの保守勢力が存在したが、いずれも、経済・政治危機に瀕しているドイツに、国民的一体感をもたらすことができなかった。そのため、疑似科学的な民族・人種イデオロギーを掲げ、プロパガンダによって大衆の感情に働きかける、ナチスの台頭を許してしまった。ドラッカーは、ドイツの現状に合った、ナチスに対抗できる「生きた保守主義」を見出すための参考として、法治国家の枠組みの下で「自由」と「従順」を両立させることを試みたシュタールの国家観に注目したと考えられる。

では、ドラッカーは「生きた保守主義」をどのようにイメージしていたのか。彼は、シュタールが自らの思想を形成し、プロイセンの憲法学の権威として影響力を発揮するようになる時期、ウィーン会議―ナポレオン失脚から、三月革命（一八四八）にかけてのドイツ史で三月前期（Vormärz）と呼ばれる時期を、ヨーロッパ全体が「復古 Restauration」と「革命 Revolution」の間で揺れ動いた時代と捉え、両極のいずれかに傾き、破局に陥ることを回避する戦略として、シュタールの「生きた保守主義」を位置付けている。[3]メッテルニヒ（一七七三―一八五九）の主導する復古主義にも、フランス革命や、その影響を受けたマルクス主義的革命にも距離を取っていたことで、ドラッカーがシュタールを評価していたことは分かる。しかし、シュタールの「保守主義」がどういう意味で「生きている」と言えるのか、肝心なところが、「歴史 Geschichte」の「発展 Entwicklung」や「生成 Werden」をめぐるヘーゲルやシェリングの観念論的な用語で抽象的に書かれているので――特に、後の経営学者ドラッカーの平易な文体に慣れている読者にとっては――若干ピンと来にくい。

そこで参考になるのが、シュタール論の九年後に刊行された、『産業人の未来』（一九四二）だ。個人としての利益最大化を目指す合理的な「経済人 Economic Man」を基準にした一八世紀的な社会像の限界を指摘し、多くの人が組織化された会社や官僚機構の中で生きることを余儀なくされた産業社会で、「産業人 Industrial Man」にとっての自由をこの著作の第八章でドラッカーは、「改革の原理としての保守主義[4]」を提唱している。

「改革の原理としての保守主義」というのは一見撞着語法に聞こえるが、ドラッカーは、フランス革命時のジャコバン派のように、少数のエリートの描いた合理的な青写真に従って社会を一気に再設計するのではなく、長年その国の人々が少しずつ改良を加えながら保持してきた制度を生かそうとする思想を保守主義と呼んでいる。少数のエリートの頭の中での計算よりも、歴史的にその有効性が実証された制度を信用するわけである。ドラッカーは「改革の原理としての保守主義」の三本柱として、①過去へのノスタルジーに浸るのではなく、現在と未来のために伝統を生かそうとする「未来志向」、②最初に描いた青写真に囚われることなく、当面の具体的問題の解決を基準に考える「問題解決志向」、③古いというだけで大事にするのではなく、その有用性が実証されているかどうかで制度を評価する「実証志向」の三点を挙げている。

ドラッカーは、「改革の原理としての保守主義」の三本柱を、フランス革命を指導した革命家たちの社会設計主義と、民主的多数派の絶対視を批判し、マグナ・カルタ以前からの王権と臣民の合意の積み重ねと、国家と教会が一体になった英国の体制が優れていることを主張した、（経済的には自由主義者である）英国の保守主義者バーク（一七二九－九七）[5]から受容したとしている。英国の伝統的な立憲―国教会制度を基礎にして保守的な自由主義を提唱したバークと、ルター派プロテスタント教会と結び付いたプロイセンの体制を基準にして、法治国家の枠組みで「自由」と「従順」を両立させようとしたシュタールは、政治思想的立ち位置が似ているように思える。フランス革命期にバークが英国で果たしたのと同じような役割を、シュタールが前三月期のドイツで果たした、あるいは、果たそうとしたと見たのではないかと考えられる。

ドラッカーは、シュタールの保守主義的国家観の特徴として、単一性（Einheit）と数多性（Vielheit）の間の緊張関係、具体的には、個人の利益と共同体の利益をどう調停するかという問題の答えを、ヘーゲルのように理性の推論によって一気に解決しようとするのではなく、その発展の方向を人間の理性では捉え切れない「歴史」の中に見出そうとする姿勢を挙げている。[6] 理性的な哲学者の目から見てのベストな解答＝歴史のゴールを明らかにしようとするのではなく、「歴史」の行く先は人間には完全に把握しきれない、「歴史」の中で生成してきた慣習的諸制度を重視する、というのが（ドラッカーから見た）シュタールの基本的スタンスだ。

シュタールは、人間の不完全さ、その行動の非合理性を人々に自覚させ、「法」への従順を説くに当たって、創造主である「神」への信仰を重視する。ただ、本文中で見たように、ド・メーストルやボナールのようなカトリック系の保守思想家とは違って、教皇のような〝無謬〟の存在を権力機構の頂点に置くことを理想としていない。シュタールは中世的な神政政治の理念を明確に拒否しており、ドラッカーはその点を評価している。[7]

人間の行為は確かに神の被造物としての人間の本性によって規定されているが、同時に、彼らに固有の創造的な人格性、人間の統一性の帰結として「絶対的に自由」である。従って世界と人間は、「創造的」な側面と「自立的」な側面を持っている。個人はより高次の原理より生じ、その原理に対して拘束されている。しかし彼の行為は自由であり、彼の独自の道において独自の責任が担われねばならない。[8]

これは、ルター以来のプロテスタント神学の基本的な考え方ではあるが、現実の国家には応用しにくいように思える。そこでドラッカー＝シュタールは、神の被造物としての人間の二重の性質を、国家の市民＝臣民としての各人にとっての「自由 Freiheit」と「権威 Autorität」の関係に置き換える。[9] 市民＝臣民が、職業や文化など各種の社会活動に自由に従事しながら、国家全体の方針として決まったことに対して、暴力で威嚇されなくても、自発的に従い、秩序が保たれるには、神に代わる「権威」が必要なのである。議会を通して個人の「自由」と、「権威」への従順のバランスを取ろうとしたシュタールの考え方にドラッカーは注目している。

しかし、従っている者たちは、自由な意志と独自の人格を持った自由な人間である。彼らは、自らの人倫的本質の表現かつ要請としての法にのみ従属しているのである。従って彼らは、立法と税の確定に対する参与を通して、自らの権利の代表と自由の保護に対する、奪われることなき請求権を有しているのである。しかしこの権利はほぼ消極的な地位しか持っておらず、実際に、上位者＝権力機構に対抗する力を与えるものではなかった。従って、彼らは国家権力への請求権はなかった。[10]

君主個人に従うのではなく、各人が属する共同体において（神に導かれて）歴史的に発展してきた「人倫」を、更に発展させる（＝神の理想に近付ける）ための媒体としての「法」に従うのだという考え方が、シュタールの法治国家論の肝である。そこにドラッカーは、注目し評価している。従って、君主は、臣民を道具のように扱う権力者ではあり得ない。当時のドイツ語圏で有力な保守主義的な国家観として、国家を君主の私有財産と見るハラーの「家産国家論」や、中世的な世界観を継承するアダム・ミュラーの有機的国家観があったが、シュタールはそれらとははっきり一線を画している。[11]

二 「公共的意識」をめぐって

ドラッカーによると、立憲君主制の枠組みで、全ての既成秩序を破壊する「革命」を回避しながら、秩序を保ちながらの「進化 Evolution」を可能にするための要素としてシュタールが重視するのが、「公共的意識 öffentliche Gesinnung」である。[12]

公共的意識が君主と臣民を結び付け、そこから国民（Nation）を作り出す。公共的意識において、神から個人に対して啓示された戒めが作用する。公共的意識を通して神の意志が歴史に入り込み、地上の、罪深い生の中から「人倫の王国のための準備」をするのである。そこで政治家シュタールは、この哲学的に演繹される概念に、彼から見て不可欠な、自由主義的な要求に対する容認の全てを込めたのである。国家運営の公開性（Öffentlichkeit）、つまり広範な情報開示、行政裁判制度、裁判過程の公開性、議会での交渉、広範な報道の自由等である。[13]

最終決定権は、神から権威を授けられている君主にあるとしても、臣民たちは、国王を支える官僚機構が何をやっているか、裁判がどのように行われているかを知り、かつ、自分たちの利益のために議会で主張し、国家や社会の在り方について議論する権利を持ち、それを積極的に行使することで、「人倫」を発展させようとする「公共的意識」を共有できるのである。「公共的意識」が十分に活性化され、共有されるには、「権威」への「従順」だけでなく、「自由」も必要なのである。

シュタール自身がこの点についてどう述べているか少し見ておこう。『法哲学』第二巻第二部で、一つの章が「公共的意識」についての記述に当てられている。シュタールは、王政と、議会における人民代表制に加えて、国家を構成する第三の力として、「政治的意識の共同体」を挙げている。

政府と議会を動かしている国家像は、人々の心に刻み込まれる。支配する者と従う者の双方が、それを、自分たちを超える、より高次で統括する規則として認識する。そこから、法を受け入れ、畏敬の念をもって接する態度が生まれ、それが法に対する違反や恣意的変更を防ぐ保証となる。共通感覚＝常識(Gemeinsinn)と公共的判断の人倫的な力が生み出され、それが臣民たちの適法的な態度、統治する者の良心的な姿勢、公共的に行為する全ての者に対する畏敬の感情が生まれる。[14]

「公共的意識」を通して、人々や法や政治制度、慣習についての認識を共有し、国家にとって何が正しい判断か、一緒に考えるようになる。こうした「公共的意識」形成において、「報道」が特に重要な役割を果たす。

政治的報道は、出来事の経緯についての一般的な情報であるべきであり、それが主要な業務である。ただ、それに加えてそうした出来事の観察を通して政治的認識の促進に貢献してもよいし、そうすべきである。第一の業務は、もっぱら日々発行される紙面（新聞）を通してなされるが、第二の業務も、主に同じような形態（ジャーナル）でなされる。というのは、書籍は出来事を一足ごとにフォローして、瞬間的な状態についての判断を試みることができないからである。ジャーナルの使命は、政治家たちの集約された経験と、学問の偉大な成果において成熟した政治的知性(politische Intelligenz)を日々の出来事に適用し、同時に共有財産にすることである。[15]

このように、新聞等の活字媒体を通じて世（公）論(die öffentliche Meinung)[16]が形成され、それが君主を中心に行われる国家の統治に影響を及ぼすようになるという見方は、後のハーバマスの公共性論を思わせるが[17]、市民たちが公共圏の担い手になっていくのが自然であり、そうあるべきだと考えるハーバマスと違って、一九世紀前半の保守主義者であるシュタールは、報道の自由によって、市民たちの力がどこまでも強まっていき、革命を起こすに至ることは望まない。

シュタールは、「報道の自由」をめぐる政治的・法的問題の起源が、初期キリスト教における異端排除と関わっていることを指摘する。プロテスタントにおいては、異端の教えの抑圧を目的とする出版の自由の制限という考えはほとんどなくなった一方で、騒乱を引き起こす恐れのあるものや、公序良俗に反するものに対する制約は不可欠であるという考え方が一般的であることを確認したうえで[18]、その考え方を「報道の自由」にも応用する。

彼は、その国家の体制が強固な時には、政府のやり方に反対する傾向の「報道」も自由になされることが、「公共的意識」の形成にプラスの働きをすることを認めるが、体制が弱体化している時、報道が、秩序を暴力的に破壊しかねない病的な方向へと人々を誘導しかねないことを指摘して、「検閲 Cenzur」制度の必要を主張する[19]。

シュタールは、公序良俗に反する文書を出した人物に、裁判の過程を経て事後的に制裁を科すだけでなく、「検閲」のような事前規制を正当化するため、報道の公共的な性格に言及している。

報道の自由は私的権利の観点から、自らの考えを表明し、伝達する各人の生得的権利として根拠付けられることがある（ブラックストーン――一七八九年の人権宣言）。この種の無制限の権利の主張は、人間には、他の人間に直接害を及ぼさない限り、あらゆることを行なうことができる自由全般についての主張がそうであるように、恣意的なものである。ただ、そう考える場合でも、報道は、他のそれと同様の単なる思考の伝達ではなく、人間の共同体の様々な仕組み（Anstalt）に備わっている普及の手段を使用する伝達形態である。従って共同体のこうした手段を使って語る権利があるとしても、それは生得的な権利ではない。従って彼がこの手段の使用を要求できるのはもっぱら、共同体の福祉への顧慮を伴う制限の下でのことである。[20]

このように、シュタールは、共同体の共有財産の使用権という立場から、報道の自由に対する制約を正当化する。無論、そうやって政府による報道機関の統制を正当化した場合、政府や議会をコントロールするという報道機関の役割をどう考えるのか、政府をコントロールすべき機関が検閲という形で政府の管理下に置かれたら意味がないではないか、という批判が考えられる。それに対してシュタールは、政府をコントロールすべき機関は、全ての身分の代表から構成される議会であって、ジャーナリストという特定の職業集団ではない、ことを強調している。ジャーナリズムの使命は、政治的認識の普及を通して、公共的意識を高め、その結果として政府がコントロールされるようにすることであって、直接政府をコントロールすることではない。

公共的意識の形成という点で報道機関の公的性格を認めながら、報道の過剰によって革命的な騒乱へと至ることは避けるべく、報道機関を政府の管理の下に置いておこうとする。そうした微妙なバランスを目指すのがシュタールの「報道の自由」論だ。

三　シュタールの限界

ドラッカーは、シュタールの国家論を無条件に肯定しているわけではなく、その限界も指摘している。それは、自由と従順のバランスを取るために、神の権威の代わりに、人間である君主を持ってきたことである。

完全な神の人倫王国から、不完全な国家の王国を導き出す推論はかなり魅力的ではあるが、あまりにも間違っている。そのことに気付いた批評家が、私の知る限り、まだいないのは極めて驚くべきことである。というのは、人間に対する神の力は、人間が彼の被造物であることに由来し、それゆえに、神の意志が人間の上に位置するからである。上位者（Obrigkeit）の人格的（persönlich）支配には、その種の正当化はない。そのためシュタールはここで、人間の罪深さのために権威が必要になった、という補助的構成に頼らねばならなかった。しかしそれだけでは、この権威が厳格に人格的なものでなければならない、ということの説明にはならない。そこがシュタールの理論にとって極めて重要であるにも関わらず。[21]

ただの人間にすぎない君主の権威に対して、人々が自発的に服従するという前提は、いくら人間は罪人であることを強調しても、やはり無理がある。どうして同じ罪人の一人にすぎない君主に、人々が自分の権利を委ねてもいいと思うような権威が備わるのか。プロテスタントの原理とさえ矛盾する。ドラッカーに言わせれば、各人の良心の自由を尊重するプロテスタントはもともとアナーキズム的な傾向を持っており、そのため、プロテスタントの立場を取りながら、人々に、既成の政治秩序に従うよう呼びかけることには無理があり、ルター以降、多くのプロテスタント系の政治思想家が苦労してきた。シュタールもその矛盾を克服できなかった、とドラッカーは明言している。[22]

君主の権威を最終的に基礎付ける審級がないというシュタール的なプロテスタント系国家論の弱点は、プロイセンがドイツ統一の中心となり、ドイツ帝国が外国・経済・軍事の面でうまく行っている間は、表面化しなかった。しかし、第一次大戦で君主がいなくなり、国家を統合する権威が完全に不在になったことで、問題が一挙に噴出した。

従って保守的国家論もまた、政治的自由が善であるのは、それが高次の、共同体的な拘束に係留している限りにおいてのみであることを知っている。さもなければ、政治的自由は自己破壊とアナーキーに繋がり、それは、全員が自発的に自己制約するのではなく、一人の専横と他の全員の不自由という意味での、完全な自由が行使される、専制と独裁に転化せざるを得なくなる。そしてこのことは、あらゆる拘束の弛緩、良心の自由にも当てはまる。良心の自由もまた、信仰による安全と拘束に係留していなければならない。人倫の世界の息の根をとめ、「この世の王国」、唯物論と自らの理性の崇拝、ボルシェヴィズムの疑似ヒエラルキーを到来させてはならない。この点で、保守的国家論の国家に対する関係も定まる。保守的国家論は、国家を肯定する必要がある。それは国家が一つの拘束であるから、そして、一つの拘束である限りそうするのである。しかし保守的国家論は、国家が唯一の拘束、「全体国家 totaler Staat」になるのも妨げねばならない。というのは、全体的国家は、この世の秩序、至高の無時間的な秩序の解体から生じた形成物、人間的な目標設定と人間的な意味付与の王国である。そして、この意味、この目標、力は、超人間的で変わらない秩序への拘束、神の世界的計画への拘束なしには、悪となり、非道徳化し、破壊をもたらすものとなる。[23]

当時のドラッカーにとっても、個人の自由と、秩序への従順との間でどのようにバランスを取るかが、中心的な関心事であったようである。「国家」の必要性を市民たち一人一人がきちんと認識し、国家的秩序に対し自発的に従順になる（=自らの自由を制約する）のが望ましいが、人間が作り出した人工物（リヴァイアサン）である国家を、全知全能の神のように妄信し、祭り上げれば、ソ連やドイツ、イタリアのように、「国家」が人間の活動の全てを一元的に支配し、自由の余地をほとんど残さない「全体国家」になりかねない――本論で見たように。シュミットはこれを目指していたと思われる。

シュタール論に込められたドラッカー自身の主張を要約すると、以下のようになりそうだ。人間が作った、特に設計図に基づいて作った秩序は、どれだけ完璧に見えても何某かの欠陥があることを踏まえながら、ニヒリズムに陥ることなく、人間の秩序を超えた超越的秩序があることを信じ、それに照らして、

「国家」の在り方を批判的に吟味する思考が必要だ。ドラッカーは、既存の立憲君主制を擁護しすぎて、「超越的な批判 transzendente Kritik」の視点を欠いていたシュタールに不満を抱いていたのだろう[▼24]。君主も誤りを犯しがちな人間であるし、神によって直接任命されたわけでもないので、君主自身が「秩序」維持に十分な「権威」を保持するのはもともと困難である。仮の重しでしかない君主が、急にいなくなった、第一次大戦後のドイツのような状況になった時、どこに国家の秩序を係留すればいいのか。ドラッカーにもその答えはなかったろう。彼が法・政治哲学から経営学に専門を移したことには、現実的な事情もさることながら、こうした思想史的な背景もあったかもしれない。

第4章　ポストモダン状況における『政治的なものの概念』

一　「政治的なもの」とは

「政治的なもの das Politische」の本質は「友（味方）Freund／敵 Feind」の区分であると主張した、カール・シュミットの『政治的なものの概念』は、自由民主主義が抱える根源的な脆弱性を明らかにしたテクストとして、ポストモダン左派系の議論でしばしば参照される。どうして親ナチス法学者として悪名高いシュミットの争いを煽るような主張を掲げるテクストに、〝敵〟であると思われる左派の論客たちが注目するのか。

議会制民主主義を採用していることが先進国であることの条件と見なされ、ロールズ（一九二一－二〇〇二）やハーバマスといった代表的なリベラル左派の論客たちが、民主主義を討議の質という面で強化する「熟議民主主義」論を強力に推奨するなかで、「友／敵」の和解不可能性を示唆するシュミットの議論に、左派が注目するのは不可解に思えるが、シュミットに注目する論者はむしろ、ロールズ等のリベラル左派が前提にしている、普遍的な合意可能性、人間は理性を働かせて真摯に話し合えば理解し合えるという考え方を欺瞞と見なしている。議会制民主主義がいくら発展しても、社会の根底にある敵対関係を解消することはできないのは何故か考え、必ずしも〝合意による正義〟を起点としない新たな政治の在り方を探求するうえで、シュミットの議論を参照する。彼らは、シュミットの目を通して、政治、国家、法に不可避的に含まれる、解消し切れない敵対性・不和を明らかにしようとする。

では、ポストモダン左派的なシュミット再評価の起点になっている『政治的なものの概念』は、そもそもどのような角度から「政治」を論じたテクストなのか。どうして「政治」ではなくて、「政治的なもの」という形容詞から派生した奇妙な抽象概念がタイトルになっているのか。

このテクストの冒頭でシュミットは、「国家の概念は政治的なものの概念を前提とする」[1]と述べている。「政治的なもの」は、「国家 Staat」よりも基礎的な概念であり、「国家」が存在する限り、必ずそれに先立つ形で「政治的なもの」が形成されているはずだが、その逆ではない、ということだ。

これはある意味、当然な指摘である。「政治」が狭い意味での「国家」が成立していない時代や地域でも行われていると言われても、私たちは特におかしいと思わないが、「政治」がないのに、「国家」は成立していると言われると、違和感を覚える。「政治的」な合意や駆け引き、決定、力関係などを抜きにして「国家」という組織あるいは制度が機能しているとは考えにくい。

シュミットは先ず、人間の基本的な活動の諸領域の中で、「道徳的なもの」「美的なもの」「経済的なもの」などと区別される、「政治的なもの」に固有な作用の仕方があると断言する。「道徳的なもの」が「善／悪」、「経済的なもの」が「有利／有害」、「美的なもの」が「美／醜」の区別（判定）を、それぞれその本質としているように、「政治的なもの」にも本質的な区別がある。それが「友（味方）／敵」の区別である。では、「友である」あるいは「敵である」とは具体的にどういうことなのか。

友と敵の区別は、結合または分離、連合または離反の最も強力な強さの程度を表すという意味をもっている。道徳的・美的・経済的・その他のすべての区別が［友と敵の区別と］同時に適用される必要はなくても、友と敵の区別は、理論的にも実践的にも存在できる。政治的敵は、道徳的に悪である必要はないし、美的に醜い必要もない。政治的敵は、経済的競争者として現れる必要はないし、政治的敵と取引するのは、もしかしたら有利とすら思われるかもしれない。政治的敵とは、まさに他者であり、他人である。特に強い意味で実存的に言って、他者であり、他人であるというだけで、政治的敵の本質に充分である。[2]

ポイントが摑みにくい書き方をしているが、要は、「友／敵」という特殊政治的な区分は、他の領域の区分と違って、人間でないものを含めた対象の属性ではなく、人間同士の「結合 Verbindung」と、その結合の輪に入らないものたちとの「分離 Trennung」に関わるということである。ここで展開されているシュミットの「友／敵」論は、具体的な戦争や紛争をしていなくても、人間には、互いに仲間として守り合う最も基本的な単位の集合体を作るという属性があるが、その結果として、それから外れた、「他者 der andere」である相手、潜在的に敵対的な関係になり得る相手がいるという前提に基づいていると思われる。実際にそうした「友／敵」関係になっているという事実が重要であって、一度そうした「結合／分離」がなされたら、どのような基準で「友」と「敵」が選ばれたかは関係ないわけである。

そういう人間の実存にとって本質的な意味を持つ「友／敵」を決定する根源的な作用があり、私たちが「政治的」と形容する事態は何らかの形でその根源的作用と関わっているという前提を受け入れるのであれば、それが国家＝ポリスの形成に先行している、というのは筋の通った話である。そうした、私たちが基本的な共同体を作る時に無自覚的に行っている根源的な線引きには、それに直接対応する制度がない、というか、制度が出来上がる〝以前〟に成されているので、それに「政治的なもの」という抽象的な呼称を与えることに納得はいく。

無論、通常の生活では、私たちは複数の共同体に同時に属し、それぞれのメンバーとして活動し、あまり意識しないでそれらの役割を切り替えているので、「友／敵」はさほど鮮明にならない。他国の人よりも、身近な所にいる人の方がよほど〝敵〟に思えることが多い。「友／敵」がはっきりするのは戦争や内乱のような極限の状況だ。

シュミットは、個人がそれぞれの私生活において競争相手や利害が対立するだけの「私的な対抗者 der private Gegner」と、政治的な次元で対立する「公的な敵 der öffentliche Feind」とをはっきり区別する。イエスが「汝の敵を愛せ」と言っている時の「敵 ἐχθρός (echthros)」は、「私的な対抗者」であって、公的な意味での「敵 πολέμιος (polémios)」ではないと言う[3]。「公的な敵」との対立は、その集団の実存にとって決定的な意味を持つ。

> 政治的対立は最も強烈で極端な対立であり、あらゆる具体的な対立状態は、友と敵のグループ分けという極端な地点に近づけば近づくほど、それだけ政治的になる[4]。

シュミットは、人間は不可避的に、同類である他の人間と「対立 Gegensatz」する存在であり、当面、争いが生じていなくても、常に潜在的な「敵」に身構えている闘争的な生き物と見ているようである。ロールズのような現代のリベラルな政治哲学者は、人間は厳しい環境の中で生きのびるために他の人間と協力関係を築こうとする、という想定から出発するが、シュミットの想定する人間は、「敵」に対する備えが必要であるがゆえに、一緒に「敵」と戦ってくれる「友」を求める。

シュミットの言う「友／敵」関係は以下のように、弁証法的に発展していくと思われる。来るべき「敵」とのリアルな闘争に備えて、「友」の共同体を形成し、「友」の間の結束を強める。それによって、「友」の共同体に属さない、「敵」が誰であるか明確になる。「敵」と名指された相手は、警戒し、彼らは彼らで結束を強める。そうやって強化される「敵」の攻撃に備えて更に「友」の結束を固め、可能な限り勢力を拡充し、それに対し「敵」が……。次第に強化されていく「対立」を軸に形成される二項対立関係を、シュミットは「政治的」と呼んでいるのだろう。

シュミット的な人間は、極めて邪悪で危険な本性を有しているように思える。シュミット自身、自らの議論がマキャベリ、ホッブズ、ボシュエ（一六二七－一七〇四）、ド・メーストル、ドノソ・コルテス等のそれと同様に、人間を本性からして「悪 böse」[5]な存在と見なす思想の系譜に属しており、そうした考え方を前面に出す諸理論こそが、「真の政治理論」だと主張している。これは、既に『政治神学』で表明していた立場だ[6]。

では、そうした「本性悪」のシュミットの政治理論を、現代の左派的な理論家たちが参照するのは、どうしてか。それは、対立などないかのように装うこと、人類という普遍的な主体が存在するかのように装うことが、かえって危険であること、普遍的な友の共同体のパラドクスとでも言うべきものが生じることをシュミットが指摘していたからである。

政治的なものの概念の指標から国家間世界の多元主義が生じる。政治的統一は敵の現実的可能性を前提し、別の共存する政治的統一を前提する。したがって、国家が一般に存在するかぎり、地上にはつねに複数の国家が存在し、地上全体と人類全体を包括する世界「国家」はありえない。政治的世界は、一元的宇宙ではなく、多元的宇宙である。(…) 政治的統一は、本質上、人類全体と地上全体を包括する統一という意味では普遍的ではない。地上の様々な国民・宗教・階級・その他の人間集団がすべて統一された結果、それらの間の闘争が不可能で考えられないならば、つまり味方と敵の区別が偶発事としても考えられなくなるならば、政治的に汚れていない世界観・文化・文明・経済・道徳・法・芸術・娯楽等は存在するが、政治も国家も存在しない[7]。

シュミットの言う意味で、私たちが「政治的」であることは、対立が不可避であり、いつ戦争や内戦にまで発展するか分からないことを含意するので、戦争を煽る危険な思想のように思えるが、シュミットに言わせれば、「政治的なもの」の存在は、この世界が「多元的 pluralistisch」であることと表裏一体の関係にある。「政治的」な敵対関係が消滅すれば、一元的な世界が誕生する。

カントは『永遠平和のために』（一七九五）で、永遠平和の完全な実現のためには、諸民族を合一する「世界共和国」が望ましいが、各国の主権を尊重するために存在する「国際法」の理念から見て、現行の諸国家の主権の否定を意味する世界統一国家の存在は、「国際法」の理念と矛盾すると論じているが、▼8 シュミットはそれを、「政治的なもの」という観点から捉え直しているわけである。

現代人の多くは、〝一元的に統一された世界〟について、あまりいいイメージを持たないだろう。文化や価値の多様性を許容しない世界のように思える。オーウェル（一九〇三―五〇）の『一九八四』（一九四八）で描かれたような全体主義国家が世界全体を支配し、人々の日常への管理統制を更に強めているようなイメージを抱く人が多いだろう。

無論、そのような全てを包摂する国家はシュミットが『政治的なものの概念』を書いた時代に実在しなかっただけでなく、現代でもそういうものが登場しそうな兆候はない。では、それは単なる理論上の虚構にすぎないのだろうか。シュミットはそうは考えていないようである。

人類そのものは戦争を遂行できない。人類の概念は敵の概念を排除する。というのも、敵も人間であることを止めないし、そこに何ら特別な区別はないからである。人類の名で戦争を遂行するのは、この単純な真実を論駁するものでなく、特に強烈な政治的意味をもつだけだ。一国家が人類の名で政治的敵と闘うならば、これは人類の戦争ではなく、特定の国家が戦争相手に対し普遍的概念を我が物とし、（敵対者を犠牲にして）この概念と同一化しようとする戦争である。それは、平和・正義・進歩・文明を濫用し、これらを自分のために要求し、敵には否認するのに似ている。[9]

この箇所は、冷戦終焉後、一九九〇年代前半から二一世紀のゼロ年代にかけて、アメリカを中心とした「新世界秩序」の名の下に、地域紛争の一方の当事者を、世界共同体への反逆であるかのように断罪し、正義による制裁として〝戦争〟が遂行されていたことを想起させる。現代において、経済的グローバリゼーションの帰結として、法＝権利の体系を備えたグローバルな統治機構としての〈帝国 Empire〉が生成されつつあるという議論で知られるネグリ（一九三三－二〇二三）とハート（一九六〇－　）は、『マルチチュード』（二〇〇四）で、グローバルな秩序に対する挑戦者に対して、〈帝国〉が犯罪者に対する警察のような態度で対処しようとしていることを、「〈帝国〉内での内戦 imperial civil wars」あるいは「グローバルな内戦 global civil war」と呼んでいる。[10] 彼らは、この現象を説明する文脈でシュミットの「友／敵」論を参照している。[11]

シュミット自身も、単なる哲学的な抽象的命題として、「人類そのものは戦争を遂行できない」と言っているわけではなく、第一次大戦後の世界情勢を念頭に置いている。彼は「人類」を僭称する主体が現れつつあることを暗示している。

「民衆同盟 Völkerbund」が論争的な対抗概念として「君主同盟 Fürstenbund」に対置できるかぎり、国際連盟の理念は明解で簡明だった。ドイツ語の〈Völkerbund〉は、こうして一八世紀に成立した。君主政の政治的意味がなくなると同時に、この論争的意味もなくなる。さらに〈Völkerbund〉は、一国家または国家連合による、他の国家に向けられた帝国主義のイデオロギー的手段になりうるだろう。その場合、先に「人類」という言葉の政治的使用について言ったすべてのことが、「国際連盟 Völkerbund」に当てはまる。[12]

シュミットはこの箇所で、〈League of Nations（国際連盟）〉のドイツ語訳である〈Völkerbund〉についての言葉遊びで、「国際連盟」という存在の矛盾を暗示している。このドイツ語は『永遠平和のために』で、恒久的平和のための諸国家の同盟という意味で使われて以降、この意味でドイツ語に定着したが、〈Volk〉が「人民」や「民族」の他に、「民衆」という意味も有していることから、君主制を維持しようとする勢力に対する、民主制の実現を求める世界の諸民衆の同盟という意味に取れなくもない――「民衆同盟」という意味での〈Völkerbund〉が現実に、歴史的実体として存在したわけではない。世界規模で、君主同盟と「民衆同盟」が対峙しているということであれば、「政治的なもの」はまだ消滅していないことになる。しかし、ジュネーヴに本部を置く「国際連盟 Völkerbund」を名乗る、大戦の戦勝国の連合体はまるで自らが「人類」を代表するかのように振る舞っているのではないか。シュミットはそれを示唆しているわけである。

周知のように、大戦で最強国としての地位を確立したアメリカが国内の政治情勢のため、加盟できなかったことから、国際連盟自体には、帝国主義的な政治を断行するだけの力はなかったと思われるが、憲章で「世界の平和に影響を与える affecting the peace of the world」事態について総会や理事会で審議することを規定するなど、世界の裁判官的な役割を担おうとしているように見える。

ジュネーヴ国際連盟は、諸国家を廃止しないのと同様に、戦争の可能性を決して廃止しない。それは、一定の戦争を正統化し、是認することにより、戦争の新たな可能性を導入し、戦争を許可し、同盟戦争を促進し、戦争に対する一連の抑制を取り除く。▼13

シュミットは国際連盟が、世界のならず者に対し、「人類」の名による警察行動（＝事実上の戦争）を仕掛けるようになると、〝戦争〟の危険がかえって増大することを示唆しているわけである。相手を、簡単に攻撃するわけにはいかず、時には政治的に駆け引きしなければならない「敵」ではなく、警察的に処理可能な、単なる〝犯罪者〟と見なすからである。戦後に著した『大地のノモス』（一九五〇）では、この考察を発展させ、ウェストファリア条約が締結された時期のヨーロッパで、主権国家同士で互いを「正しい敵 Justus hostis」と認定し合ったうえで、「法適合的 rechtsmäßig」な戦争という意味での「正戦 der gerechte Krieg」を行うための国際法的な「具体的秩序 konkrete Ordnung」、「ヨーロッパ公法 das Jus Publicum Europaeum」が成立し、それが第一次大戦までは辛うじて機能していたと主張している。[14]

『政治的なものの概念』では、国際連盟自体が「人類」を代表したつもりになって暴走していることを示す実例は出されていないが、一つの長めの注で、連盟と不可分の関係にあるヴェルサイユ体制が、ドイツにあらゆる戦争被害・損失に対する「責任」を押し付け、不法に奪われた領土の原状回復、ナショナリティの原則、更には「人道性」といった理念の名の下に領土・植民地の割譲を要求したことを指摘している。[15]

この注でシュミットは更に、理想主義的な名目の下で敗戦国ドイツに対して「永続的で無制限の経済的搾取」が行われており、そのためヴェルサイユ条約は「平和 Frieden」を達成することができず、常に新たな「真の『講和条約』neue „wahre"Friedensverträge」が必要とされている、とまるで現代の左派論客のような調子で訴えている。

シュミットの言う「真の『講和条約』」とは、ヴェルサイユ条約後、その内容を実質的に変更することになった諸条約のことで、具体的には、ドイツが経済復興しやすいように賠償方式を緩和したドーズ案（一九二四）、ドイツと周辺諸国の集団安全保障の枠組みの構築を目指したロカルノ条約（一九二五）、ドイツの国連加盟（一九二六）など、一連の動きを指す。シュミットに言わせると、こうした条約が必要になるのは、ドイツとヴェルサイユ体制の中核を成す国々との間で、本当の、対等な立場での「講和＝平和」が達成されていないからである。つまり、ある意味で、戦争状態が続いている。「人類」を代表して、一方的に〝正義〟を執行する機関が形成されたため、かえって、戦争状態が続いていると見ることができるわけである。

ネグリ＝ハートは、〈帝国〉の支配下にあって、〈帝国〉による警察行為がいつ行われるか分からない状態、グローバルな内戦が潜在的に続く状態を、「例外状態」が「永続的かつ全般的になった[16]」状態と性格付けている。「例外状態」は言うまでもなく、『政治神学』でのシュミットの中心的概念であり、何が法であるかを決定する主権者の神のごとき力が露わになる状態だ。[17]

このように、「政治的なもの」が存在する限り、「友／敵」の対立は解消されないというシュミットの反ヒューマニズム的な議論は、国家主権を超えた〝グローバルな正義〟を掲げることの危険を明らかにしている。「人類」あるいは「人間性」の名の下に「政治的なもの」を根絶しようとすると、かえって「政治的な」対立が激化する。無論、だからといって、「友／敵」対立は不可避だと言ってそのまま放置すれば、ホロコーストのような〝敵〟の殲滅計画にまで発展する恐れもある。「政治的なもの」を完全消滅させようとするのではなく、どういうやり方で付き合うのか、という問題意識が多くの現代思想家をシュミットに引き付ける。本章の以下の部分では、代表的なポストモダン系の思想家、特にデリダとムフが、シュミットとどう取り組み、「政治的なもの」を自らの理論の中でどう位置付けているか見ていきたい。

二　友愛のポリティクス

一九九〇年代に入って法や政治について比較的分かりやすい形で論じるようになったデリダ（一九三〇―二〇〇四）が、最も集中的にシュミット的なテーマを論じているのは、『友愛のポリティックス』（一九九四）においてである。「敵」に重点を置くシュミットとは対照的に、デリダはアリストテレスにまで遡って、「友 ami」あるいは「友愛 amitié」をめぐる言説がどのような哲学的・政治的な意味合いを帯びていたか検討することから始める。デリダは、人が現実に「愛する」ことができる人数には限界があり、自分から見て自分と同じような善き性質を持っているがゆえに、「愛する」ことができる人々を「友」として選び出すことが、政治的共同体形成の原点になると示唆する。[18]

原則的に平等なステータスを有する市民の大多数が一か所に集まり、直接的にお互いの存在を確認できる古代の都市国家では、「友」（そして「敵」）が誰か、比較的はっきりしていた。しかし一九世紀から二〇世紀にかけての社会・文化的な変化によって、「友」として認識し合うための様々な共同体的な絆の記しが次第に失われていった。何によって政治が動いているのか分かりにくくなった。そこに、「敵」の存在を強調することで、「敵」と闘う仲間としての「友」を再定義しようとするシュミットが登場したのだという。シュミットは彼にとっての自明の理を語ったのではなく、むしろ、見失われつつあった、「政治的なものの」本質としての「友／敵」関係を再確認しようとしたのである。

シュミットにとって、敵の形象なくしては、そして真の戦争の特定の可能性なくしてはもはや存在しないのは、真実、それとしての政治的なものであり、それ以上でも以下でもない。敵を失えば、政治的なものそのものを単に失うことになる——そしてそれが、二度の世界戦争後のわれわれの世紀の地平であるというわけだ。主要な敵がもはや同定可能に思われない場所における政治的領野の方向失調について、どれほどの例であれ、今日、挙げられないことがあるだろうか！　敵の発明、それが緊急の必要であり不安なのだ、それにこそ成功しなくてはならないのだ。要するに、再—政治化するために、脱政治化に終始符を打つために。[19]

ここでデリダが「二度の世界戦争後」と言っているのは、第二次大戦後に刊行された『大地のノモス』や『パルチザンの理論』（一九六二）なども念頭に置いているからである。先に見たように、シュミット自身は「敵対」関係が現に存在し続けているのに、存在しないかのように装い、「人類」の名において語ろうとする戦勝国の連合体を批判している。それに対して、デリダは、そうしたシュミットの議論を、はっきり同定できなくなった〝敵〟の表象を無理に作り上げ、世界を「再―政治化」する試みとして批判的に見ている。「政治的なもの」が常に存在することを前提とするシュミットの理論は、デリダにとって克服すべき対象のようである。

ただし、デリダは、国際連合やアメリカ、EU等が推進する、〝グローバルな正義〟の〝友〟ではなく、むしろそうしたものを激しく批判する立場を取る。『友愛のポリティックス』の前年に刊行された『マルクスの亡霊たち』（一九九三）は、フランシス・フクヤマ（一九五二―　）の『歴史の終わりと最後の人間』（一九九二）を参照しながら、そこに見られる、アメリカ主導のグローバルな世界秩序のイデオロギーを執拗に批判している。[20]

先に見たように、シュミットは古代ギリシアにまで遡って、「（公）敵」の本来の意味を明らかにしようとしたわけだが、デリダは〈echthros／polémios〉の対立の根底に、親族関係に根ざした「友愛philía」があることを指摘している。それは「同胞性＝同質性homogénéité」に根ざした「同胞愛homophilie」だ。[21]

この議論の文脈でデリダが主として参照しているのは、プラトンの初期の対話篇『メネクセノス』である。これは、戦死者たちの追悼演説はいかに行うべきかをめぐるソクラテスとメネクセノスという人物の対話である。追悼演説は「群衆la multitude」を前にして、自分たちの間の同胞愛を確認・強化する重要な儀礼である。

このテクストでソクラテス（前四七〇頃―三九九）は、当時の有力な政治家・弁論家で、ペロポネソス戦争の死者たちに対する追悼演説で有名なペリクレス（前四九五―四二九）に弁論術を教えていたという、彼の愛娼アスパシア（前四七〇頃―四二〇頃）という女性に仮託する形で、追悼演説の理想形を示している。この演説では、死者たちが豊かな国土に長年にわたって住みついた高貴な人々の子孫であり、互いを同じ「母＝祖国」から生まれた、平等な同胞だと思いながら育ってきたことが強調されている。

このアスパシア＝ソクラテスの演説論では、演説を傾聴しているはずの仮想の群衆に対して、この祖国の政体が、平等な同胞によって運営される「民主制 dēmokratía」の性格を有していることが言及されており、デリダはその点に注意を促している。[22] それは、このことが、「民主主義」の政治体制だからといって、「友／敵」の対立・緊張が緩和されるとは限らず、むしろその逆の可能性もあることを暗示するからだ。「民主主義」の基礎が同胞意識にあるとすれば、民主的な国家であるほど、「敵」と闘うことを通して「友」の結束を図る、ということも考えられる。この著作の前後から、「来るべき民主主義 la Démocratie à venir」の名において「正義」を語るようになったデリダ[23]にとっては、「民主主義」と、「友／敵」論の根源における結び付きは見逃すことができない事態である。両者の結び付きを緩めて、「民主主義」を開かれたものにする脱構築は可能なのか、という問いにデリダは関心を持たざるを得なかった。

現存する「民主主義」が同胞としての同質性を基礎にしていることは、シュミットが『現代議会主義の精神史的地位』で指摘しているところである。彼は、民主主義の根拠が、治者と被治者、支配者と被支配者、国家権威の主体と客体、人民と議会における人民の代表……の間の一連の同一性（Identität）にあると主張している。[24] これらの「同一性」について、初版の段階でのシュミットは抽象的に語っており、実体的なものなのか、法理論上のフィクションかはっきりしないが、[25] 第二版（一九二六）に付した「まえがき」では、「人類」を主体とする抽象的・普遍主義的な「同一性」では民主主義は機能しえず、「国民的同質性 nationale Homogenität」やそれに根ざした「実質的平等 die substantielle Gleichheit」が必要だとの見方を示している。

すなわち、成長した人間は何人もそれだけで直ちに人間として他のいかなる人間に対しても政治的同権であるというのであるが、これは自由主義的思想であって、決して民主主義的思想ではない。この考えは、従来存在していた実質的な平等性と同質性の観念に立脚する民主主義の代りに、一つの人類的民主主義を置くものである。今日、地球上には、このような普遍的な人類的民主主義は決して成立してはいない。他のすべてのことは措くとしても、地球は多くの国家——多くの場合、国民的に同質的な国家——に分たれているのであって、大抵の国家は、それ自身の内部において国民的同質性に基づいて民主主義を実現しようと努めているが、その他の点ではあらゆる人間を同権的な市民として取り扱っているわけではないのである。[26]

「民主主義」が伝統的に「友」の結束に依拠してきたことに懸念を示すデリダに対し、シュミットは、「民主主義」が、「友」の「同質性」に根ざしているのは至極当然のことと見ている。「同質性」の論理に囚われることなく、その国家に居住するすべての人を平等に扱うべきという要請は、自由主義の幻想と見て、切り捨てているわけである。デリダでなくても、自由民主主義者を自認する現代人であれば、こうした素朴に〝現実主義〟な民主主義観はかなり危なく見えるが、シュミットにしてみれば、自由主義の幻想の延長で、「人類的民主主義 Menschheitsdemokratie」を全世界に押し付けようとする、英米中心の国際主義者の方が遥かに危険だ。そちらの危険も分かるだけに、デリダは、シュミットを単なる過去の時代の遺物として切り捨てられないのである。

三　散種する「友／敵」

シュミットは、戦後、『パルチザンの理論』という一見、新左翼かと思うようなタイトルの著作を出している。シュミットは元々、「政治的なもの」の根底に、神学的・神話的な次元の問題があることを見抜いていたプルードンやソレルのようなアナーキストを好敵手として評価していたが、[27]「パルチザン」について論じるのは流石に意外感がある。しかも、この著作の副タイトルは「政治的なものの概念についての中間所見」である。デリダは、『政治的なものの概念』から『パルチザンの理論』へのシュミットの視点の変化が、「友／敵」関係が至る所に増殖してしまうメカニズムをめぐる根源的な問題に対応していると見ているようで、かなり拘って論じている。

ナポレオンが自分の兄をスペイン王としたことに対してスペイン各地で抵抗し続けた「ゲリラ」と呼ばれる非正規兵の活動が、「パルチザン」の原型とされることが多い――「ゲリラ」は、国家の軍隊同士の通常の戦闘ではなく、小人数で奇襲、待ち伏せ、後方攪乱等を行う部隊のメンバーを指し、「パルチザン」は、外国の侵略や自国の支配勢力に対抗する民間の軍事組織のメンバーを指し、カテゴリーが異なるが、多くの場合、重なっている。シュミットもこの通常の見方に従っている。では、「友／敵」の実存的な対立を特徴とする、彼の「政治的なもの」の理論において、「パルチザン」はどういう位置付けになるのだろうか。

シュミットは「パルチザン」の特徴として、従来から指摘されてきた①非正規性、②能動的闘争の高度化された遊撃性、③政治的関与の激烈さ[28]――に加えて、④土地的性格（der tellurische Charakter）[29]を挙げている。シュミットは、『陸と海と』（一九四二）や『大地のノモス』で、人々が住み着いたそれぞれの土地を基盤として具体的な法秩序と国家間の法的関係が形成されるが、現代では海軍や空軍に関係した技術の発達によって、土地中心の秩序が崩壊し、戦争が無制約的なものになっているという論を展開している[30]。そうした後期シュミットの関心からすれば、「パルチザン」の土地との結び付きに注目するのは自然である。

「パルチザン」は本来、自分たちの「土地」に外国勢力など「敵」が侵略してくることに対する抵抗から始まるものだ。国家の領土内でパルチザンが活動する限り、彼らは正規の軍隊ではなくても、それに準じたものと見なすことができ、ハーグ陸戦法規（一九〇七）でも、パルチザンは一定の条件の下で正規軍の兵士と同じ扱いを受けることが定められている。[31] そうした「パルチザン」の土地性も、軍事技術の進歩によって大きく変容しつつある。

しかし農業由来の土着的パルチザンもまた、抵抗できない技術的進歩面へと引きずり込まれる。パルチザンの遊撃性は機械化によって格段に高められるので、彼はまったく場所確定を喪失（entorten）するという危険におちいるのである。冷戦の状況の中において、パルチザンは目に見えぬ闘争の技術家に、すなわちサボタージュ指導者やスパイになる。すでに第二次世界大戦において、パルチザンの訓練を受けたサボタージュ部隊があった。このように機械化されたパルチザンは、その土地的性格を失い、もはや単に、強力な世界政策を実行する中枢のための移動および交換可能な道具にすぎないのである。そしてその中枢は、パルチザンを公然とした戦争あるいは目に見えない戦争に投入し、事情によっては切り捨てるのである。[32]

ロシア革命以降、特に第二次大戦以降、ソ連などの社会主義勢力が拡大戦略として、世界各地の反植民地闘争を支援するようになり、各地で西側諸国と結び付いた政府に抵抗するパルチザンが組織されるようになったことは、シュミットに指摘されるまでもなく、世界史の常識だが、問題は、本来「土着的autochton」であるはずの「パルチザン」が「土地的性格」を失ったことで、「友／敵」関係はどうなっていくのかだ。

当然、シュミットが『大地のノモス』で描いたような、お互いを「正しい敵」、つまり尊重すべき主権国家、あるいはそれに属する存在と認め合い、戦の作法としての国際法に則って闘う、という従来のパターンは完全に崩れるだろう。どこに「敵」がいて、どこにその主権が存在し、どのような決定に基づいて行動するのか判定しづらくなる。それに伴って、「友」の所在も不確かになるだろう。「パルチザン」はもともと、その国を実効支配している〝政権〟を正統なものではなく、〝敵〟と見なして戦いを始めることが多いので、誰がパルチザンにとっての「友」かはもともと不確かなところがあるが、「パルチザン」自身が居場所不定になると、ますます分かりにくくなるだろう。

この不確定性ゆえに、「友／敵」の対立は更に激化していく、とシュミットは見ている。どうしてそういうことになるのか。彼は、ナショナルな土地を防御する通常の「パルチザン」については、以下のように述べている。

このように防御性を根本原則とすることによって、敵対関係を根本的に制御することが生じた。現実の敵は絶対的な敵であると宣言されないし、さらに人類一般の究極の敵であるとも宣言されない。[33]

ここでシュミットが「現実の敵 der wirkliche Feind」と言っているのは、クラウゼヴィッツ（一七八〇―一八三一）が『戦争論』（一八三二）で「現実の戦争 der wirkliche Krieg」と呼んでいるものに対応する。クラウゼヴィッツは、戦争は純概念的な極限形態としては、「敵意 Feindschaft」によって相手を完全に破壊することを目指して戦う「絶対的戦争 der absolute Krieg」に至ると述べている。ただ、それはあくまで概念上の話である。「現実の戦争」では、たとえ指導者が「絶対的戦争」に近いイメージで戦争に臨んでいたとしても、それぞれの国家を構成する人々の利害関係、感情、食糧等の物理的事情によってそこまでエスカレートするのは抑制される、としている。[34]

クラウゼヴィッツは単なる戦略家ではなく、「戦争は異なる手段による政治の継続である[35]」という有名なテーゼに象徴されるように、「政治」と「戦争」の関係について深く考察した政治思想家であり、シュミットもそこに注目している。「政治的なもの」を主権者による「決断」と結び付けて考えるシュミットと違って、クラウゼヴィッツは「政治」を、人々の間の「交渉 Verkehr」としてイメージしているようだ。

クラウゼヴィッツにとって、「戦争」はそうした意味での「政治」の「道具Instrument」であり、権力者の現実的な判断によって、様々な形での「現実的な戦争」が行われる。政治的な「交渉」を有利に進めるための手段として「戦争」が利用されるわけである。[36]ただし、「戦争」の本性は、交渉としての「政治」とは本来相容れない。

このようにして政治は、戦争の本領、即ち何ものをも征服せねば止まぬ激烈な性質を骨抜きにし、戦争を単なる道具に化するのである。本来の戦争は、いわば諸手で柄を握り渾身の力をこめて振りあげ、一度打ち込めば二度と遣り直しのきかない太刀のようなものである。ところが政治の手にかかると、この大太刀も華奢な細身の剣となり、それどころか時には試合刀ともなり、政治はこれをもって突き、フアント、バラド等の技を自由自在にこなすのである。[37]

逆に言うと、「政治」がうまく使いこなすことができないと、「戦争」が本領を発揮してしまい、「絶対的戦争」になる可能性があるわけである。国家の軍隊は、いかなる領土的制約にも囚われない「戦争機械」（ドゥルーズ＋ガタリ）としての本性を露わにする恐れがある。[38]そうならないように、「政治」は「戦争」の扱いに用心する。しかし、「政治」自身が「敵意」で動くようになると、つまり、シュミットの言う「政治的なもの」に近付くと、話は違ってくる。

戦争は政治に内属するから、従って政治の性格を帯びることになる。それだから政治が雄大になり強大になるにつれて、戦争もまたこれに準じるのである、そして両者のかかる関係が極度に達すれば、戦争はついにその絶対的形態を得るのである。

政治と戦争の関係をこのような観点から考察すれば、絶対的形態をそなえた戦争を無視する必要はない。それどころか我々は、この種の戦争の姿を、絶えず考察の背景に思い浮かべねばならない。[39]

クラウゼヴィッツが「雄大 großartig」とか「強大 mächtig」といった形容詞でどういうことを念頭に置いているか、本人による直接的な説明はないが、文脈からすると、敵との力関係で、ということだろう。つまり、相手との力の差が歴然としていて、「交渉」で相手に譲歩する必要がなければ、相手の完全打倒を目指す可能性が高まり、実際にそういう行動を取ると、結果的に「絶対的戦争」に近付くというわけだ。

こうしたクラウゼヴィッツの「絶対的戦争」概念は、「政治的なもの」をめぐるシュミットの議論とどのように関わってくるのだろうか。既に見たように、シュミットは『政治的なものの概念』で、「人類」の名の下に〝平和〟を乱すならず者を処罰しようとするヴェルサイユ体制がかえって戦争を際限なくエスカレートさせていく危険を示唆している。全ての人間を含む「人類」には、少なくとも理屈のうえでは、政治的に対立する諸勢力間の現実的な利害関係に起因する制約がないため、「人類」を代表するつもりで政治的決断を行っている人たちには、〝現実の敵＝正しい敵〟と向き合っているという認識が働かない恐れがあるからだ。このことは、ヴェルサイユ体制が、表向きの平和志向とは逆に、クラウゼヴィッツにあっては概念にとどまっていた「絶対的戦争」を現実化する可能性を秘めていたということである。

「パルチザン」は本来の土着性からすれば、「人類」の名の下に平和＝戦争を遂行するヴェルサイユ体制や国連とは対照的に、「現実の戦争」、自分たちの土地から敵を追い出すという具体的な目標を設定した戦争しかやらないはずだった。しかし、マルクス主義など革命勢力の世界戦略に組み込まれた「パルチザン」は、自分たちの理念の実現のために戦うので、一定の領土を持った国家のように、自らの現実的な利益や限界を考えて行動を制御するということが起こりにくい。彼らの活動は、かつてのヴェルサイユ体制や第二次大戦後に生まれた国連と同じように、あるいはそれ以上に、「絶対的戦争」に通じる危険を孕んでいる。それ以上というのは、グローバル化した「パルチザン」は実際に各地で、必ずしも戦争とは認識されない形で、戦いを遂行しているからだ。

シュミットは、「パルチザン」をプロレタリア革命の中に位置付けたレーニン（一八七〇－一九二四）がクラウゼヴィッツを研究し、精通していたことに注目する。レーニンは単にクラウゼヴィッツの戦略論を学んだだけでなく、そこから自らの世界革命の構想にとって重要な意味を持つ帰結を引き出していた、という。

レーニンが、クラウゼヴィッツから学ぶことができ、基本的に学んだところのものは、政治の継続としての戦争ということについての有名な公式だけではない。それは、次のようないっそう広範な認識である。すなわち、友と敵とを区別することは、革命の時代においては、第一次的なものであり、また、戦争および政治をも規定するものである、といういっそう広範な認識である。革命戦争のみが、レーニンにとって、真の戦争である。なぜならば、革命戦争は、絶対的な敵対関係から発生するものだからである。それ以外のすべては、在来的なゲームなのである▼[40]。

つまりレーニンは、自らが遂行している「革命戦争」が、「絶対的な敵対関係」に基づくものであり、「絶対的戦争」に至るものだとはっきり認識していたわけである。マルクス主義の革命家であるレーニンは、カトリック的法秩序やヨーロッパ公法のような、古くからの安定した秩序を志向するシュミットにとっては明らかに〝敵〟である。しかしシュミットは、「ブルジョワジー／プロレタリアート」の関係を、絶対的な「友／敵」関係と見て、戦略を立てるレーニンは、ある意味、「政治的なもの」の本質を捉えていると見て、敵ながら評価しているのである。ただし、レーニンが想定しているのは、国境の制約を受けない、世界規模な「友／敵」関係である。こうしたグローバルな「友／敵」関係の中に、「パルチザン」は位置付けられるのである。

ただレーニンは、世界的内戦の職業革命家として、さらにいっそう先に進み、そして現実の敵から絶対的な敵を作ったのである。クラウゼヴィッツは絶対的な戦争について語ったが、しかしまだ相変わらず既成の国家性という正規性を前提としていた。彼はまだ、政党の道具としての国家を、また国家に命令するような政党を、考えることができなかった。政党を絶対とすることによって、パルチザンもまた絶対的となったし、また絶対的な敵対関係のにない手へと高まった。[41]

世界的内戦を戦う「パルチザン」は、国家の制約を受けないだけでなく、ブルジョワジーを「絶対的敵」を見なして、あらゆる手段を駆使して戦いを挑んでいる。「絶対的戦争」を戦っているのである。シュミットは、革命的「パルチザン」と共に解き放たれつつある「絶対的戦争」をこれ以上エスカレートさせないようにするために、「現実の敵」を設定した「新しい大地のノモス」が必要であることを示唆し、このテクストを締め括っている。[42]

このように革命的な「パルチザン」の動向に、「政治的なもの」の本質を再確認すると共に、もはや国家の枠内に収まらなくなった「政治的なもの」の暴走を危惧するシュミットの両義的な態度に対し、デリダはどういう見解を取るのだろうか。

デリダは、『政治的なものの概念』の、クラウゼヴィッツの戦争の定義を参照しながら「戦争」と「政治的なもの」の関係について論じている箇所で、シュミットが両者の関係について両義的で、分かりにくい説明をしていることを指摘している。[43] シュミットは、次のように述べている。

軍事的闘争そのものは、それ自体で捉えれば、クラウゼヴィッツの有名な言葉が大抵は不正確に引用されるように、「他の手段による政治の継続」ではなく、戦争としては、固有の戦略的・戦術的・その他の規則と観点をもっているが、これら規則と観点はすべて、誰が敵かという政治的決定がすでになされているのを前提とする。戦争では、敵対者は、大抵は公然と敵対者同士で対立し、通常は「制服」で特徴づけられるから、味方（友）と敵の区別は、もはや闘争する兵士が解決すべき政治的問題ではない。[44]

「敵は誰か」に関する「政治的決定（決断）politische Entscheidung」が具体的な戦争に先行し、その「前提になっている」、という一見当たり前のことを述べた数行後で、次のように続けている。

戦争は決して、政治の目標や目的ではなく、政治の内容ですらないが、おそらく現実の可能性としてつねに存在する前提であり、この前提が、人間の思考と行動を独特の仕方で決定し、それにより政治に特有の態度を生み出すのだ。[45]

つまり、シュミットの記述を文字通りに取ると、「政治的決定」が「戦争」の「前提」になる一方で、「戦争」もまた「政治的決定」の「前提」になる、という循環になっているのである。このことは、現に進行中の「戦争」の現実によって、「政治的決定」の選択肢が予め決められている場合もあることを示唆している。それは、戦争を制限するように作用するかもしれないし、［絶対的敵対⇅絶対的戦争］へとエスカレートしていくかもしれない。第一次世界大戦を経験したシュミットは、クラウゼヴィッツと同様に、「政治」が「戦争機械」に翻弄される可能性を予感していたのかもしれない。

右の箇所にすぐ続けて、シュミットは以下のように述べている。

そこで、友と敵の区別という基準は、特定の国民が永遠に他の国民の友や敵でなければならないとか、中立性が不可能であり、政治的に意味をもちえないとかを決して意味しない。ただ、中立の概念は、あらゆる政治的概念と同様に、友と敵のグループ分けの現実的可能性というこの最終的前提のもとにある。（…）重要なのは、つねにもっぱら、現実の闘争という決定的場合の可能性であり、この場合が存在するか否かに関する決定である。[46]

誰が「敵」で誰が「友」かは、相互の国民（Volk）の属性によって最初から固定されるわけではなく、「現実の闘争 der wirkliche Kampf」という「決定的場合 der entscheidende Fall」が実際に生じる可能性があるか否かによるとしたうえで、その可能性があるかどうかは、「政治的決定」によると言っているわけである。シュミットの言わんとしていることは分かるが、「この決定」というのは、主観性の強い「決断」なのか、それとも客観的な指標による「判断」なのか。シュミットは更に続けて、

この場合が例外的にのみ生じることは、その決定的性格を否定せず、むしろこれを根拠づける。（…）今日もまだ、戦争という事態は「緊急事態」である。他の場合と同じく、ここでも、例外状態こそ、とりわけ決定的で、物事の核心を暴き出す意味をもつと言える。というのも、現実の闘争の中で初めて、友と敵の政治的グループ分けの最も極端な帰結が示されるからである。人間生活は、この極端な可能性から、政治に特有の緊張を手に入れる。[47]

ここでシュミットは、「友／敵」の決定がなされる「決定的状況」を「例外状態」と呼ぶことで、「政治的なもの」を、『政治神学』冒頭の、「例外状態について（を超えて）決定するのが主権者である Souverän ist, wer über den Ausnahmefall entscheidet.」という定式[48]と結び付けている。「例外状態」は、多くの場合、内乱もしくは戦争によってその政治共同体が危機に陥っている状態なので、［主権者―例外状態］の対と「政治的なもの―戦争の可能性」が結び付くのはある意味当然だが、この箇所では、そ

のことをシュミット自身が確認しているわけである。いずれの対も、通常の状態ではなく、「例外状態」でこそ、その本質が明らかになるというわけだ。ただ、このように両者を結び付けても、「政治的決定」の両義性がクリアになるわけではない。

主権者は、誰が敵で誰が友かを、差し迫った現実の危機に圧される形で、ある程度の不確かさを伴いながらも、客観的指標によって「判断」するのか、それとも、現状を見据えながらも、それに完全に囚われることなく、自らの世界観や価値観に基づいて「友／敵」の区別について「決断」するのか、どちらとも取れる言い方をしている。デリダも、この箇所でシュミットの言う「政治的決断」が能動的決断か受動的決断か、意識的か無意識的か、自由な決断かそうでないのか、責任があるのかないのか曖昧であることを示唆している。▼49

デリダの読解をガイドラインにして、「政治的決断」と、「現実の闘争」の可能性の関係について哲学的に突き詰めて考えてみよう。ある集団との間で「現実の闘争」が起こる可能性がある、その集団が「敵」と判断できることが、「政治的なもの」と「主権」の本質を成しているとすれば、裏を返して言えば、「敵」を見つけること、あるいは、「敵」を認定することができなかったら、「政治的なもの」は存在しないことになる。「政治的なもの」あるいは「主権」が存在するには、何らかの形で「敵」を名指すことができねばならない。単に観念的に想定される「敵」ではなく、現実に闘争の相手となり得る、緊迫した関係にある「敵」でないと意味がない。そういうリアルに脅威となる「敵」がいないと、「友」の範囲を確定する「決断」ができないとすれば、「政治的決断」によって「友」の結束を固めたい人間は、「敵」を探し続けねばならない。

そう考えると、冷戦時代の真っただ中でシュミットが「パルチザン」に注目するのは至極当然だ。リアルな戦闘行為を継続し、西側諸国に脅威を与える彼らは、この地上に「政治的なもの」の存在を印象付ける。『政治的なものの概念』から『大地のノモス』にかけてのシュミットが「政治的なもの」に主として関係付けていたのは、国家間の戦争、「ヨーロッパ公法」のような国際法によって制御することが少なくとも理論上は可能な戦争だったが、『パルチザンの理論』では、本来の戦争とは違う派生的な形態でありながら、世界的な規模で展開し、絶対的な敵対性を現出させようとするパルチザンの戦争に重点を移したわけである。革命的パルチザンのように、全世界に戦争の可能性を拡散する敵対性こそ、シュミットが定義する「政治的なもの」の本来の形であるのかもしれない。

無論、これが、「政治的なもの」を「友／敵」の二項対立で定義しようとしたがゆえにシュミットの法・政治理論に生じた彼だけの問題であれば、「戦争」と「政治的なもの」の循環関係をめぐるシュミットの混迷を暴露すればすむ話であり、デリダが拘る理由もない。先に見たようにデリダは、プラトンやアリストテレスによって、ポリスと結び付く形で「哲学」が誕生して以来、「哲学」は誰が同じ政治共同体に属する「友」かという問題と関わっており、シュミットが一人で暴走しているわけではないことを示唆する。

四　アケロンをどう動かすか：哲学とパルチザン

デリダは、『パルチザンの理論』でシュミットがシャルンホルスト（一七五五―一八一三）、グナイゼナウ（一七六〇―一八三一）、クラウゼヴィッツ等によってフランス革命以降進められていたプロイセンの軍政改革と、「パルチザン」及び「哲学」の間の複雑な関係を論じていることに注意を促している。

一八一三年四月にプロイセン国王は勅令で、義勇軍（Landsturm）を組織して、ナポレオンに対するパルチザン的な抵抗をするよう国民に呼びかけている。対ナポレオン戦争の情勢変化もあって、この勅令は実行に移されなかったが、主権者である国王自身が、国民全体にパルチザン化を呼びかけるということは、プロイセンとナポレオンとの闘いが「絶対的戦争」に近付いていく可能性があったことを意味する。▼50 クラウゼヴィッツはそうした可能性をリアルな問題として意識しながら『戦争論』を構想したはずだ。

無論、シュミットのような強い主権の下での秩序の安定を重視する保守主義者にとって、「パルチザン」の力に頼ろうとする戦略は手放しで評価できるものではない。正規軍に代わって、政府の直接の管理下にない「義勇軍」が主要な役割を演じるということは、国家による正統な暴力独占の原則（マックス・ウェーバー）が崩れ、民衆が独自の判断で暴力を行使する余地が広がる、ということだ。

プロイセン国王の勅令は、自国内で「敵」が自由に作戦行動を取るぐらいなら、「放縦な無頼漢の放恣 Ausschweifungen zügellosen Gesindels」が蔓延する方がまだましだとしているが[51]、逆に言えば、そうした無秩序な暴力をもたらすかもしれない「パルチザン」は苦肉の策であって、国家が本当に崩壊の瀬戸際にあるか、スペインの場合のように、既に崩壊状態にある場合には致し方ないが、可能な限り避けるべき選択肢だということだ。「敵」を追い出しても、今度は、自分の力を知った民衆が、国家の中枢部にとって〝真の敵〟になるかしれない。一度離れた暴力は、もはや政府の管理下に回収されず、再「戦争機械」化していくかもしれない。

シュミットは、「パルチザン」の力を動員することを、「アケロンを動かす」と表現している[52]――ウェルギリウスの『アエネーイス』に由来し、ビスマルクに愛用されたフレーズ。ギリシア神話の三途の川に当たる「アケロン」は、冥府の神の提喩として使われることもあり、「アケロンを動かす」は冥府の神（悪あるいは闇）の力を借りる、という意味に取ることもできるが、カエサルに勝利をもたらした「ルビコン川」ではなく、一度渡ったら二度と引き返せない「アケロン川」に言及することで、「パルチザン」の危うさを暗示しているとも取れる。「アケロン」を暴走させないで、うまく利用するにはどうすればいいのか、そもそもそんなことは可能なのか。その後のドイツ史における、自由主義的な統一運動とプロイセン等の領邦国家の対立、民族問題の噴出、文化闘争、労働・社会主義運動激化等を念頭に置く限り、「アケロン」を制御することは容易なことではなさそうだ。

ナポレオン戦争時のドイツ語圏の思想家や文学者の大半は、戦争と国家の関係に強い関心を持ち、自ら政治・軍事に関与する者も少なくなかった。彼らの議論の中心に、「パルチザン」の問題があった、という見方をすることもできる。統一国家が存在せず、各領邦君主のナポレオンの率いるフランスへの対応が割れている状態で、ドイツの「国民 Nation」全体が自発的に対ナポレオンの闘いに従事すべきだと主張することは、不可避的に「パルチザン」への呼びかけを含意する。シュミットは、広い意味での「（ドイツ）哲学」と「パルチザン」の関わりに注意を向けている。

戯曲『ペンテジレーア』（一八〇八）で純粋な戦闘マシーンと化したアマゾンの女王を描くことでドゥルーズ＋ガタリの「戦争機械」概念にインスピレーションを与えることになったクライスト（一七七七－一八一一）[53]は、対ナポレオンの（パルチザン）戦争を意識して、ゲルマン人の部族連合体がローマの正規軍を打ち破ったトイトブルクの闘いを素材にした戯曲『ヘルマンの戦い』（一八〇九）を著している。ドイツ観念論の創始者であるフィヒテ（一七六二－一八一四）は、ナポレオンとの戦争に敗れて、プロイセンの首都ベルリンが占領された際、ドイツ人に国民意識の育成の必要を訴える講演『ドイツ国民に告ぐ』（一八〇七－〇八）を行った。その後、プロイセンの国策としてベルリン大学が創設されると、フィヒテはその哲学教授に就任する。フィヒテの後任となったヘーゲルの歴史・法哲学が、ナポレオン戦争、及び、敗戦から立ち直ろうとするプロイセンの国政改革と深く結び付いていたのは周知の通りである――『政治的なものの概念』の中でシュミットは、ヘーゲルを「政治的なもの」を視野に入れ、「敵」の定義をためらわなかった哲学者として特記している[54]。

フィヒテとクラウゼヴィッツの間には直接的な接点もある。フィヒテは、現実政治家としてのマキャベリを評価する『マキャベリ論』（一八〇七）を書いているが、これに刺激を受けたクラウゼヴィッツは自らのマキャベリ観と、古代をモデルにしたマキャベリのそれとは異なる自らの戦争観を呈示する長い書簡をフィヒテに送っている。この手紙でクラウゼヴィッツは、自国の領土防衛は最も美しい戦争だとして「パルチザン」戦争を美化している[55]。

シュミットは、こうした「パルチザン」の可能性を視野に入れた、当時の哲学と軍事の相互作用について、「興奮した民族感情が哲学的教養と一致したこのような雰囲気の中で、パルチザンは哲学的に発見され、その理論は歴史的に可能となった」[56]と述べている。少なくともシュミットの理解では、「哲学」は、現実の政治と戦争の関係を後追いし、正当化しただけではなく、「パルチザン」の概念を生み出すうえで中心的な役割を果たしたのである。

周知のように、闘争を通して新たな現実が生成する過程を描き出すヘーゲルの歴史哲学は、ヘーゲル左派やマルクスを経由してレーニンの革命思想・階級闘争観に影響を与えている[57]。レーニンにとって、既成の政治社会秩序を破壊し、新しい秩序を打ちたてることを目指す非正規の戦争である階級闘争は、必然的に「パルチザン」的な性格を帯びることになる。シュミットは、階級闘争＝パルチザンという視点から、ヨーロッパの生成しつつある「新しい現実」を把握しようとした点でレーニンを評価し、「レーニンが行った哲学とパルチザンとの同盟（das Bündnis der Philosophie mit dem Partisanen）は、新しい爆発的な諸力を突然引き起こした」[58]と述べている。

無論、「パルチザン」の思想は、シュミットのように、強い主権の下での国家秩序の安定を重視する保守主義者にとって、必ずしも歓迎すべき同盟者ではなかろう。

こうした「パルチザンの哲学的発見」を、「政治的なもの」の視点から捉え直そうとするシュミットの試みを、デリダは単なる保守的哲学者の妄想として退けるのではなく、その思考の流れを丹念にフォローしている[59]。それは「友愛」を求める政治、それと不可分の関係にある「哲学」が、（真の）「友」たちと共同体を形成すべく探求する過程で、（「友」の結束を妨害する）「敵」を見出し、排除するように振る舞い始める、あるいは、「友」だと信じた相手に裏切られたと感じ、相手を責めることで「敵対関係」を昂じさせる恐れがあるからだ。ヘーゲルやマルクス主義の弁証法は、「友／敵」の二分法を歴史的パースペクティヴの下で先鋭化したものと見ることができる。

いかにして兄弟は絶対的敵対に罹患し＝への主体［sujet à］でありうるのか？この仮設は転倒しなくてはなるまい。兄弟にとってしか絶対的敵対はない。（…）シュミットが語る絶対的戦争、パルチザン戦争をその極点へともたらす革命戦争、戦争のあらゆる法を侵犯する戦争、それは兄弟殺しの戦争でありうる。▼60

至る所で敵対関係を作り出し、革命戦争を拡散し、絶対的戦争を目指しているように見える「パルチザン」の存在は、「政治的なもの」をめぐる自らの哲学的考察の裏付けになるとシュミットは考える。既存の世界秩序に代わる、「来るべき民主主義」について「哲学」的に考えようとするデリダは、「友愛」ゆえに生じる「敵対関係」を「哲学」が増幅させてしまう危険を自覚し、自らが暴走しないよう戒めているように見えるが、シュミットはむしろ「政治的なもの」と「哲学」の同盟という形で必然視する。自らがマルクスの亡霊に取り憑かれた者であることを、ある意味で認めているデリダは、グローバルに広がりつつあるマルクスの亡霊としての「パルチザン」を取り込もうとしたシュミットを無視することができない。

五　「政治的なもの」の再発見

発達した資本主義社会において社会主義革命がなかなか起こらない原因を文化的ヘゲモニーという視点から説明したイタリアのマルクス主義者グラムシ（一八九一―一九三七）の理論を、民主化された社会における多数派／少数派の葛藤をめぐる問題一般へと拡張したことで知られるシャンタル・ムフ（一九四三―）は、『政治的なるものの再興』（一九九三）で、ロールズやハーバマスなどに代表される民主主義理観を批判するために『政治的なものの概念』を参照している。

ムフもある意味デリダと同様に、冷戦終焉後の、一見して〝敵〟がいなくなった状況をめぐる問題意識から出発しているが、デリダが「敵」を見つけることに拘る、シュミット流の「政治的なもの」と「哲学」の結び付きを警戒するのに対し、ムフはむしろ、見えにくくなった「敵対関係 antagonism」の存在を確認するうえで「政治的なもの」という視点が重要だと主張する。

ムフが「敵対関係」と言っているのは、ジェンダー、エスニシティ、人種、宗教などのアイデンティティに基づく対立だ。これらは必ずしも「戦争」に至るわけではないものの、通常の自由民主主義のルールに基づいて対話を重ねても、(アイデンティティの編成が大きく変容しない限り) 全ての当事者が理性的に受け入れ可能な合意に到達できる見込みは小さく、「敵対関係」は継続する。「敵対関係」にある人たちは、そもそもゲームのルール自体を受け入れないかもしれない。

コミュニタリアニズム (共同体主義) も、自由民主主義における形式的な話し合いのルールからこぼれ落ちてしまうアイデンティティの問題に関心を向けるが、コミュニタリアンは、「共通善 common good」を共有する「共同体」の観念を持ち出し、「共通善」にコミットする市民の育成を説くので、かえってアイデンティティに潜む敵対性を隠蔽することになりかねない。[61] アリストテレス的な (同質の) 共同体で育まれる友愛に基づく政治を肯定する哲学の排他性を批判する態度を、デリダとムフは共有している。

西欧諸国でラディカルな右派が移民をターゲットにした「友/敵」の政治を展開する中で、リベラル左派が民主的なルールに拘って、アイデンティティに起因する、解消しにくい「敵対関係」を適切に扱えない現状に不満を持つムフは、そうした「敵対関係」を前提に民主主義を再考する自らの立場を、「闘技的多元主義 agonistic pluralism」と呼ぶ。[62]

ロールズは『正義論』(一九七一) で、「原初状態」において「無知ヴェール」の下に置かれた人たちが、道徳的かつ合理的な推論を働かせ、正義の二原理を採択することに合意するに至ることを示したことで知られるが、[63] ムフに言わせれば、ロールズの図式では、「紛争、敵対関係、権力関係、従属や抑圧の諸形態が、端的に消失」しており、そのおかげで、「政治的決定を下すための高次の次元の権力」が必要なくなり、（シュミットが言う意味での）「主権」の問題が後退する。[64]

アイデンティティ（同一性）の政治を批判するムフの立場からすれば、ロールズは「無知のヴェール」という仕掛けによって、「自由」と「平等」の普遍性が論証できるかのように見せかけているが、万人が合意するような「自由」と「平等」のモデルというようなものはないのである。[65]

人々が現実に討議して合意に至るには、当事者たちがお互いの利益や世界観の違いを認め合うことが必要だが、ロールズの正義論ではそれが捨象されている。そのことはしばしば指摘されてきたが[66]、ムフは通常のロールズ批判者のように、単に多元的な利益や世界観の違い、といった差異を正義論に取り込むべきと主張して、ロールズを修正しようとするのではなく、そうした差異がシュミットの言う、実存的な意味での「敵対性」に発展する可能性があることを示唆して、穏健な妥協を拒否する。

一般的に、ロールズの理論は、万人が共有している（と思われる）、フェアであろうとする正義感覚と自己の最低限の利益を確保し、リスクをできるだけ回避しようとする経済的な自己中心性との間でバランスを取るところに魅力があるとされているが、ムフは自由主義的思考の脱政治化・軍事化傾向を批判する、『政治的なものの概念』の以下の一節を参照する。

この際、つねに注意しなければならないのは自由主義的諸概念が、典型的な仕方で倫理（精神性（Geistigkeit））と経済（商売（Geschäft））の間で揺れ動き、これら両極の面から、政治的なものを「征服する暴力 erobernde Gewalt」の領域として絶滅しようとする点である。[67]

ロールズの『正義論』は、エゴイストの利害計算（経済）を正義感覚（倫理）によって制約しながら、一定の結論に至るよう導くものであり、その意味で、経済的論理と倫理的論理の両極の間で揺れ動いているように見えるのは確かだが、シュミット＝ムフの視点から見て、そういう中途半端さによって何が覆い隠されるのだろうか。この箇所の少し先でシュミットは、以下のように述べている。

そこで、闘争という政治的概念は、自由主義的思考では、経済的な面では競争に、他の「精神的」面では討論に変化する。「戦争」と「平和」という異なる二つの状態の明確な区別に代わり、永遠の競争と永遠の討論という力学が現れる。▼68

自由主義系の経済学・経済思想では、人々は「市場」を舞台に（暴力的に闘争するのではなく、国家の枠にも縛られることなく）競争し続けるかのように言われるが、競争が国家権力を巻き込んで、帝国主義戦争に至ることもある。現にそれが第一次世界大戦を引き起こした。国際連盟やヴェルサイユ体制は、経済と帝国主義的暴力の結び付きを隠蔽するために動員されたイデオロギー装置だ。▼69

「討論 Diskussion」については『政治的なものの概念』ではあまり突っ込んで論じていないが、『政治神学』や『現代議会主義の精神史的地位』ではかなり辛辣な論評を加えている。『政治神学』では、「言論と出版の自由」は「ブルジョワジーの宗教」であり、その教義では、あたかも人間社会全体が一つの討論のためのクラブであり、「真理」がそこでの票決で出てくることになっている、と皮肉る。ドノソ・コルテスの議会主義批判に共感するシュミットに言わせれば、それは「決断」に伴う責任の回避にすぎない。

自由主義なるものは、政治的問題の一つ一つをすべて討論し、交渉材料にすると同様に、形而上学的真理をも討論に解消してしまおうとする。その本質は交渉であり、決定的対決を、血の流れる決戦を、なんとか議会の討論へと変容させ、永遠の討論によって永遠に停滞させうるではないか、という期待を抱いて待ちにまつ、不徹底性なのである。▼70

「討論」は、「決定的対決 die definitive Auseinandersetzung」「血の流れる決戦 die blutige Entscheidungsschlacht」をカモフラージュするレトリックにすぎないと見ているわけだが、最後はどのように〝決定〟されるのだろうか。『現代議会主義の精神史的地位』では、政治及び経済の重大な諸決定は、議会での公開の討論ではなく、政党や大資本のコンツェルンの少人数の委員会の非公式な場での会合によって成されており、そうした実態は既に一般的に知られている、と主張する。「議会の活動の事実上の実態において公開性と討論が空虚で実質のない形式」に堕しているという。[71]

こうした「討論」に対するシュミットの不信は、利益による多数派形成ではなく、理由に基づく合意形成として民主主義を捉え直そうとする、ロールズやハーバマスの「討議的（熟議）民主主義 deliberative democracy」[72]への批判にも繋がる。『民主主義の逆説』（二〇〇〇）でムフは、「理想的対話」状況を想定することで討論による合意の可能性を強調するハーバマスの討議的民主主義論を批判するために、本章でここまで見てきたような、政治のアリーナを設定する際に不可避的に生じる「友／敵」の線引きをめぐるシュミットの議論を──シュミットの見方の一面性に適宜批判を加えながら──参照する。[73]「民主主義」を機能させるには「我々＝人民 we」の「同一性」が設定されねばならず、それに伴って何らかの形で「彼ら they」の排除が行われる、という事態を無視して、全ての人に開かれた対話の理想を掲げるのは欺瞞だ。

ムフは、議会制民主主義を放棄するよう示唆するシュミットの帰結は受け入れがたいとしながらも、[74]シュミットの問題提起によって、民主主義が機能する必要条件である見かけ上の「同質性」を創出すべく、「宗教、道徳、経済といった不和を生じさせるような一連の重要な論点を、私的領域に閉じ込め」たこと、それが「自由主義的な議会制秩序の基盤」になっていることが明らかになったとしている。[75]

六　闘技とヘゲモニー

シュミット自身の「政治的なもの」をめぐる議論では、「友／敵」の境界線を定める主権的な決断に焦点が当てられるが、ムフはそうした決断主義的な面にはあまり触れず、むしろ、シュミットが民主主義の基礎になっているとする、「同一性」あるいは「同質性」の問題に焦点を当てて、自らの政治理論を展開する。シュミットは、どのようにして「同質性」が獲得されるのかという歴史学あるいは社会学的な問題にはさほど関心を示していないように見えるが、ムフはそれを「ヘゲモニー」という観点から説明する。

グラムシは、西欧諸国でロシアのような社会主義革命が起こらないのは、狭義の資本家階級が知識人、官僚、農民、一部の労働者など、他の階級に長期的な影響を与えて、共通の利害を守るためのブロックに参加するよう誘導しているからだと考えた。他の階級の政治的思考を誘導する主導権が「ヘゲモニー」だ。アメリカの共和党や日本の自民党が、互いの利害が必ずしも一致しないように見える保守系の諸勢力の連合体としてまとまっているのは、何らかのヘゲモニーが働いていて、それらの勢力が政治的にまとまった行動を取ろうとするからだと言えよう。

ムフとラクラウ（一九三五―二〇一四）は、グラムシの理論を再考したうえで[76]、「ヘゲモニー」を、単に複数の階級的利害を調整して、一つの方向へ政治的に誘導するだけでなく、人々の「アイデンティティ」を規定・変容させるものとして捉えている。例えば、民族的アイデンティティやジェンダー・アイデンティティは、各人が生まれた時から固定されているように思われがちだが、様々な社会的言説や集団的振る舞いの絡まり合いの中で絶えず再構成される。アイデンティティをめぐる自他の認識や態度は、その都度の社会における権力の配置によって、どのようなヘゲモニーが形成され、支配的になっているかによって変化する余地がある。

こうしたヘゲモニーとアイデンティティをめぐる複雑な問題を、ロールズ等の自由主義は把握できない。後期のロールズは、アメリカの歴史をモデルにして、異なった相互に対立する「包括的教説

comprehensive doctrine」を信奉する諸集団が、様々な交渉を経て、必要な政治的決定を行うための民主的手続きの基礎となる「重なり合う合意」を形成し、それを国家体制に組み込むに至る過程を描き出している。[77] しかしムフから見れば、それらの集団や包括的教説は固定化され、それぞれの領分を守りながら平和裏に交渉しているかのように描かれており、各集団の存続を賭けた、ヘゲモニー闘争を通しての「アイデンティティ」の変容は見えてこない。

自由主義的な個人主義は、集合的アイデンティティの形成を理解することが出来ず、構成的な社会生活の集合的側面を把握できない。それゆえにシュミットによれば、自由主義的な概念は倫理と経済——それらは両者とも個人主義的な用語で理解される——のあいだを揺れ動くのである。[78]

ムフは、シュミットの言う「友＝我々／敵＝彼ら」の政治的な区別は集合的アイデンティティ形成の問題を含意していると見ているようである。

自由民主主義における政治は「我々」の創出を、すなわち政治共同体の構築を目指すが、完全に包括的な共同体は決して実現できない。なぜなら、シュミットの言うように、「我々」を構築するためには「彼ら」と区別されなければならず、そのことは境界線を引くこと、すなわち「敵」を定義することを意味するからである。したがって、恒常的な「構成的外部」、つまりデリダが示すような、共同体の存在を可能にするような外在者が存在するであろう。[79]

「構成的外部 constitutive outside」とは、具体的には、ある人物あるいは集団が、自らを表象し、自己のアイデンティティを確定する際に、何らかの形で「自己」との対比で持ち出される〝自己ならざるもの〟のことである。「人間」を具体的にイメージするために、人間ならざる他の動物とかＡＩなどが思い浮かべられ、「科学的である」ことを自認する集団が、「科学的である」とはどういうことかを明らかにするために、〝非科学的である〟ものを持ち出さねばならない、というように。無論、「科学的／非科学的」のような境界線引きには常に恣意的なところがあり、いったん境界線を確定したつもりでも、説明できない不都合なケースが生じ、「自己ならざるもの」を再度別の形でイメージすることで線引きをやり直さないといけなくなる。

文脈によっては、そうした「自／他」の区別をし、線を引くよう〝自己〟を仕向ける〝外部〟から働きかけた（大文字の）「他者」、言い換えれば、自／他、内／外の境界線の区別が生じる〝以前〟に、〝自己〟が生じるきっかけを与えたという意味で、自／他、内／外の境界線を越えた存在としての「他者」が、「構成的外部」と呼ばれることもある。例えば、自然の猛威、あるいは、自分（たち）を襲撃するはっきり正体が分からない生き物によって、存在の脅威に晒されたと感じた者（たち）が、生存の危機に瀕した集団としての「自己」を意識するようになった場合、その原因となった〝他者〟は、その後も、自らの起源を〝想起〟させる「自己」にとって特別な存在、神話とか、心理的トラウマとしてその痕跡をとどめ続けることになる。実際に、そうした出来事があったかどうかは問題ではない。そういう神話的、精神分析的な次元での「起源」としてイメージされる〝他者〟が、「構成的外部」なのである。

「自己」意識が確立し、集団の防衛体制が構築された後は、「起源」としての「他者」のイメージが、〝自己ならざるもの〟であるがゆえに、「内部」から排除されるべき、小文字の〝他者〟に投影されることがある。文明社会を脅かす理解不可能な野蛮人、キリスト教にとってのユダヤ教、イスラム教等がそれに当たるだろう。大文字の他者と深層において結び付いた、両義的な存在としての具体的他者が、「構成的外部」と呼ばれることもある。

いずれの意味で解しても、「構成的外部」は、常に「自己」に亡霊のように憑きまとい、完全に排除することはできない。現実の社会に長期にわたって存在する社会集団、特に国民国家の基礎になる「国民 Nation」や「民族 Volk」を定義する際には、「構成的外部」との関係は、時として、大きな政治的緊張を孕んだものになる。

例えば、シュミットの生きた時代のドイツ語圏で、「ドイツ人 Deutsche」を定義しようとすれば、そもそも「ドイツ語圏」の境界線をどのように引くか、その境界線内のユダヤ系の人、スラブ系の人、フランス人やオランダ人を祖先とする人、ドイツ語を日常的に話してない人をどうするか、領域外のドイツ語を話す人はドイツ人と見なすか、といった問題が生じる。そうした様々な曖昧さにもかかわらず、何らかの「決断」によって「ドイツ人」を一義的に定義すると、そこから排除される者や、逆に本人の自覚に反して〝ドイツ人〟にされる者、自分の土地だと思っていた所が〝ドイツ人〟の土地になり、敵愾心を抱く者など出てくるだろう。至る所に「構成的外部」が「現前」してくるわけである。こうした問題は、程度の差こそあれ、あらゆる社会的アイデンティティに内在する。[80]

シュミットは、「友／敵」分割を、「友」の結束を固めようとする多数派の視点から語ったわけであるが、ムフはそれによって「敵」へと追いやられる少数派の視点からそこに働く［ヘゲモニー──アイデンティティ再編］のメカニズムを解明し、それを逆手に取る戦略、政治的アリーナから追い出された、追い出されかけている少数派が、自他の関係を変化させながら、ヘゲモニーを奪っていく戦略を展開すべきだと示唆する。自らがメインストリームを脅かす「構成的外部」であることを自覚する戦略だと言うことができる。

ムフは、シュミットのように「同質性」を、ヘゲモニー戦略を共有する「友」の基盤にすると、「友／敵」の関係が膠着化し、現実的な対応ができなくなるので、「民衆」をヘゲモニー闘争へと動員する基礎となる「共通性 commonality」に置き換えて考えるべきだと主張する。また、相手を不倶戴天の恒常的な「敵」ではなく、ヘゲモニー闘争の進展によって「我々／彼ら」の境界線が変われば、「我々」の一部になるかもしれない「対抗者 adversary」として捉え直そうとする。[81]

無論、ヘゲモニー戦略によって「友／敵」の境界線を絶えず攪乱し続けるという戦略も、そうした攪乱にもかかわらず、政治的アリーナを維持できるという基本認識も、シュミット自身にとって受け入れがたいものだろう。可能な限りシンプルな「友／敵」の境界線を引くことで、主権的な力を高め、国家的秩序を維持することこそがシュミットの目指すところだったろう。ムフもそれを承知で、他者排除を含意するシュミットの極論を批判的に読むことで、シュミットを脅かす「構成的外部」の脅威を見出したのだろう。ドイツにとっての「政治的なもの」の力を高めるため、「構成的外部」の侵入を排除することが、シュミットの思想的課題だったとすれば、その発想を逆転して、「構成的外部」を含んだ、流動的な「政治的なもの」のイメージを呈示しようとしたのがムフである。

七　危険探知機としてのシュミット

デリダとムフのように、「主体の自由」や「合理性」といった近代思想の前提を根底から疑う、ポストモダン系の哲学者・政治理論家たちは、シュミットの「友／敵」論が、闘争・戦争の不可避性を示唆するという意味で危険であるものの、その〝危うさ〟が、あらゆる西欧的な政治・哲学の根底にあり、政治が行われる限り、人が仲間（同胞）意識を持とうとする限り回避し得ない暴力性（をめぐるシュミットの洞察）に起因することを認識している。

私たちが、どういう人となら同じ目標・理想を共有できるか、話し合いで問題解決することが可能かを考える時、つまり合理的に思考し分別のある「友」を想定する時、その裏面として、そうでない者＝「敵」を暗に想定している。コミュニタリアンも含めた広義の自由主義者たちが、表である「友」の方だけ見て、「友」との関係をどのように充実させるか、拡充しようかという話をしているのに対し、シュミットは「裏」に注目し、「敵」ができる以上、それと戦わざるを得ないではないか、と開き直っているわけである。

ロールズは『万民の法』（一九九九）で、国際的な正義の枠組みとしての「万民の法 the law of peoples」にどのような国家なら迎え入れられるか検討したうえで、仲間として迎え入れることが当面不可能な三つの種類の国家を分類し、[82]特に「無法国家 outlaw state」に対する「正戦」の可能性と条件を検討している。[83]シュミットはどういう視点から「友」を定義するにせよ、そうした線引きと、「敵」に対する備えはせざるを得ない、と身も蓋もない現実について語っており、その率直さにリベラルの欺瞞を感じるラディカルな左派が引き付けられるのだろう。

政治学者ヤン＝ヴェルナー・ミュラーは、従来の自由主義に反発するポストモダニストたちが、シュミットに傾倒しすぎていることに懸念を示すと共に、彼らは自由主義の政治理論に、不可避的な「不一致」という諸要素を導入しようとしたものの、その「不一致」をどうするのか具体的な代案を示していない、というありがちの批判をしている。[84]しかし、デリダやムフは、そもそも具体的な代案、あるべき民主主義の、モデルのようなものを示すつもりはないだろうし、ミュラー自身も、敵対性を含んだ「差異」が存在するという事態を、自由主義がどのように受けとめるべきか明確な答えを出していない。[85]

戦争のリアルな可能性を視野に入れて、「友／敵」の境界線を主権者の名において引かねばならないと示唆するシュミットの議論は確かに危険だが、「同一性」が「敵対性」を生み出すというシュミットの問題提起を無視してしまうのも危険である。どれだけ合理的で分別のある討論だとしても、政治とは何かを決め実行するものだとすれば、どこかで討論を打ち切り、何かを基準に答えを出す「決断」が必要になる。その討論を始めるに当たって、誰が理性的に語り合える「友」であるか、そうでない人たちとの境界線をどこに引くか、誰かが「決断」しなければならない。どういう「決断」であれば、暴力を生み出さないか予見することは可能なのか。リベラルは、トランプ的な「友／敵」言説の罠に陥ることはないのだろうか。

第4章　補論　ランシエールはシュミット的か？

一 「敵対性」と「不和」

フランスのポストモダン系の政治哲学にある程度通じている人であれば、「友／敵」の「敵対性」あるいは「闘争」を軸に政治を把握し、「民主主義」の本質はこの意味での「友」の結束にあるとするシュミットの議論と、「合意＝了解 entente」ではなく「不和 mésentente」を生み出すことを「民主主義」的な政治共同体の本質的な特徴とするジャック・ランシエール（一九四〇－　）の議論はどこかで深く関係しているのではないかと考えるだろう。▼1

ランシエールは、アルチュセール（一九一八－九〇）編の『資本論を読む』（一九六五）の執筆者の一人であることからアルチュセール派のマルクス主義者（構造主義的マルクス主義者）と思われがちだが、本人はむしろアルチュセールとはっきり一線を画し、上部構造／下部構造関係ではなく、美的＝感性的なものを介しての人々の結合と分離を重視する独自の理論を展開している。▼2

シュミット理論に独自の解釈を加え、自らの体系に取り込んでいるデリダやムフと比べて、「友／敵」の単純な対立関係に政治的なものを還元するシュミットの立場と自分のそれとはかなり隔たっていると▼3

いうごく簡単なコメントで片付け、シュミットについて論じようとしないランシエールは、シュミットとの関係ではあまり注目されてこなかった。しかし、シュミットとランシエールの関係について掘り下げて議論している論者がいないわけではない。以下では、「不和」と「民主主義」の関係をめぐるランシエールの議論をごく簡単に概観したうえで、それがシュミットの「友／敵」論やムフのヘゲモニー論とどのような関係にあるか、私の見方を述べておきたい。

二　「民主主義」の根源としての「不和」

『不和あるいは了解なき了解』（一九九五）でランシエールは、「政治」を「共同体 communauté」における「共有のもの le commun」の分け前を「再配分 répartir」する営みとして捉えている。[4]ランシエールは「共有のもの」あるいは「共有財 le bien commun」とは何か定義していないが、文脈から、物質的な財だけではなく、政治的・法的権利や、集会や儀礼的なものに参加する資格のようなものも含まれると考えられる。彼は、古代の都市国家の貴族制や寡頭制の下で、「共有のもの」から排除されていた「民衆」が再配分を要求し、実現した過程に関心を向け、そこに「民主主義」の本質を見ているようである。

無論、寡頭制の支配者と「共有のもの」への分け前を要求する民衆が歴史上のある時期に闘争し、後者が完全勝利したということであれば、ことさら「不和」を強調する必要はない。長引くとしても、最終的に「民主主義」が勝利を収めた、あるいは収めつつあるのであれば、「不和」を強調する必要はなかろう。表面的に寡頭制から民主制に移行したかどうかではなく、もっと深い社会存在論的あるいは象徴的な意味での再配分を問題にしているのだろう。

富める者と貧しい者の闘争は、政治が計算に入れねばならない社会的現実ではない。政治は、この闘争の創設と一体となっている。分け前なき者たちの分け前、つまり貧しい者という当事者（partie）ないしは集団（parti）が存在するときに、政治が存在するのである。貧しい者が富める者と対立しているというだけでは、政治は存在しない。というよりはむしろ、貧しい者を実体として存在させるのが、政治――つまり富める者の支配の単純な諸結果の中断――だと言わなければならない。共同体の全体たらんとする民衆《デモス》の途方もない権利要求は、民衆なりの仕方で――集団という仕方で――政治の成立条件を実現することに他ならない。政治が存在するのは、分け前なき者の分け前が制度化されることによって支配の自然的秩序が中断されるときである。▼5

ここでランシエールが「富める者 les riches／貧しい者 les pauvres」と呼んでいるのは、具体的な経済格差とか、法的な地位の違いを指しているわけではなく、何らかの意味で「共同体」を実質的に管理運営している特権的な地位にいる者たちと、それから廃除されている者たちのことである。後者が、自分たちこそ共同体を構成する「民衆」だという自覚を持ち、「共有のもの」への分け前を要求して、前者に闘いを挑むことが「政治」であり、後者が勝利して、共同体が再編されることが「民主主義」ということになりそうだ。

両者の争いが、物質的富とか市民としての地位のように具体的な事物であれば、歴史の発展に伴って、「民主主義」の勝利が次第に確実になっていくように思えるが、何をめぐって「不和」が起こるのかは一義的に決まっているわけではなさそうだ。ランシエールはむしろ、「共同体」のメンバーとされているものとそうでないものを隔てているもの、共同体のアイデンティティをめぐって「不和」が生じる、と考えているようだ。

ランシエールは人間を「ロゴス的動物 l'animal logique」と見なしたプラトンやアリストテレスの見解を引き合いに出しながら、古代の都市国家において、「民衆」の言葉は動物が発する鳴き声と同種のものと見なされ、彼らの分節化されていない「声 voix」を政治に反映させることは「共同体」に「歪み tort」

をもたらすものであり、その意味で「間違い tort」だったことを指摘する。「民衆」を沈黙の闇に追いやることで、社会秩序が成り立っていたわけである。

前四九四年、共和制時代のローマで、不平等や貧困に不満を覚えた平民たちがアヴェンティヌスの丘に立てこもり、貴族たちによって構成される共和政体の命令に一切従わず、平民だけで新しい国を作ると宣言した。交渉に当たった執政官であったメネニウス・アグリッパ（？－前四九三）が、国家を人体に譬える有名な演説を行って和解を呼び掛け、平民会とその議長としての護民官を設置するということで妥結した。この出来事は「聖山事件」と呼ばれており、ラフォンテーヌ（一六二一－九五）の寓話でも取り上げられている。ランシエールは、この出来事の意義について論評する一九世紀の王党派の政治思想家ピエール＝シモン・バランシュ（一七七六－一八四七）の論考に注目する。バランシュが再現するメネニウス・アグリッパと、平民たちとの対決では、それまで平民は「ロゴス的動物」と見なされておらず、平民の言葉を聞いてしまったことは、彼の英断であったが、（当時の貴族制の政体の常識からすれば）「間違い」だった。

非妥協的な貴族たちの立場は単純である。すなわち、平民は話さないという単純な理由から、平民と討議する場はないというのである。平民は名のない存在であり、ロゴスを欠いた、つまり都市国家への象徴的登録を欠いた存在であるがゆえに、話さないのである。平民たちは純粋に個人的な生を生きているのであり、個人的な生は、生命そのものを除いては何ひとつ伝えず、再生産機能に限定されている。名のない者は話す可能性がないのである。議員メネニウスが、本来なら平民の口から音しか出るはずがないのに、言葉が発せられると思い込んだのは、致命的な誤りによる。▼6

貴族たちが「平民は話さない」と思っていたというのは、当然、彼らが動物と同じように鳴き声しか発しないと信じていたということではなく、言語を使って理性的に思考する彼らの能力は自分たちより遥かに劣っているので、彼らと対話を試みるのは時間の無駄であり、下手をすれば、自分たちも彼らと同じレベルにまで落ちてしまうので、まともに相手にしてはならないと見ていた、ということだろう。こうした誇張した意味で、ある人々をロゴスを欠くゆえに、「共有のもの」に参加資格がない存在、動物のような鳴き声しか発しない存在と見なすのは、現代でも十分あり得る事態であろう。こうした意味での「不和」は文明がどれだけ進歩しても、いや文明が進歩するほど、解消しにくくなる。

ランシエールはこうした共通言語の不在を、単なる社会的な慣習や偏見の問題ではなく、身体化した生活感覚に根ざした問題と見ている。平民の発する音声は、貴族たちに悪意がなくても、彼らの耳を素通りしてしまうのである。

名前のある人々の言語と名前のない存在の鳴き声のあいだには、言語をやり取りする状況が形成される可能性はなく、討論のための規則とコードもない。この意見は、支配者の頑固さや、そのイデオロギー上の盲目を反映しているだけではない。それは厳密に言って、貴族の支配を形づくっている感性的なもの（le sensible）の秩序、つまり支配そのものを表している。平民たちが語るのを聞いたと確信した議員メネニウスは、自らの階級への裏切り者である以前に、感覚の錯覚による犠牲者である。▼7

「感性的なもの」を共有すること、アリストテレス＝カントの用語で言えば、共同体感覚としての「共通感覚 sensus communis」▼8を共有することで、人は自分が直接知覚するものを、同じ共同体に属する他者のそれと調整し、正常＝標準的（normal）な見方をすることができるようになる。しかし、それは、「感性的なもの」として知覚できる範囲を限定し、同じ感覚を持たない（ように見える）者を、共同体から廃除することを含意しているかもしれない。

ランシエールは、「感性的なもの」が共有されてこそ、「コミュニケーション」が可能になることを示唆する。ハーバマスが言うように、「コミュニケーション」を通しての「合意」を目指すことは、「感性的なもの」を共有する〝友〟のアイデンティティを再確認することである。しかしそれに伴って、それを（少なくとも現時点で）共有していないものたち、異なる動物の排除を確実にすることかもしれない。

コンセンサスは、戦争より平和を選好することである以前に、ある種の感性的なものの体制である。コンセンサスは、当事者同士がすでに所与のものとして前提され、彼らの共同体が形づくられたものとして前提され、彼らの言葉の計算が言語遂行に等しいものとして前提されるような体制である。したがって、コンセンサスが前提にしているのは、係争の当事者と社会の当事者のあいだのずれそのものの消滅である。（…）それは、要するに、政治の消滅である。（…）いわゆるコンセンサスのシステムとは、ある特定の意見の体制とある特定の法の体制——両者とも、共同体の完全な自己同一性の体制として提示される——の結合である。[9]

このように既存の「感性的なもの＝共有のもの」に根ざした「コンセンサス」の排他性を強く意識するランシエールにとって、「政治」とはとりあえず「不和」をもたらすしかない。では、どのように「不和」をもたらすのか。

ランシエールの言う「政治」が「感性的なもの」の再分配を求める行為であるとすれば、既存の統治体制を維持しようとしている人々の感性を変化させ、「民衆」の言葉が聞こえるようになる変化を促す芸術的実践が伴っていると考えられる。『感性的なもののパルタージュ』（二〇〇〇）では、プラトンの議論に即して、古代のポリスの——市民たちによって営まれる通常の意味での——「政治」が、（文学的）エクリチュール、演劇、舞踏と深く結び付いており、市民の身体感覚に強く働きかける可能性があったことを指摘している。[10]

こうした芸術的営みと古代の政治が深い関係にあったことは、ランシエールの指摘を待つまでなく、よく知られていることである。特に演劇については、アテネの民会がディオニュソス劇場で開催されていたことや、ラテン語の〈actio〉が公的行為や法令と共に、演技やプロットを意味する演劇用語としても使われることに象徴されるように、古代都市国家の法や民主制の在り方と不可分の関係にあったとされている。[11]

近代においては、政治と芸術の直接的な繋がりはかなり縮小しているのではないかと思えるが、ランシエールは、既存の芸術ジャンルのヒエラルキーを再生産する「表象＝再現的」様式と、異質な力に取り憑かれたように、「新しい感性的なもの」を創出する「美的＝感性的」な様式との違いを強調し、後者の政治的前衛性を示唆している。[12]

三　ランシエール—ムフ—シュミットの関係

それまで秩序を支えていた「共有のもの＝感性的なもの」の中に「不和」をもたらし、新しい声が響くものにすることを、本来の意味での「政治」と見るランシエールの議論は、「友／敵」の分割の根拠になる「同一性」あるいは「同質性」を固定的なものであるかのように実体視するシュミットの議論とは根本的なところで対立しているように思える。シュミットにとっての「敵対性」は、基本的に、共同体の「外部」との関係で生じるものであり、〝内部〟において〝敵対性〟が生じるとすれば、それは、その共同体が解体して、新しい主権者の下で新たな共同体が誕生する移行期ということになるだろう。

何らかの意味での同一性に根ざした「友」の共同体が強固なものであり、同一性から排除された他者の声が通常は聞き取られないことはランシエールも前提にしているが、彼は、それでも「不和」を持ち込み、「共同体」の枠組みを再構成することが可能であると考える。共同体を流動化する「不和」は、シュミットの言う「友／敵」とは別の次元、よりミクロな次元で作用するもののように思える。
このように既成の「共同体」の構成を変える可能性を秘めた「不和」に注目するランシエールの見方は、むしろ、支配的な階級による「ヘゲモニー」と、それに対抗するマイノリティの連合体の「ヘゲモニー」のせめぎ合いと、その闘争の過程でのアイデンティティの変容を描き出すムフのそれに近いだろう。既成の階級的利害関係を固定化する「表象＝代表 representation」に抵抗し、解体・再編することを「（ラディカル）民主主義」の存在意義と見ている点も共通しているように思える。[13]
ただ、ランシエールの言う「共有のもの」に預かっていない人々は、そもそも同じ「人間」として認められておらず、ヒトとしてのいかなるアイデンティティも認められない存在として描かれている。ムフのヘゲモニー論は、従属・周辺化されている集団が、既に一定の（不利な）アイデンティティを付与されていることを前提に、彼らがそれを逆に利用して、対抗するヘゲモニーを形成する可能性があることを論証しようとするものである。既存の秩序を攪乱すべく立ち上がる者たちが、集団的アイデンティティを共有している集団なのか否かに両者の叙述上の違いがある。
無論、ランシエールが描くのは、最初に「不和」が際立ってくる原初的な場面であるのに対し、ムフが描くのは「敵対」が顕在化し、現にヘゲモニー闘争、どちらがより多くの集団を味方にできるかの闘争が進行している状況であるので、両者は異なった次元、あるいは段階にあるので、論理的に対立関係になく、むしろ相互補完的な関係にあると見ることもできる。[14]
ランシエールは、「政治」に対する自らの哲学的スタンスを、共同体の原理の完全な実現を目指す「アルシ・ポリティーク archi-politique」でも、共同体を構成する二つの対立する原理を和解させる「パラ・ポリティーク para-politique」でもなく、それまで隠されてきた「政治の誤謬」を探知し、「政治の真理」として露わにする「メタ・ポリティーク méta-politique」だとしている。[15] そのうえで、既存のポリス的秩序の中で自らに割り当てられた地位や立場という意味での「階級」の枠に収まらない振る舞いによって、

「政治的虚偽の真実 le vrai du mensonge politique」を露わにする「プロレタリアート」を「メタ・ポリティーク」の中心的な形象だとしている。ランシエールにとって、「プロレタリアート」は、経済的・社会的地位という意味での「階級」の枠をはみ出し、攪乱させる「政治的階級」である。[16] この場合の「政治的」というのは無論、「メタ・ポリティーク」的な流動性を帯びていて、「不和」をもたらすという意味での「政治的」である。

「不和」を引き起こす、「民衆」あるいは「プロレタリアート」の性質が一つに収斂しないことを強調するランシエールの「メタ・ポリティーク」からすると、ムフのように、たとえ暫定的・戦略的にでも従属・周辺化された集団のアイデンティティを特定するのは避けるべきということになるだろう。それだと「メタ・ポリティーク」ではなく、「アルシ・ポリティーク」か「パラ・ポリティーク」になってしまうだろう。現に進行中の闘争で従属・周辺化された集団がヘゲモニーを取りやすいよう、諸集団の間の関係を明示しようとするムフとは、その点で立場が異なっている。

ムフのテクストで描かれるヘゲモニー闘争では、「構成的外部」は、民族、人種、宗教、ジェンダー、セクシュアリティ、(経済的)階級など、様々な側面において従属化された集団として、分散して現れてくる。揺さぶられるべき境界線は多数あり、それを事後的に「構成的外部」として再構成するのが、反体制派によるヘゲモニー戦略ということになるだろう。ランシエールの場合、「構成的外部」が現れるとすれば、「民衆」や「プロレタリアート」の出現によって、「政治的虚偽の真実」が露呈され、「不和」が生じる瞬間、ということになるだろう。

ランシエールの「不和」が、「構成的外部」(=大文字の「他者」)によって、共同体を現に構成している者たちにとって、予期できない形でもたらされるのだとすれば、シュミットの言う「敵対性」の形を「決める」のは、「内部」を代表する「主権者」である。制御不可能な「外部」の侵入、予期できない浸透作用によって、「友」の繋がりが乱されないよう、「主権者」が予め「友／敵」の線を引き、「不和」が起こらないようにしている、のかもしれない。共同体秩序を根底から揺さぶり、崩壊させかねない「構成的外部」あるいは「不和」の現前を阻止するために、カトリックの「位階秩序」や神のごとき「主権者」の決断が必要なのだとすれば、シュミットの政治神学は、(政治の神学的本質を見抜いていた)プルードンやソレルの継承者と言うべきランシエールやムフのようなポストモダン左派的な革命論と裏表の関係にあると言えそうだ。

第5章

法の「形式」をめぐって――シュミットから見たゾームとシュタムラー

一　「法」と「生」の「形式」

カール・シュミットは初期の著作『政治神学』や『合法性と正統性』（一九三二）で、主としてドイツ語圏を念頭に、既存の法学、特に法実証主義が「形式主義 Formalismus」に陥っていることを批判している。[▼1]この場合の「形式主義」とは、数学、論理学、物理学の法則のように、それが適用される対象がどのように変化しても、また、どのような想定外の事態が生じても、普遍的に妥当するよう、経験的・具体的要素を捨象され、抽象的に定式化されているということだ。数学や物理学の方程式に変数を入力すれば、一定の操作手順を経て、客観的・自動的に答えが導き出せるのと同じように、裁判官などの主観に左右されることなく、客観的・自動的に正解を導き出せる「手続き」へと還元されることが、「法」の理想とされた。そうした「形式的手続き formales Verfahren」に徹することで、特殊な利害関係に寄与したり、党派性に陥ったりすることなく、中立性を維持し、理性的かつ公正に紛争を解決し、正義を実現できる、というのが形式主義的な〝法〟理解の前提だ。

シュミットは、そうした常識化しつつあった、形式主義的な〝法〟理解は、「法」の本質を捉え損なっているということを主張する。『政治神学』では、裁判の瞬間に見られるような、規範に関する「決断」を行い、それを現実化することこそが「法」の本質だとしたうえで、そうした決断主義的な「法」理解に即して、通常とは異なる意味での「形式＝形態 Form」概念を示している。

法の形式を支配するものは、法理念であり、また、法思想を具体的事例に適用する必然性、すなわち最広義における法の実現である。法理念そのものは、みずから実現しえないものであるから、現実性へ転化するにはすべて、特殊な形態化および形式化を必要とする。このことは、実定的な法律の形での一般的な法思想の形式化のばあいにも、また司法ないし行政という形での実定的な一般的法規範の適用のばあいにも当てはまる。法の形式の特性を論じるには、この点から出発すべきものである。[2]

ここでシュミットが問題にしている〈Form〉は、芸術作品の「フォルム」に近いもの、日本語としては、「形式」というより、「形」とか「形態」と訳した方がいいものだと思われる――シュミット自身は、「法的形式 rechtliche Form」の特殊性を強調するため、「技術的形式」や「美的形式」との違いに言及しているが、ここでは説明の都合上、ひとまず、芸術の「フォルム」に即して考えることにする。絵画や彫刻の「フォルム」は、具体的には、石膏やブロンズ、布、絵具といった素材に刻印される「型」であるが、単なる「型」ではなく、創作者あるいは鑑賞者がその作品に関して抱いている理想の美のイメージ（理念）に何らかの形で対応するものと見なされる。創作者と多くの鑑賞者が共有できる美的イメージを喚起できる「型」であることが、美的な「フォルム」の条件だ。プロの芸術家としての創作者は、そうしたイメージを喚起できる「型」を作り出すこと（＝「形態化 Gestaltung」）ができる人である。イメージが人々の間で漠然と共有されているだけで、優れた形態化の技を持った創作者がいなければ、芸術作品は存在しない。

法的形式の場合、美的イメージに当たるのが、予め与えられている「規範 Norm」であり、創作者に当たるのが、裁判官や立法者など、決断を行う者だろう。芸術の「型」に当たるのは、物理的な意味で可視化された形ではなく、それが裁判官や議員などの特定の地位にあり、法的な権威を有する人が一定の様式に従って「決定」を下すことで、「法的効力 die rechtliche Kraft」を有するようになること、それに伴って、人々の「法生活 Rechtsleben」に何らかの変化をもたらすこと（＝形態化）である。

芸術において、創作者による造形行為がなければ、どういう美的理念が人々に受けいれられ、社会的に通用するかはっきりしないのと同様に、法においては、権威を持った決定者がいなければ、どういう事例に、どの規範が適用されるのか未確定のままである。

規範的にみて、決定は無から生じているのである。決定の法的効力は、論証の結果とは別のものである。規範の採用がみこまれるのではなく、逆に、帰属点からして、なにが規範であり、なにが規範的正当性であるかが定まるのである。規範から帰属点がみちびきだされるのではなく、たんに内容の性質が導きだされるにすぎない。▼3

数学では、公理や定理を論理的に正しい手順で操作すると、正しい答えが導き出される。数学者は、その正しい手順を正確に理解していさえすればよく、どのような立場の人がいつどこで、その操作を行うかは関係ない。数学を応用した自然科学や一部の社会科学も、それを暗黙の前提にしている、あるいは、そういう建前を取っている。いわゆる「形式主義」的な法理論では、それと同様に、予め与えられた法律の条文や先例の正しい論理的操作から、正しい法的決定が導き出されるので、その操作を知っていさえすれば、誰がいつその操作をするかは、大きな問題ではない（はずだ）。

シュミットにとって、法的決定を行うことは、そういう意味で純粋に〝形式〟的な行為ではない。芸術の「フォルム」に即して考えてみよう。頭の中にある抽象的な観念を形態化することは、ある意味、誰にでも可能だが、「フォルム」を対象に適用する技法を身に付けた者（芸術家）の手によらないと、芸術作品として社会的に通用するものにはならない。「法」の場合も、単に観念として存在する「法規範」の形式論理的な操作を知っているだけでなく、「フォルム」を扱う技法を身に付けた（と社会的に認められている）者が、法規範を形態（フォルム）化しなければ、それが実定法として機能することはない。

決定に伴う具体的な「形態化」作用の重要性を指摘するシュミットの議論は、通常の意味での「形式主義」の盲点を突く議論としてもっともである。いくつかの形式化された法規範＝法命題（Rechtssatz）を論理的に操作することによって正しい帰結に至ることが必然的である、あるいは、その蓋然性が高いということと、「規範」に具体的な「形」が与えられ、実際に人々を拘束する状態になっているということは、別次元の話である。前者が自動的に後者に繋がるわけではない。「フォルム」の扱いに習熟している者が、この二つのレベルの間を媒介する、「決定」を下すことで、何が現実に法規範として妥当するかが決まってくる。

では、そうした「形態化」はどのようになされるのか。個別ケースごとに全くバラバラなのか、それとも、何らかの――論理学的法則や数学的アルゴリズムのようなものとは異なる性質の――法則とか傾向性に従っているのか。また、「形」を与えられた「規範」は、個別の問題に決着を付けるだけでなく、人々の（法）生活に影響を与えるのか、だとすれば、どのようにしてなのか。

『政治神学』でシュミットは、「例外状態」における［主権者の決定→新たな法秩序（憲法）の生成→法規範の形態化］という特殊かつ極限的なケースについては、メインテーマとして論じている。危機に直面した国家で、主権者の決定によって、新たな政治体制＝憲法（Verfassung）が制定されれば、新たな立憲体制の下で、「規範＝正常性 Normalität」が、具体的に知覚し得る形で「形態化」される。

例外事例が、その絶対的な姿で出現するのは、法規が有効となりうる状況が作りだされたうえでのことである。いかなる一般的規範（generelle Norm）も、生活関係の正常な形成（eine normale Gestaltung der Lebensverhältnisse）を要求するのであって、一般的規範は、事実それに適用されるべきであり、かつそれを規範的規制に従わせるのである。規範は、同質的媒体（ein homogenes Medium）を必要とする。この事実上の正常性（faktische Normalität）は、たんに「外的前提」として、法律学者の無視しうるものではなく、それはむしろ、規範の内在的有効性の一部を構成するのである。[4]

主権者の決定によって、抽象的な概念として存在し、どういう風に適用されるべきか一般的な方向性を示しているにすぎない法的な「規範 Norm」が人々の生活に直接反映され、彼らにとって日常的にどう振る舞うのが「正常（普通）normal」であるか規定されるようになる。概念として「規範」と、現実における「正常性」が――単なる語源的な繋がりを超えて――繋がってくるのである。[5] シュミット自身はあまり具体的に述べていないが、「生活関係の正常な形成」は、恐らく以下のように生じてくるのだろう。災害や大規模な事故などの緊急時に医療資源がひっ迫した際、医療資源をどう配分するかについてのルールとしてAを採用するか、BやCを採用するか明確に決まっていないので、その都度混乱が生じていたとする。そこで、主権者が資源配分に関する基本原理は規範Xであると決定した。すると、Xに即してその都度どういう基準で資源配分すべきかについて、当局の担当者の間で、基本的方向性が次第に定まり、個々の医療関係者も患者もどのように振る舞うのが法的に正しいのか認識し、それを身に付けるようになろう。

「主権的決定」によってゼロから法秩序が再編される可能性のある「例外状態」で、「法」がどのように「形態化」され、それが人々の法生活にどのように反映されるかは、それなりに理解しやすい。画家や彫刻家が、自らが抱いている理想的な美のイメージに従って、素材から作品を作り出すような図柄でイメージできる。しかし、そうでない通常の国家・政治体制ではどうだろうか。主権者的な人物が自分の思い通りに「法秩序」をゼロから生み出すことは不可能で、国会であれ裁判所であれ、新しい法規範を創出するに際しては、既存の法体系や慣習との整合性を考慮して調整する必要がある通常の状況にあっては、「法」はどのように「形態化」され、どのような作用を人々に及ぼしているのか。シュミットは、それについて直接的に論じていないが、ある程度の手がかりは残している。

『ローマカトリック教会と政治形態』でシュミットは、カトリック教会における制度や規範の「形態(化)」を、世俗の法(学)のそれと対比して論じている。その文脈で、「形態化」をめぐって自らと対立する見解を取る法学者として、ルドルフ・ゾーム(一八四一―一九一七)を名指ししている。また、法の「決断」的性格について原理的に考察した初期の論文『法律と判決』(一九一二)で、経済の物質性と対比される「法」の「形式」的性格を論じるルドルフ・シュタムラー(一八五六―一九三八)[6]の議論に肯定的に言及している。二人とも、「法」の「形式(フォルム)」について独特的な見解を示した理論家であり、「法」の「フォルム」に関心を持つシュミットが両者の理論を参照したのは、必然的であったと言える。以下では、この二人に対するシュミットの立ち位置を検討することを通して、シュミットの「形態」観をある程度具体的に描き出すことを試みる。

「法(学)」においては、個別の事例ごとに、あるいは判断=決断者の価値観や感情によって、判断を変えるのではなく、一般性を帯びた「形式」を重んじることが重視されるが、「形式」あるいは「形式的」とはどういうことか明確に定義されることはあまりない――「形式」とは何かというのは、純粋哲学の問題あるいは、法学の管轄外の問題と考えられているのかもしれない。また、「形式」があるからには、「素材=質料 Stoff」あるいは「内容 Inhalt」もあるはずだが、それと「形式」はどういう関係にあるのか、「素材」や「内容」について考えることは法(学)にとって必要ではないのか、といった哲学的に重要であるはずの問いが、法哲学者によって本格的に考察されることはほとんどない――後で見るように、シュタムラーの理論は、この疑問に答える試みになっていると見ることができる。

シュミットはそうした法学の空白に踏み込もうとしたわけであるが、後で述べるように、「形式」をうまく定義しているとは言えない。しかし、彼が、先行するゾームとシュタムラーに対してどのようなスタンスを取ったかを見ることで、どうして「法学」において、「形相／質料」問題を論じるのが難しいのか、どう考えたら生産的に議論を展開していけるのか、ヒントが得られるのではないかと考える。

二　教会のフォルムと法のフォルム

『ローマカトリック教会と政治形態』は、教皇を頂点とするカトリック教会の位階制を、安定した法秩序のモデルとして提示することを試みた著作であり、その安定性を支えるうえで重要な役割を果たすのが、「代表＝表象 Repräsentation」であることが強調されている。この場合の〈Repräsentation〉とは、ある人物や組織が、自らが属する共同体全体を「代表」する役割を担っているということと、「代表」であることを内外に示すための美的＝感性的な「表象」装置、具体的には建造物、美術・装飾品、儀礼や行動様式などを備えていることを指す。美的な表象装置を備えているカトリック教会の位階制にあっては、各位階（Amt）において「代表する者 der Repräsentant」と「代表される者 der Repräsentierte」の双方が、神的な「威厳 Würde」を帯びているように見える。[7] いわば、イエスを中心に信徒たちが結び付く共同体として、栄光に満ちた姿でこの地上に再現（前化）（re-präsentieren）するわけである。

シュミットは、こうした「表象＝代表」装置を、カトリック教会の「形式的法的特性 die formale, juristische Eigenart」と絡めて論じている。両者の間にいかなる関係があるのか、そもそも「形式的法的特性」とは何なのか。

自由主義が私的なもの（das Private）に基礎を置くのに対し、カトリック教会の法的機構＝形態化

(die juristische Formierung) は公共（開）的（publizistisch）である。これはカトリック教会の代表的性質に由来することであり、教会が宗教をかくまで法的に把握し得るのもこのためである。[8]

かなり圧縮した文なので分かりにくいが、使われている言葉の語義に即して考えてみよう。周知のように、公的（public）な領域と私的な（private）領域を区別し、他者からの干渉を受ける必要が少ない後者を可能な限り拡大し、個人の幸福追求の余地を大きくしようとするのが近代自由主義の重要な特徴である。規制が少ない私的領域での生活に対して、多くの人の利害が連鎖しているため、勝手に振る舞うことが許されない公的領域での生活は、法によって様々な制約を課され一定の枠内に収められること、法的に「形態化」されることが必要になる。

信仰――近代自由主義に従えば、「私的」領域に属する――における個人主義を基本とするプロテスタントの諸教会が近代自由主義と親和的であり、信徒を縛る法的制約が少なくなる傾向があるのに対し、教義に基づく厳格に位階制を備えたカトリック教会は、不可避的に、儀礼や布教を中心とする教会の組織活動や信徒の日常生活を一定の型（Form）にはめる、言い換えれば、法的に形態化する傾向が強い。また、中世において世俗の権力と様々な政治的場面で競合し、近代初期においては政教分離をはっきりと受け入れていなかったカトリック教会の活動は、国家の公的活動と重なっているところもあり、その意味で、「公共（法）的」な性格が強いと言える。[9]

では、カトリック教会が、こうした意味で〈publizistisch〉に「形態化」されていること、法的・組織的な制約を自らの活動と信徒たちの生活に課していることと、「代表的 repräsentativ」であることの間にどのような関係があるのか。この場合の、〈repräsentativ〉は、ある個人Aを、同じ共同体に属する任意の個人BやCが「代理」することができること、あるいは、A、B、C……の議会等における「代表」として任意のXやYが選出されることを前提にした、市民社会的、契約論的な意味での「代理＝代表」、任意に組み換え可能な「代理＝代表」ではなく、ある教区に属する一般信徒は、そこを管轄する司祭を通してしか「代表」され得ず、司祭たちは彼らの上位にある特定の司教を通してしか「代表」され得ず、司教たちは大司教を通してしか「代表」され得ず、全ての信徒は最終的に教皇を通してしか「代表」され得ない、厳格な位階組織を伴った「代表」であるということだ。誰が誰によってどのようなやり方で「代表」されるか、また、そうした「代表」関係が、儀礼や装飾品によってどのように「表象」されるかが厳密に決まっている。「代表」関係の形式が、「表象」の美的な「形式（フォルム）」と対応しているのである。

このように、信徒の間の関係性を細部にわたって規定する規則の体系に貫かれていることを、シュミットは、カトリックの「法的諸要素 juristische Elemente」あるいは「形式的法的特性 die formale, juristische Eigenart」と呼んでいる。形式的・法的な性格の強いカトリック教会は、発展した法体系を備えた世俗国家と似ている、という。

カトリック教会が「形式的・法的」な性格を有していると聞くと、教義や伝統によって硬直化していて、社会主義とかナショナリズムの台頭、ジェンダーや環境の問題など、カトリックの全盛期にはなかった、新しい政治的・社会的な問題に柔軟に対応できないのではないかという連想が働きがちだが、シュミットはその逆であることを示唆する。カトリック教会も世俗法学も、様々な異なる利害関係や政治的傾向と結び付くことが可能であり、保守主義的になることも、革命運動を鼓舞することもある。

あらゆる革命運動において確認されることであるが、法学者は革命にとり、「既存秩序を正当視する神学者」であり革命の宿敵であると同時に、ある場合には反対に当の法学者が革命の側に与し、抑圧され締め付けられてきた権利要求のパトスを革命に吹き込むこともあるのだ。様々な権力集団に対し肯定的な態度を採ることにより、法律学がカトリシズム同様、次から次へと変転する政体に容易に適合していくことができるのは、法律学のもつ形相的優越性（formale Überlegenheit）による。法学にとっては、

「ある秩序が打ち立てられた」という最小限の形式（Mindestmaß von Form）が存在するだけで十分である。新しい状況の中で、そこにおける権威が何かが判明するや否や、それは法学に対して、実質的内容をもった形式（eine substantielle Form）が成立しうるための具体的基礎、一つの地盤を提供するのである。[10]

世俗国家の法学が左右両極のいずれとも適合するというのは、市民革命による新しいタイプの国家体制の誕生や、それを元に戻そうとする復古主義的な体制の成立を念頭に置けばいいだろう。カトリックの革命的傾向としては、第一次大戦中のイースター蜂起に代表されるアイルランドの独立運動がカトリック信者主導で行われたことなど、民族独立・自決運動とカトリックの繋がりを念頭に置けばよかろう。世俗国家とカトリック教会の双方が、そうしたイデオロギー的な柔軟性を示すことができるのは、「形相的優越性」のおかげだというわけだが、「形相的優越性」とはどういうことで、それがどのように柔軟性に繋がっているのだろうか。

シュミット自身は説明らしい説明をしていないが、およそ以下のようなことだと考えられる。「形相的優越性」＝「形態の優位」というのは、どういう思想や理念、神話、伝承、イデオロギーに従って、目標が設定され、運営されるかよりも、どのような形に全体が組織化されるか、それによって秩序が保たれるか否かに重きを置く、組織の在り方を意味すると思われる。

世俗国家の場合、一つの秩序＝体制（Ordnung）の成立を宣言する権威を持った主権者がいさえすれば、法学は、その秩序を最も保ちやすいよう法体系を考案することができる。そこで考案される法体系に属する法規範は、抽象的な概念ではなく、他の諸規範と調和し、現行の秩序を支えるのに適した具体的な形を備えたものになるだろう。それが「実質的な内容をもった形式」ということだろう。肝心なのは、法学は、「実質的な内容をもった諸形式」を、その原型は保ちつつ、秩序を維持するのに適した形へと変形しながら実体化する技法を持っている、ということだ。

カトリック教会の場合、キリストからその地上の代理者であるペテロに直接与えられた権威を連続的に継承してきたという建前があるので、全くのゼロから新しい教会組織を作るということは考えられないし、どのような権威や秩序であっても、それを支える諸規範の体系を導き出すということは考えにくいが、実際のカトリックの歴史では、教皇の地位をめぐる内紛や、アヴィニョン捕囚期のような教権の分裂、皇帝や他の世俗君主たちとの政治的闘争の帰結による組織再編、宗教改革への対応等によって、何度も体制の危機に直面しながら、その時々の教皇の権威の下で、新たな秩序＝体制を維持するのに相応しい、「実質的な内容をもった諸形式」を備えた組織と、それに対応する「表象」の様式を発展させてきた。そうした歴史の帰結として、カトリック教会は、法学と同種の技法、一定の基本的なフォルムに従って形作られるユニットを組み立てて、秩序立った社会的組織を作り上げる技法を備えていると言える。

このように、カトリック教会の位階制−表象システムと対比すると、「法学」の「フォルム」が通常どのように機能しているか、ある程度イメージしやすくなる。無論、両者の間には決定的な違いもある。

しかし、法学とカトリック教会は形相的という点では、確かに親近性をもっているが、後者の形相性は前者のそれをはるかに凌駕している。これは、教会が世俗法学とは別のもの、否、より以上のものを代表＝表象する（repräsentieren）からである。つまり、教会は単なる正義のみならずキリストの人格をも代表＝表象するのであり、かくして教会は、已れ独特の力と尊厳を有することを標榜するにいたる。[11]

この場合の〈repräsentieren〉は、自らが作り出す個々のフォルムやその組織化を正当化すべく、あるいは、それらに関係する諸規範に効力を与えるべく、権威のある何かを「表象」することだと考えられる。

例えば、神話的儀礼や伝承によって、その身分関係や掟が、その共同体の起源に結び付いているものであり、その共同体が続く限り、変更し得ないものであることを示すとか、絵画的に描かれた宇宙の全体図、曼荼羅のようなものの中に、そうした階層や法を位置付けることで、その必然性を示す、といったことである。日本の文化に即して言えば、お墨付き、将軍や大名家の家紋、錦の御旗のような「表象」を作り出す、ということである。

カトリック教会にとって、教祖であり、神の法（ロゴス）の化身でもあるイエスに関係付ける表象上の操作が、位階制や教会関係の諸規範の効力の源泉になるわけである。それに対して、政教分離や国家の中立性の原則を受け入れた、近代的な意味での「法学」は、あらゆる法を超越した神的なもの、神話的なものを「法源」として直接引き合いに出すことはできない。[12] 憲法などの基本法の条文や判例、あるいは、古くから存在し、自然法化している道徳規範のような、既に法的権威があると認められている規範を参照するしかない。抽象的な規範を具体的な事例に適用することも、その事例を法体系という大きな図柄の中に位置付けて「形」を付与することを含意するので、表象作用を伴っていると言えなくもないが、それは、既に効力がある抽象的な法規範の「再現 Repräsentation」にすぎず、カトリック教会のように、自らの表象能力によって新たな法規範を創造することはできない。

「法学」以上の、強固な「フォルム」を持っていることをシュミットは、カトリック教会の優れたところだと評価している。逆に言うと、カトリック教会の位階制―表象システムとの対比で、近代法（学）の脆弱性が際立つ。近代法は、様々なイデオロギーを受容して、秩序を保つことのできる「形態化」の技法をカトリック教会から受容したが、個人の価値観に委ねられる（という建前の）私的領域、日常生活の領域は直接的に「形態化」することができないし、新たな法を作り出す表象能力は、再現的な性格のものでしかない。

『政治神学』と『ローマカトリック教会と政治形態』の「フォルム」に関する記述を続けて読むと、[13] シ

郵便はがき

料金受取人払郵便

麹町局承認

6918

差出有効期間
2026年10月
14日まで

切手を貼らずに
お出しください

102-8790

102

［受取人］
東京都千代田区
飯田橋2－7－4

株式会社 作品社
営業部読者係 行

【書籍ご購入お申し込み欄】

お問い合わせ　作品社営業部
TEL 03（3262）9753／FAX 03（3262）9757

小社へ直接ご注文の場合は、このはがきでお申し込み下さい。宅急便でご自宅までお届けいたします。送料は冊数に関係なく500円（ただしご購入の金額が2500円以上の場合は無料）、手数料は一律300円です。お申し込みから一週間前後で宅配いたします。書籍代金（税込）、送料、手数料は、お届け時にお支払い下さい。

書名		定価　円	冊
書名		定価　円	冊
書名		定価　円	冊
お名前	TEL（　　）		
ご住所 〒			

フリガナ
お名前

男・女　　　　歳

ご住所
〒

Eメール
アドレス

ご職業

ご購入図書名

●本書をお求めになった書店名	●本書を何でお知りになりましたか。
	イ　店頭で ロ　友人・知人の推薦
●ご購読の新聞・雑誌名	ハ　広告をみて（　　　　） ニ　書評・紹介記事をみて（　　　　） ホ　その他（　　　　）

●本書についてのご感想をお聞かせください。

ご購入ありがとうございました。このカードによる皆様のご意見は、今後の出版の貴重な資料として生かしていきたいと存じます。また、ご記入いただいたご住所、Eメールアドレスに、小社の出版物のご案内をさしあげることがあります。上記以外の目的で、お客様の個人情報を使用することはありません。

ュミットは、「法学」における「フォルム」の役割を再評価したうえで、できれば、カトリック教会のそれのような、人格的な「代表」関係と一体になった、強い「表象」能力を付与すべきだと考えていたように思われる。無論、そのためには、各人の自由の領域をより広く認めるべく（組織の原理である公法ではなく）私法優位に形成され、政教分離－価値中立性を標榜する近代法・近代国家の在り方を根底から変化させねばならないだろう。

ホッブズの『リヴァイアサン』の政治・法思想史における意義について独自の見方を示した『レヴィアタン』では、最初に、『聖書』に描かれた神話的形象としての「リヴァイアサン」が、ホッブズ以前と以後でどのように変容したか、図像学的・解釈学的に記述したうえで、[14]「神 Gott」「人 Mensch」「獣 Tier」「機械 Maschine」の四つのイメージを合成した神話的形象である（ホッブズの）「リヴァイアサン」を、もっぱら「機械」のイメージで、つまり、様々な政治勢力が統治のために利用できる価値中立的な統治機構として捉え、国家の価値中立性テーゼの原点のように扱うのは、一面的な解釈による歪曲であることを指摘する。[15]

シュミットは更に、奇蹟信仰をめぐる、『リヴァイアサン』第三七節の議論に焦点を当てて、「リヴァイアサン」は、「奇蹟と信仰を支配する権力 Macht über Wunder und Bekenntnis」をも有する、「可死の神 der sterbliche Gott」＝「地上における神の至高の代理者 Gottes höchster Stellvertreter auf Erden」[16]として構想されていた、と主張する。シュミットが指摘するように、『リヴァイアサン』の後半は、政治的主権者が信仰の問題に関しても、教会より優位にあることを、『聖書』を論拠に証明することに当てられている。[17]シュミット自身は明確に述べていないが、彼は、ホッブズの「リヴァイアサン」のオリジナルな構想に従って、カトリック教会の代表制と結び付いた表象能力を、（宗教・道徳問題を分離していない）近代国家が継承することが望ましい、と考えていたと推測できる。

無論、「リヴァイアサン」は、（たとえ、宗教・芸術上の前史があるとしても）ホッブズという政治思想家が『旧約聖書』から引き出したイメージにすぎず、実在する国家が、キリスト教のイエスに相当する表象の核を確立し、それによって自らの支配する領域を完全な公法的組織として再構成すべく戦略的に採用したものではない。「リヴァイアサン」ではないが、それに匹敵するような強い象徴を核にした国家表象戦略を積極的に展開した、現実の歴史的例としては、フランス革命時の「理性の祭典」や「最高存在の祭典」、ソ連のプロレタリアート国家としての自己演出、ナチスによるアーリア人種中心の第三帝国のようなものが考えられる。シュミットが『現代議会主義の精神史的状況』で、ソ連の「プロレタリアート崇拝Proletkult」に注目し、プロレタリアートの神話の可能性を探求したジョルジュ・ソレルの議論に一定の評価を与えたのも[18]、ある時期以降ナチスに急接近したのも、カトリック以上に強い表象能力を持った国家を待望していたからだと見ることができよう。

三　教会と法的フォルム

話を『ローマカトリック教会と政治形態』に戻そう。イエスの威厳を帯びたカトリック的な「代表＝表象」制のユニットとしての「フォルム」を高く評価するシュミットは、カトリック的に強固な「フォルム」をむしろ、キリスト教の本質からの逸脱だとするゾームの議論に批判的に言及している。ゾームは、カトリック教会が（公）法的な性格を持っているという認識をシュミットと共有しているが、それをキリスト教の本質からの堕落であり、世界支配への意志の現れだとして断罪している[19]。『ローマカトリック教会と政治形態』では、この点についてごく短く触れているだけだが、教授資格論文である『国家の価値と個人の意義』（一九一四）では、「教会」と「法」の関係をめぐるゾームの議論を参照しており[20]、戦後に記した覚え書でも、ゾームの思想は、教会法という範疇を超えて哲学的に極めて重要であることをたびたび強調している[21]。初期シュミットの思想形成においてゾームとの対決が決定的な意味を持っていたと指摘する研究者もいる[22]。

ルター派プロテスタントであるゾームの立場からすれば、位階制によって個々の信者の信仰の自由を制約するカトリックを、キリスト教の本来の在り方と認められないのは当然だが、彼はそのことを教会法の観点からどのように論証したのか。ゾームの主著『教会法』（一八九二、一九二三）は、原始キリスト教会まで遡って、「法 Recht」とキリスト教徒の共同体との関係について考察を加えている。

「教会＝（信徒の）集会 Ekklesia」は、キリストの身体（der Leib Christi）として構成される。キリストの身体として構成されるというのは、神の言葉（das Wort Gottes）によって、教会内の秩序や、洗礼などの儀礼のやり方が定められる、ということだ。[23] 教会を、「キリストの身体」として表象すること自体は、当然カトリックと共通だが、ゾームはそもそも「教会」を法的な意味での組織として捉えることを拒否することから議論を始める。

エクレシア（キリスト信徒団（Christenheit））の首長は、キリスト（神）である。従って、エクレシア内の権力（Gewalt）はもっぱら、キリスト（神）の名においてのみ行使される。一つの法規範＝命題（Rechtssatz）が、誰の言葉が教会にとって神の言葉か決定することが可能だと考えられるだろうか。法的権限の本質は、強制的に実行されることにあるのではなく、形式的な性質（formale Natur）のものだということ、つまり、一定の過去の事実を根拠として――現時点で客観的に見てそれらの事実が正当化されそうか否かと関係なく――批判の余地なく、その人に属するということにある。共同体に対してある特定の決定を、神の決定として押し付けることのできる権利＝法（Recht）がある、ということが可能であろうか。それを教えている者が恐らくしばらく前に、共同体によって形式上正しく（formrichtig）選出された、あるいは、他の仕方で適法（rechtsmäßig）に任命されたという理由で、ある教えが神の教えになる、ということが可能なのだろうか。人間の言葉でなく、神の言葉のみがエクレシアを支配すべきだということがただちに確信できるとすれば、それと同じくらいただちに、共同体に対する法的権限を付与された役職を任命することができる権力がキリスト信徒の間に存在し得ないことも確信できよう。神の言葉は、何らかの形式によってではなく、その内的な力（innere Gewalt）によって認められるのである。キリスト信徒はそれが神の言葉であると自発的に同意した言葉にのみ従う。客観的に正当化された、真に神の精神から発した言葉に対してのみ、彼らは従順なのである。エクレシアにはいかなる法的統治権力（rechtliche Regierungsgewalt）もあり得ない。[24]

ゾームは、「法」を、人間の諸事情によって形成された共同体を維持していくための決まり事から派生したものであり、[25]信仰に関する決定の基準とはなり得ない、という前提から出発している。「形式」はもっぱら、この意味での「法」の特性と考えられている。この場合の「形式」は、その時の当事者の思惑とか、事情とは関係なく、過去の決まり事通りに機械的に適用される、といった（シュミットが拘る「フォルム」的な意味ではなく）通常の意味での法の形式性に適っていることを指していると思われる。信仰の共同体としての教会が、国家のような、法的に構成され、法的に統治される共同体とは異なる、というゾームの主張は、建前としては十分理解できる。しかし、信徒たちがそれぞれ自分勝手な信仰観を抱いて、好き勝手なことをやってもよいのであれば、そもそも「教会」というのはただの言葉のうえだけの存在になってしまうのではないか、『新約聖書』に収められたパウロをはじめとする使徒たちのテクストは、エクレシアの組織・運営に関する基本的な規則を示しているのではないか、それは法的なものではないのか、といった当然の疑問が生じてくる。

それに対するゾームの答えは、

エクレシアの構成（Verfassung）に関する、神の言葉から汲み取られる、真に使徒的な教理は、キリスト教徒の組織は、法的なものではなく、カリスマの組織だというものである。[26]

「カリスマ Charisma」は、もともと神の「恩寵」を意味するギリシア語だが、ゾームは、キリストを信じる信徒、特に指導者に与えられた「才能」の意味で使っている。彼の影響を受けてこの言葉を使うようになったマックス・ウェーバーの用法[27]に近いが、ゾームの言う「カリスマ」は、新しい秩序を創出することのできる特別な指導者にだけ付与されるものではないようである。ゾームは『コリント人への第一の手紙』等を参照しながら、「恩寵」に基づく「共同体」のある程度具体的なイメージを示している。

人間の身体に、異なった務めをする異なった部位があるように、キリスト信徒団の身体には異なった部位があり、それらは異なった使命、そしてそれに即した全共同体内での異なった位置へと召命されている。キリスト信徒団は、恩寵（カリスマ）の配分に従って組織化され、それによって個々の信徒は、キリスト信徒団の異なった活動をする資格を与えられ、同時に召命されるのである。[28]

カリスマの配分のおかげで、教会には神によって与えられた組織がある。そこでは、キリスト信徒の共同体に属する全ての者の抽象的な平等というような見方は通用しない。そこでは、共同体の内部では、あたかも全員に同じように同じ権利が帰属しており、それゆえもっぱら個人の数を数えさえすればいいかのような、あまりにも真理に反した見方は通用しない。そこで通用するのは、上位（Überordnung）と下位（Unterordnung）、詳しく言えば、キリスト信徒団の内での奉仕のために神が各人に貸し与えた才能に従って、という意味で、神が望まれた上位と下位の関係だ。カリスマは、先導し、導き、管理する活動へと召命されている限りにおいて、他の者たちの承認と従順を要求する。キリスト信徒団の統治もまた、カリスマによる統治（Regierung）、神によって支配（Regiment）へと召命されたことに基づく統治である。[29]

カリスマを、あらゆる信徒に程度の差こそあれ付与されている、様々な神の恩寵＝才能という一般的意味で使っている場合と、信徒団の指導者の特性として記述している場合が混在しているので、若干混乱させられるが、言わんとしていることははっきりしている。ゾームは、教団の中で各人がどのような役割を担うべきか、どのような人が神の言葉を伝えるうえで指導的地位に就くべきか、本人たちに与えられた適性に従って自ずから決まってくる、という素朴な共同体のイメージを、新約聖書から読み取っているわけである。

キリスト教が各地の小さな共同体の集合体にすぎなかった段階では、信者たちが自分の得意な仕事を自発的に受けとめるというのは想像できないわけではない。しかし、「神の言葉」をどう解釈し、どう伝えるか決める権限を持つ指導者を選ぶという最重要事項に関しては、何らかの法的な取り決めが必要ではないのか、自称預言者が乱立して収拾がつかなくなるのでは、という当然の疑問が浮かんでくるが、ゾームは指導者選びの根拠はあくまで「カリスマ」であり、法的性格のものではないことを強調する。

原始共同体において、キリスト信徒団における最も偉大で聖なるもの、神の言葉の管理と告知が、自分自身にカリスマがあると称するあらゆる者に帰属する、などということはなかった。むしろ集会(Versammlung)こそが、言葉を与え、拒否する力を持っていたのである。そして、初めから、共同体の中には、自由な言葉を抑圧するよりは、遥かに強い傾向で、そうした言葉の承認を目指す流れが見出される。信仰者たちの集会で、神の言葉を公共的に(öffentlich)管理する才能は、原初において既に支配的だった確信に従えば、少数の個別の人たちにだけ与えられるものであった。

従って、使徒、預言者、教師は言葉の管理のいかなる形式的な権利も持たない。集会は言葉の才能がある者を、偽使徒か、偽予言者か、それとも正しい教師か吟味し、彼を正しい教師として認識した場合にのみ、彼に神の言葉を扱うことを許すのである。この意味において、あらゆるキリスト信徒の集会は、教師の職位に対する権力を有し、それゆえ同時に、自分たちの間で普及する教えに対して責任を有しているのである。[30]

ゾームは、神の言葉で会衆が自ずと正しい答えへと導かれるというような、信仰者としての信念を語っているわけではない。集会に集まった信者たちの互いを見る目に基づいて、ある意味、民主的な合意によって「神の言葉」の管理者が選出される、と考えているようである。ゾームの描く原初のキリスト教共同体は、固定化されたルールがなくても、指導者をはじめ各人の役割を割り振って協力することができる人たちの集まりであった。

ある意味、法なしで自由な共同体を作ろうとするアナーキストに近い集合体だ。ゾームは、『アナーキズムの理論』（一八九四）で、現実の世界でのアナーキズムの実現は困難だとしながらも、法的強制によらない個人同士の自由な繋がりを目指すプルードンやシュティルナー（一八〇六－五六）の思想を意外にもかなり高く評価し、彼らの考察を下敷きにしながら、現実世界における「法」の存在がいかなる条件の下で正当化されるか論じている[31]――党組織を重視し、プロレタリアート独裁の下での国家権力の奪取を目指すマルクス主義者ではなく、アナーキストを参照点にしていることは注目すべきだろう。ゾームにとって、「法」の存在は、正当化不要なデフォールトの事実ではないのである。

では、アナーキストにも似た、自発的に集う人たちから成る原始キリスト教共同体にどうして「法」が生まれたのか。ごく普通に予想できるように、ゾームは、キリスト教が次第に広まり、同じ地域に居住して一か所に集まれる人たちだけの小さな共同体ではなくなり、互いが持っている「カリスマ」を直接見極めることができなくなっていく過程に注目する。たとえみんなから認められるだけの「カリスマ」を持った人がいなくても、全体の集会において儀礼を行い、それに必要な財の管理を行う役職が必要になってくる。[32] それが「司教職 Bischofsamt」だ。[33]「司教＝監督 Bischof = epískopos」は、集会に集うみんなに認められた特別な「カリスマ」の保持者ではなく、役職なので、予め選出のためのルールを定めないといけなくなった。

そうして形成された「司教職」の中でも、ローマの司教職が中心的な位置を獲得することになり、ローマの共同体が、その後のキリスト教会の体制（Verfassung）の発展史の原型になった。

ここで私たちは、そこから全ての後のものが生まれてきた組織の形態（die Form der Organisation）を目の当たりにする。その形態こそが、司教制の形態である。聖餐式と教会財産（神の財産）の管理のため、司教たち（とディアコーン（助祭）たち）が任命される。[34]

ここで言われている「形態」は、当然、シュミットの言う「形態」と同様に、極度に抽象化されたものではなく、「実質的な内容」を持った「形態」である。誰が司教や助祭の地位に就くか、答えが出るようにし、教会全体の秩序を安定化させる、という方向性を有している。ただし、それは信仰やカリスマの本質とは関係のない、大所帯になった教会の実務上の問題を処理するための単なる「形式」にすぎない（はずだった）。

四　形式と権力

当初はカリスマを中心とする信者の共同体と、司教－助祭による法的管理システムが併存しており、司教たちの会議が信仰における特別な権威を持っているわけでもなかったが、[35] 一世紀の終わりに、クレメンス一世（?－一〇一頃）がコリントスの教会宛てに出したとされるクレメンス書簡[36]以降、他の司教職に対する自らの特別な地位を主張するようになったローマ司教は、自らの地位と権威を「法」的に根拠付けるようになった。

周知のように、カトリシズムの基礎となる教義は、教会についての教義、この司教たちや教皇によって構成され、統治される、この可視的な教会が、エクレシア、キリスト信徒団、キリストの教会と同一だという教義である。ローマ・カトリックの教義によれば、ローマ・カトリック以外のキリスト信徒団はない。何故か。何故なら、カトリックの教義によれば、キリスト信徒団は、神から特定の法的秩序、司教的・教皇的秩序を受けとったのであり、この秩序が存在することによってキリスト信徒団の存在が認められるからだ。この法的秩序がないところには、キリストによって樹立された教会はなく、キリスト信徒団はないのである。カトリックの教義に従えば、一つの神的法（ein göttliches Recht）、神によってキリスト信徒団に与えられた教会の法的秩序（kirchliche Rechtsordnung）がある。この法的秩序は、信仰の対象であり、それを遵守することが神との正しい関係（ein rechtes Verhältnis zu Gott）にとって決定的である。この命題に他の全てが依拠する。[37]

信者が全員集まって、お互いの授かっている「カリスマ」を相互に認識できていた原初のエクレシアが、信者共同体の規模が大きくなるに従って抱えた課題を解決するために便宜的に導入した補助的装置にすぎない、「法」という「形式」が、カトリックにおいては、教義（＝神の言葉）体系の出発点になる、という転倒した事態が生じたわけである。これ以降、信仰によって信者たちが自発的に共同体を形成するのではなく、法的に選出され、聖餐式を執り行い、信徒の集会を召集する権限を持った司教を中心に、法的な意味で、信徒共同体としての司教区が形成されるようになった。[38]

大きくなった共同体を運営する都合上生まれたにすぎない「法的形式」を維持・拡張し、「法的秩序」のトップに立つ教皇＝ローマ司教の地位を確かにするために、教皇に神の言葉の最終的解釈権があると主張するカトリックを中心とする「教会法の歴史」は、「キリストの真理の継続的歪曲の歴史」[39]だとゾームは断言する。

教皇の無謬性と共に、この展開はその自然な終点に達し、教職者に対して各キリスト信徒がかつて保持していた霊的自由の最後の痕跡、教会の古き自由の最後の痕跡は、教会法的秩序によって根絶されてしまった。無謬の教皇の人格において、教職は、集会の同意（consensus ecclesiae）から解放されて、君主的権力（eine monarchische Gewalt）と化する。それは、あらゆる国家権力を遥かに凌駕し、形式的法のおかげで神の名で語る権力である。[40]

「（教会）法」が「形式」的であるというゾームの主張には、「神の言葉」による信者への霊的感化や「カリスマ」というキリスト教団にとって最も大事な内容に関わらない、表面的・外的な要素にすぎないという意味合いが込められている。その意味で「形式」的な要素にすぎないはずの「法」が、信仰の〝内容〟を規定するかのような倒錯した事態を、彼は強く非難する。

「法的形式」を教義の本質であるかのように扱うカトリックを非難する一方で、ゾームは当然のごとく、そうしたカトリック的思考からの訣別としてプロテスタンティズムを位置付ける。そこにこそ、ルター（一四八三―一五六二）による改革の本質があると主張する。

これらのルターの発言の中で既に、そもそも教会法などあるべきではないという基本的な考えが明らかにされている。彼は教皇の法典、更には現行のカノン法、それに伴って現行の教会法全体の完全な廃止を要求すると断言した。それが、彼がカノン法大全を焼き払った時に、望んだことだった。ルターは、もう一つのより良き霊的法典、もう一つのより良き教会法のようなものを求めたのだろうか。（…）他のいかなるものも現行の教会法の位置に置かれるべきではない。いかなる代替物もなく、現行の教会法は消えるべきなのである。[41]

ルターがこうしたラディカルな見解を取ったのは、「カリスマ」についての認識が共有された原始キリスト教的な在り方こそが、本来の「教会」だと彼が考えていたからだ。

キリスト（神）が教会の唯一の頭であるのだから、教会においては、法的・形式的な力（rechtlich, formale Gewalt）のおかげで成立している権力の座にある人間から発せられる言葉ではなく、各人が自由に習得し、自由な信仰による従順を示すべきキリストの言葉、神の言葉だけが支配できるのである。[42]

しかし、ルター自身が「教会法」を全否定する態度を取っていたとしても、現実にプロテスタントの教会法は存在するし、ゾーム自身が教会法の専門家であることをどう説明するのか。ゾームは、厳格な聖俗分離の立場を取るプロテスタントの場合、領邦君主の世俗の権力に従わねばならないことや、教会内の秩序維持のために世俗権力の力を借りる必要もあることから、世俗的な「法」との関係を考えざるを得なくなったことに注意を促す。[43]

教会法の発生は、領邦君主の教会統治（Kirchenregiment）の発生と同義である。[44]

ゾームは特に、プロテスタント系の領邦君主たちが教会統治のために創設した、神学者、君主の顧問、諸身分の代表等から構成される「宗務総局 Konsistorium」と呼ばれる制度が、ルターの抵抗にもかかわらず、次第に、聖職者の任命や、教理や学校の監察、婚姻の問題に関わる教会裁判所の管理など、「教会」それ自体の在り方も規定するようになり、カトリックの司教制度に似た性格を持つに至ったことを指摘している。[45] またツヴィングリ（一四八四－一五三一）やカルヴァン（一五〇九－六四）の場合、ルター派とは違って、教会自体が一定の「法的形態 rechtliche Gestalt」を所有し、「形式化 formalisieren」されざるを得ないことも指摘している。[46]

ゾームは更に、アウグスブルクの和議（一五五五）によって領邦君主が自領の信仰を選択する権利を得て以降、君主の世俗権力による「教会」の法的統治が強化され、[47] 一八世紀末以降は、国家に奉仕する、公的な「団体 Korporation」[48] として法的に位置付けられるようになったことなど、「教会法」の存在が次第に否定しがたくなっていった歴史的事情を詳しく説明しているが、最後まで、「法」と「教会」が相容れないという立場は崩さない。

至る所で、教会法は教会の霊的本質に対する攻撃であることが露わになっている。そのため、教会の生きた霊的な力は、ごく当然なこととして、戦闘状態に置かれている。教会の本質は霊的であり、法の本質は世俗的だ。教会法の本質は、教会の本質と矛盾する。[49]

五 「見える教会」をめぐって

自らが専門とする「教会法」の存在自体を否定していると取られかねないゾームの主張はあまりにもラディカルであり、様々な反応を引き起こした。ゾームが、『カトリシズムの本質と起源』（一九〇九）で、プロテスタント神学者で教会史家として知られるハルナック（一八三一－一九三〇）の著作を引きながら、カトリックがその起源において不純（非キリスト教的）な要素を多く含んでいることを示唆したところ、ハルナックは自著に関するゾームの誤解を指摘したうえで、共同体が存在する以上、法的形式に従って自己を組織化することは不可避であり、そのこと自体はカトリックの堕落の記しではないと指摘している。[50]ゾームの問題提起は、ドイツ語圏で教会と国家の関係やルターの解釈をめぐる広範な議論を引き起こした。[51]

ゾームの指摘通りだとすると、「法的形式」はただの外的な管理のための「形式」、芸術作品の「フォルム」というよりは、工業製品の「型」のようなものにすぎず、カリスマ=人格的威厳のようなものを伴っているとは考えにくい。教会の本質は純粋に「信仰」のみにあり、単なる「形式（型）」にすぎない「法」とは関係ないという前提から出発するゾームの議論は論理的に一貫しており、論破しにくいことは、教会法は啓示に関する教義から導き出すことができるという立場を取る──シュミットの影響を強く受けている──カトリックの教会法学者ハンス・バリオン（一八九九―一九七三）も認めている。[52]

カトリックと法的形式のネガティヴな結合をめぐるゾームの議論に対して、シュミットはどう応えるのか。初期の神学的論文「教会の可視性」（一九一七）は、ゾームという名前は出てこないが、ゾームを強く意識し、乗り越えようとする試みと見ることができる。[53]ゾームは先に見たように、『教会法』で、カトリックの教会観を徹底批判している。この世界を支配し、聖人たちの共同体を召集する神の言葉の働きを知性によって見ることはできないという意味では、「教会」は不可視（unsichtbar）であるが、神の言葉や儀礼の管理、信者の集会の具体的なやり取りなどの面では、可視的（sichtbar）にならざるを得ない。この意味での〝可視性〟をいいことに、「神の言葉」に由来しない法的形式を持ち込もうとする、カトリック的な発想は誤りだとしている。[54]

こうしたゾーム的な「可視性」論に対し、「人間関係の法的制御 die rechtliche Regelung menschlicher Beziehungen」は人類始祖が堕落し、罪を負った人間が邪悪な存在になってしまったことの帰結ではなく、神の創造の秩序に既に含まれていたことを、シュミットは聖書やアウグスティヌスの言説を根拠に指摘する。男から作られた女が、婚姻を通して結ばれた夫=男（Mann）に従い、男が自らの所属する教会に従い、（キリストの花嫁である）教会が仲介者（Mittler）たるキリストに従うように、人々が神に従う自然な順序がある、という。

ここから仲介性（Mittelbarkeit）のヒエラルキー全体が明らかになり、その根拠は神の言葉それ自体と共に与えられているのである。こうした諸関係の法的関係（Rechtsrelationen）への凝固、宗教者が教会的なものの中で、愛が婚姻の中で体験する、しっかりとした凝集状態への移行、霊的なもの（das Pneumatische）の法的なもの（das Juristische）への制約は、不可視の神から可視的なものが生じてくるリズムに従う。しかし神の統一性は保持される。神は一者でしかないからだ。[55]

ゾームが原始キリスト教共同体における信徒たちの、「神の言葉」に基づく自発的な繋がりを強調したのに対し、シュミットは創世記以降の聖書の記述における、信仰における階層的な関係、特定の「仲介者」を介して神に仕えるよう予め（神によって）指定された関係に注目するわけである。また、過去の取り決めに従って、現在の行動を規定する「法」は、カリスマの感受性に基づく信仰共同体と相容れないというゾームに対し、シュミットは、「仲介」の階層構造は、法的に継承されていくものだと主張する。

神の統一性は、死すべき人間たちの仲介の歴史性においては、法的相続（Rechtsnachfolge）という形を取り、そういう仕方でのみ、現世＝時間性（Zeitlichkeit）の中で可視的になる。一人の神、一つの教会。[56]

恐らくシュミットは、旧約聖書で、家父長権の相続や一定の儀礼的やりとりを通して、神との特権的な関係が継承され、新約聖書で使徒たちを中心に教会が形成されたことを念頭に置いて、「教会」という枠組みも法的（正統）に相続されていくと考えるのだろう。

ヒエラルキー的組織としての教会の存在、神の創造の法則に既に組み込まれているという自然法的な発想は、『政治神学』での議論とはかなり異質であるように思える。『政治神学』では、人間は堕落し、その「本性が悪」で、カオスを生み出す傾向があるゆえに、逆らうことを許されない無謬の命令者である教皇のような存在が必要だとするド・メーストルやコルテスなどのカトリック系保守主義者の議論を援用し、そのアナロジーで国家における「主権者」の位置付けを明確にする必要性を訴えている[57]。ただ、こうした自然法学的な「教会法」擁護論の方が、『ローマカトリック教会と政治形態』での、カトリックの階層化された（法的）形式がキリストに由来する人格的威厳を再現するという議論とはうまく接合するとは思える[58]。

『ローマカトリック教会と政治形態』でシュミットは、カトリックの特徴を「法的形式」であるとするゾームの主張には反論せず、そのまま受容して自らの議論の前提としたうえで、「法的形式」に対する評価をポジティヴなものに転換することを試みている[59]。

教会の社会学的秘密の一つは、教会が法的形式への力を有することである。しかし、教会が法的形式やその他様々な形式への力をもつのは、それが代表への力をもつからなのだ。あらゆる瞬間において、キリストの人化と十字架の犠牲との歴史的結合を表現し、人格的にキリスト自身を、つまり歴史的現実の中で人間となり給うた神を代表するのである[60]。

カトリック教会の法的形式が美的形式（ästhetische Form）や権力形式（Machtform）と結び付いて「代表＝表象」の力を発揮するというのはいいとして、「教会」が「法的形式」を有することに、どういう社会学的に見たメリットがあるのか。シュミットははっきり説明していないが、以下の恐らくゾームを意識していると思われる箇所に関係していると思われる。シュミットは、迷信や魔術を退け、ディオニュソス（陶酔）的儀礼や恍惚の志向を克服しようとしたカトリックの「合理主義」を評価する。

カトリシズムのこのような合理主義は制度的なものの中に存し、本質的に法的なものである。僧侶職を一つの位階職にまで作り上げたこと、しかもこれを独特な仕方でやり遂げたことは、カトリック教会の偉大な業績である。無規律な預言者のあらゆる熱狂的野蛮性は、教皇はキリストの代行者である、といった論法で排除されてしまった。僧職がカリスマから独立することにより、僧侶は自己の具体的人格を捨象したかにみえるひと《ママ》つの威厳を身につけることになる。[61]

シュミットは、「カリスマ」を、ゾームのように信者たちを共同体へと結集させる力としてではなく、ウェーバーの「カリスマ」観に従って、その担い手を預言者的な熱狂や恍惚へと誘導し、規律のない言動によって、共同体を混沌や迷信に陥れる危険な力として印象付けたうえで、キリストの代理(Stellvertreter)の代理の代理……が誰であるかを「法的形式」に従って明確にするカトリックの方が、聖職者の行為に「威厳」を与えることができると示唆しているわけである。

六　法の形式と素材

哲学的には新カント主義のマールブルク学派の影響を受ける一方で、第二帝政の下での急速な近代化によって生じる社会・労働問題に関心を向けていたシュタムラーは、社会主義的な問題意識を持ちながらも、経済と法の関係を［下部構造↓上部構造］関係と捉えるマルクス主義とは一線を画し、経済に対する「法」の自律性と両者の相互作用について掘り下げて考察したことで知られる。[62]

シュミットが、人道的・経済的な社会正義との関係で「法」を捉えるシュタムラーに関心を持つのは意外な感じがするが、更に意外なことに、実はゾームも『世俗法と霊的法』（一九一四）で、シュタムラーの議論を肯定的に参照している。一般的な共同体的な「習俗 Sitte」と「法」の違いを述べる文脈においてである。前者が「そのサークルに属したい者にとってのみ妥当する」にすぎないのに対し、（ゾームの要約する）シュタムラー理論によると、「法」は「無条件に妥当する『専断的』に拘束する社会生活の規則 unbedingt geltende „selbstherrlich" bindende Regel des sozialen Lebens」である――シュタムラー自身の表現では、「不可侵の専断的に統合する＝義務付ける意図 das unverletzbar selbstherrlich verbindendes Wollen」である。[63] シュタムラーの「法」概念を援用することで、ゾームは、カトリック教会が導入した「法的形式」が、信者共同体の同意に基づいて妥当するようになったわけではなく、「外」から専断的に押し付けられるものであることを示唆しているわけである。

無論、シュタムラーは教会法を念頭に置いているわけでも、法の本質が外からの押し付けだと考えているわけでもなく、後で見るように、「不可侵にして専断的に義務付ける意欲」が、その法を受け入れることになる共同体自体の中から生まれてくると見ているわけだが、ゾームもそれは承知のうえで、「法」を強制力を伴った「形式（フォルム）」として捉えるシュタムラーの定義の利用しやすい部分だけを引き合いに出しているのだろう。

ゾームが直接参照しているのは、『法律学の理論』（一九一一）の一節だが、この著作を通じてシュタムラーは、私たちが法と呼んでいる現象の核にあるもの、「純粋な形での法的思考 Rechtsgedanken von reiner Art」とはどのようなものか、「形式」の面から明らかにし、「純粋法学 reine Rechtslehre」を構築することを目指している。[64] 周知のように、「純粋法学」という名称は、後にケルゼンが自らの主著（一九三四）のタイトルとして採用しているが、[65] ケルゼンが実定法における「純粋法学」を目指したのに対し、シュタムラーは実定法に限定せず、社会における法的思考様式一般に共通する「形式」的要素を抽出しようとしているので、哲学的な抽象度・一般性はシュタムラーの方が高い。

シュミットも『国家の価値と個人の意義』で、ゾームと同様に、『法律学の理論』でのシュタムラーの「法」の定義に注目し、「義務付ける意欲」の主体は誰で、それがその意欲を共有しない諸個人を義務付けるのはどうしてなのか、というメタ倫理学的な問いへと繋げている。[66]ゾームの議論を踏まえると、これは「法の形式性」と深く結び付いた問いだと思えるが、シュミット自身はそこに踏み込んでいない。「形式（フォルム）」をめぐるシュタムラーの議論が直接検討されているのは、『法律と判決』においてである。『法律と判決』というタイトルに含まれる「判決＝判断 Urteil」という言葉が示しているように、この論文でシュミットは、裁判官の「判断＝判決」が「正しい」とされるのは、どのような場合か、単に「法律」の文言通りに判決することが正しいのか、という問いと取り組んでいる。

法学の「形式主義」をめぐる誤解を正す文脈で付けた注の一つで、シュタムラーの「形式」論に注意を向けている。[67]この場合の「形式主義」とは、「法」は、「実質的正義 die substantielle Gerechtigkeit」を入れる単なる器、それを表現する「形式」にすぎず、実現されるべき「中身 Inhalt」の形成には関与しない、その意味で「形」だけのもの、という見方だ。シュミットは、そうしたネガティヴな意味合いしかない「形式」と、シュタムラーが論じている「法」の「形式」は異質な概念であるとして、後者を肯定的に評価しているように見える。シュミットが、シュタムラーの「形式」論に注目した背景には、ウェーバーとシュタムラーの間で展開された論争がある。[68]

シュタムラーはその主著とされる『法と経済』（一八九六）で、先に述べたように、「法」を、「土台（下部構造）」である「経済」から派生するイデオロギー的な「上部構造」と捉えるマルクス主義の唯物史観の特徴を押さえたうえで、その見方に修正を加え、「法」をより積極的に位置付けることを試みている。シュタムラーによると、人間の欲求充足を直接扱う広い意味での「経済 Wirtschaft」が、社会生活における「素材 Stoff」であり、それを研究対象とするのが「国民経済学 Volkswirtschaftslehre」であるのに対し、この素材＝欲求充足の営みを制御（regeln）する諸「形式 Form」の一つとしての「法」を探求するのが「法律学 Rechtswissenschaft」[69]である。自動的に同じパターンの行為を繰り返すだけの「慣習的規則」とも、命令者自身が自分の命令に縛られることがない恣意的な権力とも異なる、「法」の本質が、先に見た「不可侵にして専断的に結合する意欲」である。「法」は、自らが実現しようとする「内容Inhalt」（＝法の理想）を一貫して追求するべく、一定の「形式」に従い続けようとする「意欲」の作用である[70]。

こうした意味で、「法」を「経済」の「形式」と捉えるシュタムラーに対し、ウェーバーは論文「R・シュタムラーの唯物史観の『克服』」（一九〇七）で、「法」を社会生活の「形式」だとするシュタムラーの議論は無意味だと指摘する。「素材／形式」のような形で、「物質」的な「素材」と不可分に結び付いている「形式」――日本語で言えば、「形態（フォルム）」――は、現に「存在しているもの das Seiende」の一つの側面である。この物質は○○という「形」で結晶化するとか、この運動は□□というパターンを規則的に繰り返す、というような場合の「形態」であれば、これに当てはまるが、法律や法学の対象としての「法」は物質的なものに還元しきれない「理念 Idee」、「妥当すべき gelten sollend」「規範 Norm」である。この意味での「法的規則 Rechtsregel」と、素材＝物質に現れる「規則性 Regelmäßigkeit」を混同すべきではない。「法的規則」が「適用される gelten」ことによって、人間の行動や商品の規格における「規則性」が決まってくるということはあるが、だからといって、違う次元のものを混同すべきではないというわけだ[71]。

ウェーバーの批判は、「存在」と「妥当」を峻別する新カント学派の基本的な考え方とも合致しており、論理的にすっきりしているように思える。こうした批判に対してシュタムラーは『法律学の理論』で、自分の言っている「形式」とは、多様な性質を持つ「素材」について法的に思考する際に、論理的に制約を加える様式（Weise）のことだと反論している。時間的・空間的に変化する「物質＝素材」との対比で、変化しない要因としての「形式」を想定しているわけでも、「形式／存在」関係を前者によって後者が規定される因果関係のようなものとして捉えているわけでもない、という。[72]

この説明もそれなりに筋が通っている。私たちが経験する法現象は、必ず何らかの物質的現実の中にあり、素材である物質からきれいに切り分けられた、純粋に「規範」としての性格だけを持つ「法」が自動的に発見されるわけではないので、「素材」の中から、「法」として意味を持つ要素──日本の民法の用語では、要件事実──を抽出する必要がある。シュタムラーが、通常は「素材」と混ざり合ってさほど鮮明ではないが、何らかのルールの適用による紛争の解決などを模索する際の、いわゆる〝法的思考〟を通してはっきりしてくる「形式」として「法」を捉えているとすれば、法現象の実態に即した定義だと言えよう。

シュミットはこうしたシュタムラーの反論を妥当なものと見ているようだが、一方で、シュタムラーの「法」の定義の中核部分における「(専断的に結合する)意欲」の性格が曖昧であることを指摘する。[73]経験的な主体(ein empirisches Subjekt)、つまり、君主であれ、教会であれ、議会であれ、限られた人数の契約当事者であれ、あるいは人民全体であれ、リアルに存在する人間(たち)の「意欲」であれば、その「意欲」が目指す「内容」＝「実質的正義」は自ずから限定される。その「意欲」が「素材」に作用することで生じてくる「形態」としての「法」は、いかなる〝正義〟とも任意に結び付きうるわけではなく、その主体の価値観・世界観や立場を反映した実質的正義に対応していると考えるべきだろう。それに対し、「形式／素材」の区別と同様に、〝意欲〟もまた理論的な構築物にすぎないとすれば、つまり、ある特定の「形式」に対応する正義を実現しようと「意欲する主体」がいるという理論上の想定の下で、法学者や法律家が問題を再構成しようとしているにすぎず、そうした〝意欲〟が実在するかは定かでない、あるいは、法学にとってはどうでもいい管轄外の問題だということになれば、少なくとも法学的には、「形式」と(「意欲」される)「内容」の間に必然的な繋がりはないことになろう。

経済を中心とする社会生活の中で「法」を位置付けようとする『法と経済』や『正しい法の理論』(一

九〇二）のような社会科学的な性格の強い著作と、法学方法論的な性格の強い『法律学の理論』では、「法」の描き方が異なるので、シュタムラーが最終的にどちらの見方をしていたか本当のところはっきりしない。ただ、（強い「意欲」を持っているであろう）主権者によるリアルな「決断」の意義を強調する、『政治神学』以降のシュミットの議論との親和性があるのは、前者の見方だろう。

前者の方向での解釈を、「法」の「形式」性をめぐるシュタムラー固有の議論と結び付けると、「法」とそれを生み出した「意欲の主体」の関係は、以下のようにまとめることができる。他者の干渉を排して、人々を一定の行為へと義務付けようとする、明確な「意欲」を抱いた「主体」が、その「意欲」に明確な「形」を与え、それに即して人々の社会生活を規制するための媒体にしたものが「法」である。芸術家が筆や彫刻刀によって、「素材」に自らの美的理想に対応する「型（フォルム）」を押し付けて作品を作り上げようと「意欲」するように、「法」を生み出す主体は、自らの理想である「実質的正義」を、「法」という「型（フォルム）」によって、「素材」＝経済を中心とした社会生活に押し付け、社会の在り方や人々の行動に規則性を与えようと「意欲」する（＝欲する）。

『法律と判決』の他の箇所でもシュタムラーが参照されているが、先の箇所に次いで重要と思われるのが、法適用に関する裁判官の視点と、法理論家の視点の違いを論じる文脈での注である。裁判官は、目の前の具体的な事案を見て、それに合った法適用をしようとするのに対し、法理論家は立法において既に全ての可能な事案が考慮に入れられており、現実の事案はその例にすぎない、と考える傾向がある。[74] 後者の見方としてシュミットは、「形態化された法 das geformte Recht」は「将来の可能な法的事案（Rechtsfall）を、現在の既存の法規（法命題）によって決定する」[75] ことを目指す、という『法律学の理論』の一節を引き合いに出している。

「形態化された法」というのは、法的に意欲される内容が、その個々の細部において変化する可能性があることを見込んだうえで、将来のケースでも的確な結論＝決定へと至ることができるよう、予想される変化とそれへの対応が予め法自体の内に書き込まれているということである。法律の条文や慣習法において、原則に続けて、「ただし、〇〇の場合には、△△……と見なし、……」と細かく列挙されている部分がそれだ。

全ての法的意欲は、時間的持続性において、自己を整序（sich ordnen）する。専断性と不可侵性を貫くよう自己の思考の方向性を条件付けている、持続する意欲という特性のゆえに、この意欲は不可避的に、来るべき時を考慮に入れる。そうした考慮は、現時点での目標設定に何らかの変更が生じた場合に備え、一定の法的意欲内容を表明している法命題＝法規の言い回しに見られる。そうした変更の法的帰結に関する疑いや場合によっては起こり得る争いのことを私たちは、法的事案と呼ぶ。従って、全ての法命題は、法的事案の決定である。法命題は、それまでの法状況の変化を、現時点におけるより良き手段を獲得する契機として利用しようとする法的意欲を示している。[76]

法律の条文などから読み取れる、「法的意欲」の持続性志向を強調するシュタムラーの議論は、「法的形態」が単なる抽象的な「形式」ではなく、一定の方向で実質的正義の実現に適した性質を示すよう形態化されており、法的秩序形成や、法の下での人々の生の「正常＝規範化」に寄与することを示唆する『政治神学』以降のシュミットの立場と親和性が高そうだが、『法律と判決』全体の流れの中では、このことはさほど重視されていない。これは、裁判官の「判決」の正しさの分析に主眼を置くこのテクストの性質上致し方ないことだと思われる。当該の判決が法命題から論理的に導き出されるか否かに拘り、辻褄を合わせるために、法律を生み出した「立法者＝法的意欲の主体」という虚構の存在を引き合いに出し、〝立法者〟がその判決を認容するかどうかを論じる、不自然に〝形式〟を整えようとする議論の不毛を指摘する[77]シュミットとしては、そうした議論の温床になりやすい「法的意欲の持続性」をそのまま認めるわけにはいかなかったのではないかと推測できる。先に見たように、シュミットが「意欲」の主体がリアルか虚構かに関心を抱いたのも、主にこの点に拘ったためではないかと思われる。

ただ、ゾームの「法的形式」に照準を当てたカトリック批判を、カトリックの安定性の証拠として転用しているように、シュミットは、シュタムラーの「法的形式」論も、形式主義的に乱用される恐れがある「法的意欲の主体」を捨象して部分的に取り入れたと見ることもできよう。少なくとも、ゾームが教会とは相容れないと断じた意味での「形式（フォルム）」を、「法」の本質的な要素として法学に積極的に取り入れようとした先駆者はシュタムラーであり、シュミットもそのことは認識していたと思われる。

七 「形式（フォルム）」への拘りは何をもたらすか

シュタムラーの『法律学の理論』の最終章のタイトルは、「法の歴史 die Geschichte des Rechtes」である。これは、通常の意味での「法制史」ではない。「法」が志向する「正しさ Richtigkeit」の本質やその変動の分析を通して、人類の「発展 Entwicklung」の方向性、様々な地域や発展段階において設定される「目的」を明らかにしようとする、言わば、「法」という視点に特化した歴史哲学的な構想だ。

「法の歴史」は、「歴史」を単なる出来事（素材）の編年的な集積として記述するのではなく、「法」という「形式」に即して見ることで、運動しながらその目的を変更する統一体として観察する試みであるが、シュタムラーは、その運動の方向性が物理的な因果法則に従って予め決められているという唯物論的な見方と、歴史の発展の普遍的なゴールが予め決まっているかのような観念論的な見方の双方から距離を取ろうとしている。[78] そのいずれかの極端に傾かないためにも、ある地域に生きる人々を一定の期間、特定の行為へと「義務付ける意欲」としての「法」の「形式」に注目するわけだ。

シュタムラーは、人々の欲求を調節し、「意欲」を変容させることで、歴史を導く要因として「正しいものへのコミットメント Hingebung an das Richtige」を重視する。[79]「正しいものへのコミットメント」

ゆえに、私たちは、現行法を「より良き、根本的により正しい法 ein besseres und grundsätzlich richtigeres Recht」に変えようとする。そうした「正しい法」への志向をシュタムラーは、「適法性の観念へのコミットメント Hingebung an die Idee der Gesetzmäßigkeit」[80]と呼ぶ。「法＝形式」の面から、人類の歴史が「発展」すると言えるのは、「正しさ」の観念、そしてそこから導き出される「適法性」にコミットする人々の「自由な意欲 freies Wollen」が、「社会的意欲 soziales Wollen」として収斂していくからだ。

社会的意欲という観念は、純粋な共同体という思想において頂点に達する。この共同体によって方向付けられている協働を、私たちは共同体的意欲と名付ける。(…) 人間の歴史は、その共同体的意欲の進歩である。[81]

ただし、この「進歩」は何らかの最終地点に到達すると予め定められているわけではない。

人間の常に新たに湧き出てくる欲求と努力を正しく形態化する (richtig gestalten) という課題は決して静止し、休息することがない。(…) ／従って、人類の進歩はもっぱら、次第に強く、次第に数多く、確実になっていく仕方で、人類の欲求が――人間の在り方が、無条件に閉ざされた終点へと到達することなく――理念の面で指導されること、つまり、共同体的意欲が絶えずより良くなっていく仕方で露わになっていくことにかかっている。[82]

より多くの人が受け入れ可能で、より安定的に人々を導く「正しさ」の理念に向かって「法的意欲」の「進歩」を導くものとして、シュタムラーが「法的形式」を捉えているのは明らかだ。最終地点を特定しないとはいえ、人々が共有する「正しさ」が徐々に進歩しているという前提に立てば、「進歩」を妨げる、古い「形式」に拘り続けるのではなく、より正しい「形式」を求めるべき、ということになりそうだ。

当然、「例外状態」における主権者的権力の行使や、威厳を帯びた階層制的な法秩序をはっきりと志向するようになった一九二〇年代以降のシュミットには、進歩主義的な「フォルム」概念は受け入れがたかったろう。シュミットが、独自の「形式（形態）」論を展開しなかったのは、「形式」についての考察を深めていくことが、必ずしも彼の望む通りの帰結に通じるわけではないと気付いたためかもしれない。カトリック的な表象装置から切り離された「法的形式」論は、むしろ、更なる「正しさ」の探求ゆえに、既存の法秩序を揺るがしかねないということであれば、シュミットが「形式」に拘る理由はもはやない。

既に見たように、『ローマカトリック教会と政治的形態』におけるシュミットの議論は、カトリック教会の位階制の「フォルム」と、法の「フォルム」の親近性を示しただけで、前者の示す安定性を、近代国家の「法」にうまく移植するための独自の方策を示したわけではない。シュミットはそこで行き詰まってしまったのかもしれない。

『法学的思惟の三類型』でシュミットは、実証主義や決断主義と並ぶ、法学的思考の第三の類型を、「具体的な秩序と形態思想 das konkrete Ordnungs- und Gestaltungsdenken」と呼んでいるが[83]、「形態」とはどういうもので、それが「法」とどのような関係にあるのか論じていない。この類型では、焦点は、「法」の「フォルム」ではなく、人々の生活（形態）を維持すべく機能する「制度 Institution」や「具体的秩序 konkrete Ordnung」に置かれており、「法」は、一定の自立性を持った規範ではなく、特定の制度や秩序の内部でのみ機能する諸規則として理解されているように見える[84]。「法」の「フォルム」が、「制度」や「具体的秩序」とどのような関係にあるのか、独自の見解を示してもよさそうに思えるが、そうした議論はしていない。

一九三〇年代後半以降のシュミットは、関心を「法」それ自体の本質から、法が機能することを可能にする、地理的・歴史的要因を含んだ「具体的秩序」に移していくが、「法」の「フォルム」をめぐる問題はその中で一定の役割を担うことはなかった。カトリック教会あるいは、カトリック的秩序思想の影響が次第に縮小していく西欧世界において、「法」の「フォルム」の固有の意義を論じ続けるのは、独創的な保守主義の法思想家であるシュミットにとっても、困難であったのかもしれない。

ゾームの反カトリック的な「法＝形式」論との対決から出発して、カトリック教会を特徴付ける「法的（フォルム）」を正当化したうえで、世俗化された国家の政治にも導入しようとしたシュミットの試みが袋小路に陥ったのだとしても、シュタムラー的な方向での「法＝形式」論には、異なった展望が開けているように思える。変化し続ける社会生活をより合理的に制御しようとする人々の「意欲」が「法的形式」として具体化され、当該社会において一定の強制力を発揮する。しかし、変化し続ける社会的現実の中で、やがて解決不可能な困難に突き当たる。そこで「法」（と化した「意欲」）は再帰的＝反省的に自己を捉え返し、自らが意欲すべき「より良き法的形式」を求めるようになる。そうやって、「法」を核にして社会、そして人間がより良き方向へと「発展」していく、という弁証法的な歴史観・人間観への展望だ。

シュタムラーは『法律学の理論』の結論部で、法律学の使命について以下のように述べている。


法律学の理論は、法の諸問題において、制約された衝動や努力の単なる個別性から、いかにすれば独立でいられるかを示そうとする。法の理論は、これまで示してきたように、私たちの体験と目標志向の全体に入り込み、その考量の基本的方向性において、自らに割り当てられた探求の領域を掌握し、制御しなければならない。そして、それを、解明された意味において、人間存在の価値と尊厳を与える至高の単一性に返還しなければならない。法の概念と観念の起源にある意欲する意志（das wollende Bewußtsein）の基本的思考にまなざしを向けるべく努力し続けねばならない以上、法律の科学は、自己認識を心掛ける人間を、私たちの存在の単一的に完結した根拠をめぐる問いへと導くことになる。▼85

シュタムラーにとって、「法」の「形式」の探求は、法律学だけの問題ではなく、意欲し、かつ自己認識しようとする存在である人間が、自分が一体何を求めているのか、という実存哲学的な問いに、「正しさ」という面から貢献する営みであるようだ。[86] こうした見方は、人間を罪人、あるいは特定の具体的秩序の中で生きるべき定められた存在だという、シュミットのペシミズムとは相容れないだろう。無論、〝正しさ〟への志向が全体主義を生み出したかもしれないという歴史哲学的懸念や、ネットで〝正義感情〟の暴走現象を知っている私たちとしては、常に正しいものを志向する「根源的意欲」を前提とするシュタムラーの理論の方が望ましいと単純には言い切れないだろう。

これまでの検討を踏まえて、ごく素朴に問題を捉え返してみると、カトリック教会の位階制を支え、カトリック的秩序の下での生活形態を維持するように働きかける、強い美的表象作用を伴う「フォルム」や、シュタムラーのイメージする、変化する社会の実態にあった「正しさ」を追求し続けるための媒体としての「フォルム」であれば、社会ごと、時代ごとにその性質をある程度具体的に特定できそうに思えるが、そうした半ば形而上学的な前提抜きに、国家の法秩序を支える「法」の「フォルム」の具体的な性質について論ぜよ、と言われても、どこから手を付けていいか分からない。精々、主権者の「決定」がその後の法の形を定める、くらいしか言えない。通常の状態で、法の諸形式がどのように作用しているかについて客観的に記述しようとすれば、シュミットが批判している法実証主義者のやっているような抽象論に終始することになりかねないようにも思える。シュミットもそのことに次第に気付いて、法の「形式（フォルム）論から手を引いたのかもしれない。

第5章　補論　バリオンのシュミット批判

一　バリオンの立ち位置

ハンス・バリオンはシュミットの『ローマカトリック教会と政治形態』に強く影響を受け、一時期ナチス政権を積極的に支持した教会法学者・聖職者であるが、シュミットの「政治神学」に強く反対し、神学と政治の結び付きを否定したことや、第二バチカン公会議（一九六二―六五）に代表されるカトリックの「エキュメニズム」傾向を徹底批判したことなど、独自のスタンスで知られている。[1] シュミットは『政治神学II』（一九七〇）で、カトリック神学者のエリック・ペーターゾン（一八九〇―一九六〇）――彼は当初プロテスタント神学者だったが、一九三〇年にカトリックに改宗してからカトリック神学者になった――と共に、バリオンを「政治神学」の存在を否定する主要な論者として名指ししている。[2]

バリオンはナチスが政権を掌握した年に執筆した論文「教会か党か？　新しい帝国におけるカトリシズム」（一九三三）で、従来カトリックの信仰・世界観に基づいて中央党などを基盤に政治活動してきたカトリック信徒が、全ての社会機能を国家に統合し、「政治的なもの」の働きを一元化しつつあるナチスの「全体国家 der totale Staat」（シュミット[3]）に対してどういう態度を取るべきか、という問題を提起している。
バリオンは、ドイツにおける「政治的カトリシズム der politische Katholizismus」の潮流は、ビスマルクによってドイツ帝国が創設されて以降、帝国内でカトリック教会を代表する政治勢力が必要である、国家と教会を仲介（mediatisieren）する必要がある、という考えから生まれてきたものであって、それ自体に存在意義があるわけではないと指摘する。[4]そうした「政治的カトリシズム」の存在意義は、ナチスの「革命」によって根本的に変化した、という。

国民社会主義（ナチス）的革命は政治的革命である。民族と国家を多元的な分裂状態から統一的な帝国へと鋳造するというその偉大なる目標は、政治思想を糧としている。この命題は、ナチスの革命はドイツ民族の政治生活全体を「政治化する」ことを欲しているという命題と同義ではない。そうした語り口は、いろんな意味で、政治的なものに対する民族の感受性を緩和し、それによって革命を妨げることを目標とする、自由主義的なルサンチマン（恨み）へのアピールにすぎず、私たちの時代の偉大なる生成に、全く誤った意味を押し付けるものである。それは、政治的契機をそれとは本質的に異質な関係に置くことになる発想を浮上させる。その逆なのだ。政治的なものは最終的に、それをその固有の支配領域で、ますます窒息させせんとしているものの増殖や絡み合いから解放され、それに属すべき意味を取り戻すのだ。[5]

バリオンは、「友／敵」の根源的な分割と表裏一体の関係にある、シュミットの「政治的なもの das Politische」という概念[6]に依拠しながら、ナチスの革命によってドイツにおける「政治的なもの」が確立した以上、政治の領域で、カトリック的な党派性に拘るのは無意味だとして、「政治的なもの」と「宗派的なもの das Konfessionelle」[7]を混同してきた政治的カトリシズムを批判する。彼はこの点を更に敷衍して、教会の権力が直接的に及ぶのは、「霊的なもの」だけで、「世俗的なもの」にまで及ぶという考えは間違っていると明言する。政教分離である。

教会は政治的権力を要求できる、あるいは、そうしなければならないのか。既に述べたことからすれば、もはや疑いの余地はない。教会はそのような要求を掲げない。ただし、それは、自由主義的な傾向のある神学者が好んで言うように、教会が政治的に中立だからではなく、また、身に付けることができたはずの属性の欠如という意味で、非政治的（unpolitisch）であるからでもなく、政治的権力が教会の本質に反するからである。教会は超政治的（überpolitisch）、もっといい言い方をすれば、全くもって無政治的である（nichtpolitisch）。既に引用した政治的なものの定義を援用すれば、厳密ではないが、先鋭化した表現として以下のように言うことができる。教会は友と敵の彼岸にある。[8]

バリオンの議論が面白いのは、事実上、カトリック信者にナチスへの政治的服従を呼びかけながら、「政教分離」の原則を——プロテスタント的な個人主義・自由主義とは異質な論拠からだが——を強調していることだ。彼は、世俗の権力と、教会権力の管轄の範囲は異なるという原則に立って、ドイツを「一つの政治的なもの」によって統一したナチスへの政治的忠誠と、唯一にして普遍的な教会であるカトリック教会への忠誠を両立させようとする。

新しい帝国の現実の中で、国家と教会の間の仲介的な関係に代わって、政治的・宗派的な混在ゾーンを越えて、教会のため、国家のため、ドイツのカトリシズムのためになる両者の直接の関係が現れてくるはずだ。

ドイツ革命の存在論的な真正さと内的偉大さは、教会と国家の関係の問いを最も深い核心において提起したことで、その真価を示している。もはや個別の要求の帳尻合わせが問題ではない。この展開は根源的な解決を指し示している。この教会の高貴な威厳と尊厳、そして国家の法が同じように充たされんことを。それがドイツのカトリックの熱い願いだ。[9]

バリオンは、戦後はナチスへの忠誠は流石に否定したものの、こうした、信教の自由を前提としない、非自由主義的な政教分離論は保持する。この問題と、シュミットの『ローマカトリック教会と政治形態』を関連付け、自らの議論の骨子がナチスを前提としなくても成り立つことを明らかにしようとした論文「教会か党か?・ローマカトリシズムと政治的形態」(一九六三)で、シュミットの問題提起を評価しながらも、シュミットが「ローマ・カトリック教会 Römischer Katholizismus」と「カトリック教会 Katholische Kirche」をほぼ同義に使っており、後者が本当のところどういう政治体制と親和性があるのか曖昧にしていると批判する。[10] シュミットの論考の再検討を起点としてバリオンは、教皇レオ一三世(一八一〇－一九〇三)がフランスのカトリック教徒に対し、教会に不利な世俗化を進める第三共和政への根本的な敵対を止め、[11] 立憲体制へ参加(Ralliement)するよう命じたこと(一九〇二)など、歴史的な事例を検討しながら、カトリック信徒が、特定のカトリック的政党だけを支持しなければならない、ということはないという結論を導き出している。[12]

彼は、カトリック信者が政治に参加することを控えるべきだと言っているわけではなく、教義と特定の党派への関与を結び付けて考えることで、カトリックが政治的フリーハンドを失うことがないようにしているわけである。政治と(カトリック)神学の根元的な一体性を想定する「政治神学」に拘るシュミットよりも、バリオンの方が現実政治的と言えるかもしれない。『ローマカトリック教会と政治的形態』でシュミット自身が指摘している、「政治的闘争のかけひきにおいて、様々な集団と結合することはできる」「反対物の複合体」[13]としての性格をカトリシズムが保持してきたのは、少なくとも、固有の「政治神学」

を持っていなかったからだと言えよう。

二　バリオンの「教会」観

「政治」に関しては柔軟な反面、教会法学者としての彼は、カトリック教会こそが唯一の教会であるという立場を堅持し続ける。彼が教授就任講義『ルドルフ・ゾームと教会法の基礎付け』（一九三一）で、カトリック教会の唯一性を〝教会法〟によって根拠付けようとするカトリックのやり方を徹底的に批判したゾームの理論を取り上げたのは、ゾームが批判的に描き出す〝カトリック教会〟像が、逆説的なことに、（バリオンの見る）〝カトリック教会の本質〟を見事に捉えていたからである。ゾームに対するバリオンのスタンスは、マルクスが、アダム・スミス（一七二三−九〇）のテクストを通して、自らの批判の対象である資本主義の本質を発見したのと似た性質だと言えるかもしれない。バリオンの場合、ゾームの批判を通して、自らが擁護すべきカトリシズムの本質を見出しているので、十から一へではなく、一から十への反転になるわけだが。

バリオンは、ゾームに対する様々な批判を取り上げているが、それらの多くは本筋を外れて、あまり関係のない枝葉の部分で批判しており、首尾一貫したゾームの体系に疵をつけることができていない、とむしろゾームを擁護している。

これまでの議論全体が、ゾームの体系は自己完結していて、攻めを寄せ付けないことを示している。彼の体系を完成させるに当たっていかなる構成上の意味も持たない個別の事柄で彼と争うのは、愚かなことだろう。彼の教会法が実際に、キリスト者の自由についての福音の基本原則から導き出される――その証拠のうえに、著述全体が成り立っている――のだとすれば、ゾームに反対か賛成かの決定は、法学的な考察に依拠することはできず、神学的な考察に依らざるを得ない。ゾームはしばしば、教会法の純粋に法学的な考察にはいかなる価値もないことを強調している。彼の教会法の頂点に位置する基本的な公理は、それによって初めて法に内容が与えられる霊的諸力によって、法が測られることを要求する。▼14

つまるところ、聖書をどのように解釈するか、組織化された教会の存在の不可避性が示されていると読むのか、そのような要素はないと読むのかで決めるしかない、ということである。神学的なレベルでの信仰観の問題だ。

ドイツで刊行されている神学・宗教学事典『歴史と現在における宗教 Religion in Geschichte und Gegenwart』（RGG）に執筆した「教会法」に関する項目（一九五九）で、バリオンは、ゾームとは対照的に、福音（啓示）―教会―教会法が不可分の関係にあると明言する。

啓示が教会体制（Kirchenverfassung）の基本をも含んでいる以上、教会法には同時に、こうした実定的な神的法によって定められた教会の形態を保持する使命が付与される。それは教会法の内容の圧倒的に多くの部分を規定する使命である。ここで純粋な教会法が神的法に合流し、両者が一体となって、教会を法的教会（Rechtskirche）として、つまりその外的な形態において歴史的な、基本的に完結した啓示に結合した共同体として構成するのである。この教会の神的法を含む外的形態の特徴を変更することは許されないのである。▼15

聖書の啓示が、教会のあるべき姿を「教会法」という形で示していると考えるバリオンにとって、神によって定められた教会の在り方を、信仰の自由を論拠にして変更することなど考えられないのである。ゾームとは真逆である。真逆だからこそ、ゾームとの対比を通し、バリオン自身の絶対的な教会観が鮮明になるのである。

聖書の解釈に基づいて、教会のあるべき形を定める教会法の存在根拠を否定するゾームの立場か、別の聖書解釈に基づいて、教会法によって守られる教会のあるべき形を変更してはならないとするバリオンの立場かの二者択一だとすれば、カトリック教会が、現代社会に適応すべく、教会体制＝法的形態や典礼を大幅に変更し、信仰の自由を宣言し、プロテスタントやユダヤ教に歩み寄ろうとする第二バチカン公会議[16]のような試みは、許しがたいということになろう。

『第二バチカン公会議：カノン法学的報告（Ⅱ）』（一九六五）でバリオンは、カトリック教会こそが唯一のキリストの教会（Kirche Christi）であるというカトリックの立場と、特定の教会だけがキリストの教会であることを否定するプロテスタントの立場は基本的に相容れないことを確認したうえで、両者の間で妥協を図ろうとした勢力を批判している。

公会議の進歩派はこれによって、キリストの教会についての、カトリック教会と改革派（プロテスタント）教会の間の根本的な、解決し得ない対立を、少なくとも、形の上での妥協によって緩和しようとしている。しかし彼らは事実上、改革派にずっと近い。何故なら彼らは、可視的な教会（die sichtbare Kirche）の領域を、カトリック教会の範囲を超えるところまで拡張しようとしているからである。[17]

公会議で最終的に採択された教会憲章（Constitutio dogmatica de Ecclesia）がカトリック教会の従来の立場に近いものになったことに、バリオンは一応満足しているようである。用語のうえで、進歩派や、信仰と職制会議（Faith and Order Commission）、生活と実践世界評議会（Universal Council for Life and Work）等のエキュメニカル運動に一定の譲歩をしているものの、「組織の外に様々な仕方で救済と真理の基礎が見出されるが、それらは、キリストの教会に固有の恩寵によって、（ローマ・）カトリック的統一へと向かっている」という形で、カトリックに都合よくまとめられていることを評価しているように見える。[18]

三　バリオンの論拠？

一九七〇年に行った生前には未刊行の講義「現代におけるカトリック神学の使命と位置」でバリオンは、ゾームが代表するルター派の教会観と、自らが信奉するカトリック的教会観はいずれか一方のみが真で、他方は偽である、論理的な二律背反の関係にあることを改めて強調し、両者の間で妥協を図ろうとするエキュメニカル運動を批判している。[19]

バリオンがゾームに拘り続けるのは、いくら教会の実際の歴史の史料を引き合いに出して、カトリック教会は後になってできた組織だとか、いや使徒の時代からあったとか言い合っても意味がなく、神学的に決着を付けるしかないことをはっきり示したのがゾームだからである。それは、カトリック神学とルター神学の間で決着を付けるということである。

従ってルターの極めて偉大な業績は、キリストの福音についての徹底的に非カトリック的理解、非カトリック的教会概念を基礎付けた最初の人だということである。それ以来二つの教会概念がある。私の観点から言わせてもらえば、一方のカトリックの教会概念と、他方の改革派であるルターのそれ、及び、カルヴァンとツヴィングリによるかなりカトリック化されて弱まった変異体がある。それで可能性は尽きる。この二つの可能性の間で、学問的に決定するのは不可能である。というのは、こう表現してよければ、新約聖書が両義的だからである。[20]

つまり、聖書を典拠にして論争しても、聖書自体がどっちにも読めてしまうので、聖書解釈学的な技法を駆使しても決着は付かないことを、聖職者でカトリック教会法学者であるバリオンが認めているのである。つまり、神学的に決着を付けるというのは、それぞれの神学の聖書解釈の方法の優劣の問題ではなくて、実際には、どっちの神学を選ぶか、という問題、信仰の問題なのである。

まさにそこが、信仰の決定がなされる点なのである。その決定は外的な状況によってもたらされるかもしれない。どのように信仰の決定がなされるかについてはあらゆることを言い、許容することができよう。▼21

バリオンはカトリック的信仰を取ると決定した以上、ゾームが否定する法的に唯一性を保証された教会としてのカトリック教会以外に、教会の存在を認めることができない。他のカトリック信者も、同じ立場のはずだ。それを理解しないで、エキュメニズムを提唱する〝カトリック信者〟は偽物なのである。

第6章　ケルゼンとシュミット――純粋法学に内在する神学

一　ケルゼンとシュミットの接点としての宗教

法解釈から宗教や道徳を排除する法実証主義の先鋭化した形態である純粋法学を提唱したケルゼンと、「法」は根底において神学と繋がっており、神のごとき主権者の決断によってその在り方が決定されるとするシュミットは全く異なったタイプの思考をする法学者であり、政治思想的、あるいは人間関係上の接点は少なからずあるものの、法理論上の接点はあまりない、というより、「法」という名称の下に全く違う次元のことを語っていると見られがちだ。

本人同士も理論的に真正面から対決しているわけではない。シュミットは、実証主義の代表としてケルゼンにしばしば言及しているが[1]、「純粋法学」についてさほど厳密な分析に基づいて論評しているわけではなく、ダメな議論として断片的に引き合いに出すだけ、という印象を受ける。ケルゼンの方は、緊急事態において独裁権を持つ（と解釈できる）大統領を「憲法の番人」と位置付けるシュミットの『憲法の番人』（一九二九）に対する長い批判的な書評論文を書いているし[2]、自らの民主主義論においてシュミットの民主主義観に批判的に言及することもあるが[3]、そうした個別の論点をシュミットの法理論全体に対する本格的な批判へと展開しているわけではない。議論の土俵が違いすぎて、正面から対決する必然性がなかったかのように思える。「ケルゼン対シュミット」の図式を強調する論稿はあるが、そのほとんどは憲法や民主主義についての両者の見解を研究者が対比したものだ。[4] ワイマール時代のドイツ語圏で最も影響力のあった法学者であるケルゼン、シュミット双方に関心を持つ法学者は多いが、いずれか一方の法概念・理解を研究していて、他方に通じる問題領域に行き当たった、ということはあまり聞かない。

ケルゼンを、法実証主義を徹底的に精緻化した法理論家と見る限り、「法」を「法」たらしめている宗教的権威や暴力に関心を持つシュミットと問題領域を共有しているとは考えにくい。しかし、ケルゼンは、法実証主義者の立場から狭義の法学フィールドの中だけで仕事をしていたわけではなく、宗教、神話、宗教文学、（メタ）倫理などについてもいくつかの論文を書いている。神学と法や政治の関係について論じた論考もある。そこで論じられているテーマは、当然、シュミットが『政治神学』等で論じていることと少なからず交差している。また、（法的規範を含めた）「規範」とはそもそも何かを明らかにすることを試みた遺稿『規範の一般理論』（一九七九）では、法的規範の効力の源泉として想定される根本規範の起源はどこにあるのか哲学的に論じられており、ここでも「法」の効力は最終的に主権者の決断に由来すると見るシュミットの議論との接点を見出すことができそうだ。

本章では、法実証主義の完成者としてのケルゼンをいったん忘れ、主に論文「神と国家」（一九二三）、これと関連の深い『社会学的国家概念と法学的国家概念』（一九二二）、『規範の一般理論』など、メタ法理論的な論考を参照しながら、ケルゼンが「神学」―「メタ倫理学」―「法（学）」の三者の関係について本当のところどう考えていたのか、それはシュミットの政治神学とどのような関係にあるのか、基本的な見方は意外と近いのか、あるいは、根本的に対立しているのか検討する。両者がある意味、直接的に対立した「憲法の番人」の問題のような個別の法解釈や党派的立場表明ではなく、メタ法理論のレベルで対比するわけである。テクストの細部に注目した対比を行うことで、『政治神学』でのシュミットの一見揶揄するだけに見えるコメントに込められた、深い意味を読み取ることもできるのではないかと考えている。「神学」を媒介として両者のテクストに通底する問題系を再構成する作業によって、「法」を「法」たらしめているものは何か、「法」が権威を得るには何が必要かといった、メタ法理論的な考察への手がかりを得るのが本章の目的だ。

二　ケルゼンにとっての「神」

論文「神と国家」は、ルートヴィヒ・フォイエルバッハ（一八〇四―七二）、デュルケーム（一八五八―一九一七）、フロイト（一八五六―一九三九）[5]等の議論を踏まえ、「神」とは原初の社会に生きる人間にとっていかなる存在であり、「神」から与えられる掟は、彼の生活にいかなる役割を果たしたかという社会史的な問いに答えることを試みている。

彼はまず、人間の「社会的体験」は、自分が他者と結び付いている意識から始まり、他者たちとの関係には一定の規則性があることを次第に認識し、自分はある「全体」の一部であり、それに従属しているという感覚に繋がっていくと指摘する。

この全体（ein Ganzes）とは各部分を調和的に補完（Er-Gänzung）するところにその重要性があり、個人はこの全体を、自己が一分肢をなすにすぎないところの、自己を越えた高次の存在と感ずるようになる。自己のような部分的存在が可能になるのもそれによるのであり、これこそ自己の存在の条件になっているものであるとして、我々は全体に対し従属の感情をもつに至るのである。この、自己が従属者であり依存者であるという意識は必然的に、その補完物としての、社会関係や社会的拘束を制定する権威の観念に対応している[6]。

「全体」に「従属」しているという意識が、「社会関係や社会的拘束を制定する権威の観念」に対応するというのは、説明不足で分かりにくいが、恐らく、子供が大人になっていく過程で、あるいは、原初の社会に生きている人たちが自分を取り巻く人間関係の中で経験する周囲からの圧力が、次第に明確な輪郭を与えられるようになる事態を指すのだろう。彼らは、自分の意志（自分が現にやりたいこと）に反した振る舞いをすることをしばしば、（特定の誰かの意図ではなく）周囲の人たちに強制され、かつ、その強制がランダムに発動するわけではなく、一定の法則性・方向性があることを経験する中で、そうした関係性の起源に位置する〝誰か〟がそのように仕向けているのではないか、と推測するようになる。その〝誰か〟が、その共同体に属する各人が社会的生活の様々な局面においてどう振る舞うのが正しいのか判定する「権威」を有する存在、正しさの源泉になる。

ケルゼンは、こうした権威者の想定を伴った社会的経験と、神的なものの経験の間にパラレルな関係があると指摘する。

> 宗教体験もまた個人を超え、個人の存在条件となり、またその行動を決定する権威への信仰をその核心とする。そして個人はこの権威に拘束され、全く従属したものと感ずるのである。個人の魂をとらえる神の規範的権威と、無限の拡大と服従を求めて個人の意識に立ちあらわれる社会の支配力を比較してみれば、両者の間には本質的な相違どころか程度の違いさえ見出しがたい。▼7

個人を取り巻く社会関係を秩序付けている社会的権威と、個人の内面において働きかけ、正しい行動をするよう導く宗教的権威が相互に対応し、根底において繋がっているとすれば、「社会＝宗教」と表現できるような統一体があるのではないかと考えられる。

宗教的体験は、超個人的・権威的存在を意識することに尽きるものではない。普遍的つながりの中に置かれているという感情、神の媒介によってつくり出される包括的全体への没入の感情こそ、神を体験する者の感情の特徴をなすものである。個人をその全面において把握する共同体の創造、個人が、神意により生じ、神に充たされた他の存在と内面的に結びつく共同体の秩序の創造、万有が神の子となり、したがって神的兄弟となる状態、ここにはじめて神の観念は究極的意味に達し、宗教的体験は完成する。この宗教体験が深化すると、個人を超え、個人を他の存在と結びつけて宇宙的共同体をつくり出す神の観念と、個人を他者とともに包摂する共同体とが、一つの存在へと汎神論的に合流する。ところでひとは、社会的体験は共同感情から権威へと移行するのに対し、宗教的体験は権威から共同感情に移行するのであって、推移の過程が逆だという感じをもつかもしれない。しかしそれは叙述法の恣意がもたらした外観にすぎない。なぜなら権威と共同感情は、社会意識にとって決して別々のものではなく、心理の運動の段階の相違にすぎず、何が先かは一概にはいえないものである。[8]

社会と宗教が同じ関係性の二つの側面だとすると、社会的制度や規範の根元について問うことは、宗教あるいは「神」の本質について考えることに繋がる。ケルゼンはデュルケーム等の議論を引きながら、原初の共同体では「社会的権威」と「宗教的権威」が一体不可分だったことを示唆する。[9]ケルゼンはこれに加えて更に、宗教と社会の根源に位置する「神」が、「存在 Sein」と「当為 Sollen」双方の根源でもある（あった）ことを示唆している。

完全な神概念は至上の目的・至高価値・絶対善という属性と、究極原因という属性との、二つの甚だ異なった属性をもっている。神は一切の当為を正当化するものであるとともに、一切の存在を説明するものである。神の意志は倫理的規範であり、同時に自然法則である。[10]

因果法則によって支配される（生物としての人間を含めた）自然の領域と、人間が自らの意志で何らかの道徳規範に従って行為する領域の関係をどう考えるかは、近代哲学の最大の課題だと言っても過言ではない。自然界に生きる動物としての人間は、身体において因果法則に支配されているが、その行動が全面的に規定されているとすると、自らの（自由）意志で規範に従って行為するという意味での道徳の存在する余地がない。自由意志で決めたつもりでも、実はそういう意志が生じるよう予めプログラミングされていることになるからだ。倫理や法などの規範が意味を持つには、因果法則を超えた道徳法則の存在を仮定するしかないが、それをどうやって論証するのか。その場合、人間の動物的な本性と、道徳法則に従おうとする自由意志との間にどのような繋がりがあるのか。

ヘーゲルは歴史の中で自己展開する、存在と当為の統一体としての「絶対精神」を想定する。人々が現実に従っている慣習であると同時に道徳性を帯びた規範として承認されている「人倫」の発展を「絶対精神」の自己展開と見た。カントを継承するという立場を取る新カント学派は、二つの領域が異質な法則に支配されていることを前提に、自然界と文化や規範の領域を分けて考える、二元論的な世界観を構築した。

ケルゼンは新カント学派のマールブルク学派の影響を強く受けたとされるが、ここでは、「完成された神」にあっては「存在」と「当為」は統合されると主張することで、神学的・形而上学的な次元に踏み込んでいるように見える。ただ、神学自体にコミットしていくわけではない。

神学はこの完成された神概念を展開したが、その概念のうちに潜む調整しがたい二元性によって論理的に破綻した。しかしこの完成された神概念は、原初的な神概念には無縁のものであった。未開人にとっては正当化の欲求と説明の欲求は同一物であったので、神についても倫理的・規範的側面と自然的・因果的側面を区別しなかったのである。未開人の認識は全く擬人的なものであり、物体の運動も命令の履行と考えれば説明がついたことになるのである。[11]

ケルゼンは、「完成された神」そのものを問題にしているのではなく、それについて社会の中でどのような概念が形成され、それがその社会で生きる人たちの行動にどう反映しているのか社会哲学的に考察しているわけである。「未開人 der Primitive」の思考には、自然界と人間界、因果的な意味での「～であるはず」と倫理的な意味での「～でなければならない」の違いはなかった。彼らは、「神」の意志に発する一元的な法則に従う世界に生きていたのである。

神概念が次第に分節化され、キリスト教の神学のように、神の全能・全知、神の遍在性、神の存在と本質、神の意志、神と被造物の関係、神の正義などが定義され、それらを整合的に関係付けることが試みられるようになると、いろいろ説明がつかない不整合なことが生じてくる。神が人間を含めて全てを創造したとしたら、どうして人間は、神の意志に反するという意味での「悪」を働くのか、神は人間が「善」だけ成すように創造できなかったのか、という弁神論の問題などが。

ケルゼンは神話的世界観に生きる未開人にとって「存在」と「当為」の対立が生じなかったのは、彼らにとって「自然」とは実は「社会 Gesellschaft」だったからだと説明する。[12]「社会」を構成する人間同士の関係を延長あるいは反映する形で、（近代人にとっての）「自然現象」に相当するものも理解されていたので、人間が社会の掟に従うのと同様に、〝自然〟の領域にも万物が従わねばならない掟（＝法則）があり、その掟を作った創造者と社会秩序の創造者は一致する、というより、両者は一体だった。〝自然〟の事物も、人間と同様に、神の定めた掟＝命令に〝従っている〟――植物が成長するのも、風が吹き雨が降るのも、太陽や月が周期的に運動するのも神の命令――という擬人的世界観では、（自然）法則＝（社会の）法[13]であり、矛盾はなかった。

こうした神を中心とする統一的な世界観を崩壊させたのが、先に触れた、神学による神概念の精緻化と、それに少し遅れて進行した自然科学の発展だ。「物」の運動のメカニズムを因果律に従って理解する自然科学的思考が発達するにつれ、諸事物が直接神の意志に従っているという考え方は後退し、神の命令＝法が管轄する領域が人間の社会に限定されるようになると共に、人間同士の関係性に関しても、自然科学的な思考が浸透し、客観的に観察可能な諸行為の因果的な連鎖として、社会科学的に説明できる部分――「～である」と記述される部分――と、神の意志のような形而上学的なものが働く余地がある程度残る規範的な部分――「～すべき」と記述される――へと次第に分離していった。▼14 規範的な部分についても、自然科学―社会科学的な思考の影響で、神が直接各人に命令すると見るのではなく、（神が設定したかもしれない）抽象的に定式化された道徳原理や自然法を起点に、どういう状況であればどう振る舞うべきか考える傾向が強まった。

自然／社会、存在／当為が未分化な原初的な社会において、（直接的に人々の前に現れることのない）「神」に代わって人々に命令し、違反者を罰していたのは、その社会の首長あるいは王である。王は「神」の代理であると共に、人々が現に所属する「国家」を代表する存在だ。王の行為は、「国家」の行為であると同時に「神」の行為でもあった。「神」の観念と「国家」の観念は同一であった。▼15

ケルゼンは「政治」を、王のような役割の人物が「神」とか「国家」の「仮面」を被って演じる、「宗教劇」あるいは「社会劇」だとしている。神罰や国家による罪の宣告は、自然科学的な因果関係のレベルで見れば、周囲の他の個体に害を加えた特定の個体に対して報復（反作用）として暴力が行使されているだけのことだし、戦争は、複数の個体群が暴力的に衝突しているだけのことだ。

この仮面剥奪（Von-den-Masken-Absehen）、仮面を透かし裸の因果法則に決定された自然必然的な心身の運動を視ること、これこそ自然科学を志向する心理学や生物学の立場である。この立場に立てば宗教も国民（Nation）も国家もない。なぜならこれらは「仮面」、すなわち現実の事実の下部構造の上に聳え立つ特殊なイデオロギーに他ならないからである。このイデオロギーとは、人間の精神（der menschliche Geist）が形成する価値関係や規範の理念的な諸体系（ideelle Systeme）であり、その固有の法則性を人間が感じ、またそれに向かって行動を律するものである。[16]

「イデオロギー」とか「下部構造 Unterbau」といったマルクス主義用語を使っているので、ケルゼンもマルクス主義者のように、「宗教」「道徳」「芸術」「法」「国家」などを、下部構造（生産様式）によって規定されるイデオロギーの諸形式としか見ていないのか、と一瞬思えるが、「実定（実在する）法 positives Recht」の純粋な体系を構築しようとした彼の立場を想起すると、彼は少なくとも、「法」や「国家」といった「規範」的なものが、経済の在り方次第でいかようにも変動するとか、支配階級が作り出した幻想にすぎないと考えたわけではなかろう。「政治の舞台」を成り立たせる「イデオロギー」は、物理的因果関係のレベルではほぼ無意味な現象だとしても、「人間の心」にとっては客観的・安定的に実在する「理念的体系」と見ていたはずだ。ケルゼンは「規範」や「価値関係」を、自然科学的実態はないものとして相対化しながら、同時に、その社会に生きる者にとっては間主観的なリアリティを備えて実在する――ケルゼン自身の用語で言えば、「妥当性を有する gelten」――ものと見なす二重の視点を取っているようだ。[17]

「人間の精神」がこうした規範的な諸関係を――そういう自覚を持つことなく――形成（表象）し、体系化し始めた初期段階では、「神」がそれらの関係の源泉になっていたわけである。私たちが現に従っている諸「規範」は、その起源を系譜学的に遡っていけば、「神」（の表象）に辿り着く。規範の源泉としての「神」の活動は、人々の現実の生活を包摂し、一定の方向へ統制している「国家」の活動として表象＝代理される。

　このように考えてくると、社会形象の完成態である国家、最も発達したイデオロギーである国家、その国家に関する理論すなわち国家論が、神に関する理論、すなわち神学と顕著な一致を示すとしてもなんの不思議もない。それは、ヘーゲルにならった国家論、意識的に倫理的意味においても国家を絶対化し神化しようとする国家論にみられるばかりではない（この国家論は神学が神に属する属性をすべて国家に帰そうとする）。この一致は新旧の国家論のすべてについて、思いがけない範囲にわたってみられるのである。国家論の問題設定や解決の仕方が神学のそれと驚くべき並行性を示していることについては、以上心理学的見地からの宗教現象と社会現象の関係として論じてきたが、以下にはその理由を認識論上の問題として解明することにする。[18]

ケルゼンは、「神＝国家」が法を含む諸規範の源泉であったのは、原初的な社会に生きる人たちの心理状態の話であったと太古の話をしているだけではなく、近代の国家論が神学と構造的に対応していることに歴史的根拠があると示唆しているのである。[19]ヘーゲルの国家論に神（絶対精神）が出てくるのは、彼が個人的にキリスト教の神に固執していた、あるいは、神の観念に取り憑かれていたからではなく、むしろ、プロイセンのような近代国家が依然として「神」の概念と不可分であり、「神」抜きで「国家」の本質を把握できないことを洞察していたからかもしれない。

「国家」を「神化 Vergöttlichung」するというのは、原初の社会でそうであったように、ただし高度に洗練された形で、「国家」を一つの人格と意志を持ち、その領土や住民に関わる全ての現象を見通し、それらの関係を支配する全て法（則）を生み出した超越的な存在として表象し、その表象に基づいて国家のあるべき形を思い描き、その〝意志〟に従うという体で、法や政治を行うということだろう。キリスト教による神概念の抽象化と、それに続く、社会・文化の世俗化が進行しても、自分たちを拘束する掟の源泉として、神のような権威を思い描く原初的な思考様式からなかなか離脱できないのである。

三　神の超世界性

神学と国家論が、原初における「神＝（首長）＝国家（共同体）」という同じ起源から発しただけでなく、近代においても依然として不可分であるというのは、まさにシュミットの政治神学の考え方だ。「神と国家」の少し前に刊行された『政治神学』でシュミットは以下のように述べている。

現代国家理論の重要概念は、すべて世俗化された神学概念である。たとえば、全能なる神が万能の立法者に転化したように、諸概念が神学から国家理論に導入されたという歴史的展開によってばかりでなく、その体系的構成からしてそうなのであり、そして、この構成の認識こそが、これら諸概念の社会学的考察のためには不可欠のものである。[20]

この箇所にシュミットとケルゼンの思考の共通点と共に、戦略的相違点も表れている。キリスト教の教義による制約から自由になり、国家に固有の目的を実現すべく組織化されたはずの近代国家ではあっても、人々が「国家」の本質について考えようとすると、人々の思考を規定する基本概念が神学的な性質を帯びているので、神学的な概念を持ち出してしまう、という認識は両者に共通している。

しかし、ケルゼンが文化人類学や精神分析まで持ち出し、キリスト教神学以前の段階、原初的な社会における「神＝国家」の状態をイメージし、神の命令＝法規範は自然科学的に見れば、「イデオロギー」にすぎないという分かり切ったことを確認しているのに対し、シュミットは神学、それも個人の信仰の自由を前提とするプロテスタントのそれではなく、位階制による秩序がはっきりしているカトリックの神学を起点として考えることに拘り[21]、それより遡って、神学の影響を相対化することを避けている。ケルゼンが「国家＝神」の関係を解きほぐし、「神」の呪縛を弱めていこうとしているように見えるのに対し、シュミットは、「国家」論が「神」の呪縛から逃れることはできない、という印象を与えようとしているわけである。

では、近代における「神＝国家」の観念連合と、「法」とはどのような関係にあると彼らは考えているのだろうか。シュミットの方から見ていこう。『政治神学』の冒頭でシュミットは、「例外状態についてを越えて決断する者が主権者である Souverän ist, wer über den Ausnahmezustand entscheidet.」と述べたうえで、[22] 法や慣習が問題なく機能している通常状態ではなく、あらゆる法規範の効力が疑わしくなる「例外状態」における主権者の決断においてこそ、法を法たらしめている「国家的権威」の本質が現れているという論を展開している。[23] 政治神学と「法」の関係についても、「例外状態」における主権的決断こそが何が「通常＝規範的 normal」かを決定するという観点から論を進めている。

例外状況は、法律学にとって、神学にとっての奇蹟と類似の意味をもつ。このような類似関係を意識してはじめて、ここ数百年間における国家哲学上の諸理念の発展が認識されるのである。なぜなら、現代の法治国家の理念は、理神論、すなわち、奇蹟を世界から追放し、奇蹟の概念に含まれている自然法則の中断、つまり直接介入による例外の設定を――現行法秩序への主権の直接介入を拒否するのとまったく同様に――拒否する神学および形而上学、を踏まえつつ確立してきたのである。啓蒙思想の合理主義は、いかなる形での例外事例をも否定した。[24]

シュミットのイメージする本来の「神学」は、通常の神学とはかなり異なり、奇蹟の場面における神の人格的な現れ、人間への働きかけから、神の本性や人間との関係を考察するものである。神が直接介入しなくても、万物が、神が創造した自然＝道徳法則に従って自動的にうまく回っている状態では、人間がそれらの抽象的な法則から、神の意志を推し量るのは難しい。自らが作った一般的法則の「例外」として、神が奇蹟を起こす（『聖書』等で描かれた）場面でこそ、神の本質の一端を垣間見ることができるというのが、シュミットの神学上の基本的スタンスだ。シュミットに言わせれば、奇蹟の瞬間における神の相貌、決断者としての神に触れようとしない合理主義的な神学は、神の人格抜きで成立する「理神論」の方に最初から傾いていたわけである。

それとパラレルに、「現行（現に妥当している）法秩序 die geltende Rechtsordnung」だけを見ていたのでは、「法」の本質は分からない、「例外状態」での決断によって、各種の法規範に効力が付与される場面に着目すべき、というのがシュミットの法理論の出発点だ。

では、ケルゼンは、「神」と「法秩序」をどのように関係付けるのか。先ず、「神」を「世界秩序」と認識論的に関係付ける。

> 認識論的見地からすれば神は世界秩序を擬人化したものである。ひとは世界を把握するにあたって、世界が有意味な統一体、すなわち一切の現象の統一的秩序であることを前提とする。この場合には、この秩序が規範の体系であるか、因果法則の体系であるか、また両者の体系と考えるかは問題ではない。ただ重要なのはこの秩序が統一的なものでありうるという抽象的な観念を、擬人化《ペルゾニフィカチオン》という手段を用いて、心に思い泛べようとするという事実である。未開の思考にとって特徴的なのは認識手段と認識対象を混同することであって、それによってこの人格《ペルゾン》は実体化されるに至る。すなわち対象を把握する道具にすぎないものが現実の物と考えられ、認識対象が二重化されるのである。▼25

全ての源泉・中心としての「神」という人格を想定することで、あらゆる「秩序」に「統一性 Einheit」の外観が与えられ、人々はそこに安心して住まうことができる、というわけである。ただし、そうした「擬人化 Personifikation」はあくまで、「未開の思考 das primitive Denken」が世界を把握しやすくするために採用した方便にすぎず、合理主義的な思考にとっても「秩序」が「神」のような人格性を帯びねばならない絶対的必然性があるとは考えていないようだ。

こうした認識論的前提に基づいてケルゼンは、いずれも元々神的秩序の一部であった「国家」と「法」がどういう関係にあるか明らかにする。

国家もまた人格であり、したがって一つの秩序を擬人化したものと考えられる。この秩序こそ法秩序に他ならない。諸個人間の多様な法的関係を統一体として把握するためには法秩序という観念が用いられるが、これも抽象的なものであるから、これを人格というイメージで思い泛べようとされ、この人格の意志が法秩序の内容であるとされるのである。ちょうど（道徳的な、または因果関係的な）世界秩序が神の意志とされるのと同様である。法が国家の意志であれば、国家は法人格、すなわち法を擬人化したものである。[26]

つまり、「国家」とは、「法秩序」を統一的なものとして表象すべく「擬人化」したものだというわけだ。「国家」の擬人化という問題は、『国法学の主要問題』（一九一一）や『主権の問題と国際法の理論』（一九二〇）等の初期の著作でも言及されており、[27]『社会学的国家概念と法学的国家概念』では、「国家（人格）」と「法秩序」の実質的な同一性と、「国家―法秩序」関係と「神―自然」関係の構造的類似を指摘したうえで、「神」と「国家」がイデオロギー的に同一視される傾向があることまで指摘している。[28]「神と国家」では、原初的な思考にまで遡って、「神」と「国家」が起源において同一であったことを明らかにするに至ったわけである。

ケルゼンは無論、人格的なものとして表象された「国家」と「法秩序」とが同一であると主張することによって、「国家」を介して、「法秩序」を再び「神」と強く結び付け、法学を神学化しようとするわけではない。その逆に、「法秩序」を考えるのに、人格的な表象を必要とするのは、未開の思考の名残であり、克服すべきものだと考えている。彼は、人格的な表象を排したうえで、「国家」と「法秩序」は同一であり、両者は同じものの二つの側面にすぎないことを明らかにしようとする。それが「法の科学」としての「純粋法学」の目指すところだ。[29]

ケルゼンは、「国法学」において、「国家」を法によって自らの行動を抑制することもあるが、究極的には、「法秩序」全体の創造者にして、実効性を与える担い手であり、その意味でメタ法的（metarechtlich）存在[30]であるとして超越論的に位置付けようとする議論があることを指摘したうえで、そうした議論が抱える自己矛盾を指摘する――法学としての憲法学の枠内で、法を超えた存在として天皇を位置付けようとする際に生じるのと同種の問題だと考えれば、イメージしやすいかもしれない。

国家を超法的存在としながら、なおそれを法との関係のみによって性格づけようとすれば、国家の性質規定の試みは、消極的性質をあげるにとどまることになる。国家の本質的要素として通常あげられる主権性ということについていえば、それは結局国家は至高の権力であること、すなわちそれ以上の権力は存在しないこと、それ以上に由来するものでもなく、それに制約されるものでもない権力であることというように否定的に定義されたものに過ぎない。同様に神の超越性を強調する神学も、神を消極的述語で記述せざるをえなくなる。国法学上の主権概念はそのまま神学に転用することができる。なぜなら共にその対象を絶対化しようとするものだからである。法学は、神学との関係を全然自覚しないままで、国家はそれが主権である限り、すなわち絶対化される限り、絶対的に至高の法的存在・唯一の存在たらざるをえないと認めた。主権の概念を首尾一貫してつきつめると他国の主権、すなわち主権的団体としての他国を否定することになるのである。[31]

神学における消極的な神表現について丁寧に説明していないので分かりにくいが、要は、一般に否定神学と呼ばれるものにおいてそうであるように、「神は、いかなる理性的存在よりも理性的である」とか「神は、あらゆる被造物よりも大きい（偉大である）」「神より善なるものはない」……というように、神ならざる何か（X）を引き合いに出して、Xを超えているとか、Xによって限定されない、というような消極的な規定しかできず、神とはそもそもどういうものなのか本当に知りたいと思うような内容は得られないということである。「神は人間の学問による理解を超えた存在である」という前提で、「神」の本質を学問的に論じようとするのだから、当然のことである。

既にキリスト教の神に絶対的に帰依している信者向けであれば、こうした実質的な中身のない神学でも間に合うかもしれないが、現実に存在し、次第にその支配力を強化しながら変容している国家とは何か明らかにしようとする国家論が、「国家」の本質について消極的なことしか言えないとすれば、何のために議論しているのか分からない。特に、それ以外のいかなるものにも制約を受けない至高の権力である主権を有することを国家の定義にした場合、他の主権国家の存在を理論上認められないことになり、国家の重要な機能である外交、国防、通商などについて考えられないことになる。国家によっても奪えない、各人の基本的人権を考えることも困難になる。法学的な認識枠組みに留まりながら、「法秩序」を超えた存在として「国家」を捉えようとすると、どうしても否定神学のような前提に立ってしまい、矛盾が生じる。

では、法学ではなく、社会学とか政治学などの他の社会科学的なアプローチをすれば、「国家」の本質をちゃんと把握できるのかと言えば、それについてもケルゼンは否定的だ。『社会学的国家概念と法学的国家概念』では、先に、「神と国家」での、自然科学的因果法則に即した見方と、規範的な社会科学の見方の違いをめぐる議論について見たように、「社会的統一体 die soziale Einheit」としての「国家」を、自然科学的な意味で、経験的に観察可能な実体として捉えることはできないとしている。[32]「国家」は「規範体系 Normensystem」として捉えるしかないのであり、その場合、「国家」を捉えるのに適切な「規範」は何かと言えば、「法規範」ということになる。社会学的な国家論でも、デュルケームやテンニース

（一八五五―一九三六）など、（ケルゼンから見て）的確に国家を捉えているものは、実質的に国家を法規範の体系として捉えている[33]、という。「純粋法学」的に国家を法秩序として捉えるべきだと主張するケルゼンは、社会学的な国家概念と法学的国家概念を併置するイェリネック（一八五一―一九一一）などの二元論的アプローチにも徹底的な批判を加えている[34]。

そうしたケルゼンの立場からすれば、「主権」を行使する人格的な主体にフォーカスする形で、「法秩序」を超えたものとして「国家」を表象しようとする国法学の議論は、原初的な思考から抜けきれない遅れた発想ということになるだろう――『一般国家学』（一九二五）でケルゼンは、「主権」を、「法体系の統一性（Einheit des Rechtssystems）と法認識の純粋性（Reinheit der Rechtserkenntnis）の表現[35]」と極めて抽象的・形式的に捉え直すことを試みている。

「主権」を人格的なものと見る国法学者はシュミットだけではないが、主権論が神学的様相を呈することを積極的に肯定するシュミットは、ケルゼンが克服しようとしているものの権化のように見えてくる。

『社会学的国家概念と法学的国家概念』が刊行されたのは『政治神学』の前であるが、シュミットは『独裁』で革命や騒乱などの「例外状態」における「独裁」という形で発揮される主権について論じており、ケルゼンが、シュミットの主権論を念頭に置いていたとしても不思議はない。この時点であまり意識していなかったとしても、ケルゼンが法学の科学化を阻害するものとして問題視していた、法学を神学と一体の状態へと退行させる方向にシュミットが突き進んでいったのは間違いない。

四 「奇蹟＝例外」の意義

興味深いことにケルゼンは、『社会学的国家概念と法学的国家概念』で、「法秩序」と「国家」の関係をめぐる議論の流れで、「奇蹟」の問題にも言及している――この議論の簡略化されたヴァージョンは、「神と国家」にも見られる[36]。

神学における神と地上という二元論から生じる体系上の問題は、キリスト教の奇跡信仰においてもっとも鋭く現れる。一面において神学は地上を、自然として、すなわち自然法則の体系的統一として、神が自然とともに自然法則も創造したという理由からそれだけ多く許容しなければならない。しかし他面では神学にとっては、神を自然法則に縛られていると考えることは不可能である。自然法則に対する神の自由は、奇跡という概念で表現される。奇跡とは、自然法則的には不可解であり、その規定性については神の意志の超自然的な体系の上で理解しなければならない出来事である。[37]

通常の自然法則と奇蹟の関係についてのシュミットとケルゼンの理解は大筋では一致しているが、シュミットが奇蹟を神の本質が現れる瞬間として肯定的に見ているのに対し、ケルゼンは、そこに高度に概念化された神学の矛盾を見る。神が自分が厳密に設計した自然法則を無視し、その都度勝手気ままにと世界に介入するというのは、神の全知を否定することになるのでおかしい。かといって神が自然法則によって自縄自縛になっていることにしたのでは、神の全能性に反してしまう。そこで自然法則を基本的に維持しながら、例外的に介入する「奇蹟」を想定せざるを得なくなったというわけだ――この理由から神学は「奇蹟」を必要とするということは既にフォイエルバッハによって指摘されていた。[38] シュミットが神学の本質を見ているところに、ケルゼンはイデオロギー的一貫性を保てない脆弱さを見ているのである。

ケルゼンに言わせれば、これと同じ構造的矛盾は、国家を法秩序とそれを越えた主権的人格に二重化して捉える国家学にも見られる。

このような論法は、国家学の方法でもある。国家学は、国家は本性上、力が及べばすべてをなして構わないが、法的にはただ、国家の意志である法法則が権限を与える範囲でだけすることを許されると説明する。一方において、国家行為もしくは法行為としての何らかの行為は、その行為が法秩序によって定められている限りでのみ理解され得る。というのは、法学は自己を断念しない限り、法法則からの例外は認め得ないからである。しかし他方では、国家がその作用の上で、法法則に否応なく縛られていると、法法則の中へといわば束縛されていると考えるのを強いられるとしたら、わが国家学にとっては耐え難い打撃であろう。それは、奇跡信仰の断念が地上を超越し、自然を超越する神の全能と相容れないのと同じくらい、法を超える「力」としての国家と相容れないであろう。このようにして、わが国家学もまた、重要きわまる構成要素として国家学なりの奇跡信仰をもつのである。[39]

ここでケルゼンが念頭に置いているのは、「例外状態」ではなく、国家（政府）が実定法上は違法と見なされる行為を行っても、主権の行使であれば、法的責任を問われないケース一般のようである。[40] ただ、自らが統治のために作り出した「法秩序」を超えてみせる「奇蹟」によって、その本質である「（権）力Macht」を露わにするという発想は、『独裁』でのシュミットの議論を念頭に置いているようにも見える。『独裁』でシュミットは、「例外状態」で、「憲法制定権力pouvoir constituant」が直接発動される可能性があることを示唆している。[41] シュミットにとって、「憲法制定権力」とは、（神の創造のごとく）「憲法＝国家体制」をゼロから創り出す民衆の力（Macht）、根源力（Urkraft）であり、普段は自らが創り出した「憲法＝国家体制」に拘束されているが、全面的に縛られているわけではない。「例外状態」が生じ、国家の存続が危ぶまれる時、「独裁」という形で、自らの本質である暴力（Gewalt）性を露呈する[42]——「暴力批判論」でのベンヤミンの表現を使えば、「神的暴力 die göttliche Gewalt」[43]。「法律のない全権（Allmacht ohne Gesetz）」、法なき（権）力（rechtlose Macht）」という性格を持つ「独裁」は、「法の外außerhalb des Rechts」にありながら、「国家の内 im Staat」にある。[44]

ケルゼンが「奇蹟」の例として、単に国家による違法行為に言及しているだけなのに対し、シュミットは、その違法行為が、国家権力の本体とも言うべき「憲法制定権力」の名において正当化される可能性がある、「例外状態」についての主権的決断、あるいは「独裁」という極限的な事例を考えていたわけである。ケルゼンが指摘する〝奇蹟〟の矛盾を突き抜け、その矛盾を、正当化の根拠へと転換・再構成する逆説的な立脚点をシュミットは探していたのである。

五　批判的政治神学？

法秩序を超えるものとして国家（主権）を位置付けようとする議論を根底から掘り崩そうとするケルゼンの試みは、シュミットにはどう見えていたのだろうか。一定の評価は与えている。

ケルゼンに帰すべき功績は、かれが一九二〇年以後、かれ特有のかたよりをともなってではあるが、神学と法律学との方法論的親近性を指摘していることである。社会学的および法律学的国家概念に関するかれの最後の著書において、ケルゼンは、もとより混乱した類推をうんともちだすのであるが、しかし、いちだん深く理念史的洞察を加えるならば、ここに、かれの認識論的出発点と、かれの世界観的・民主的結論との内的異質性を読みとることができるのである。なぜなら、かれが、国家と法秩序とを法治国家という形で同一化する根底には、自然法則性と規範的法則性とを同一化する形而上学があるのであるから。この形而上学は、もっぱら自然科学的思考より発し、あらゆる「恣意」の廃棄にもとづいて、人間精神の領域から、いかなる例外をも排除しようとする。[45]

神学と法学の「方法論的親近性 die methodische Verwandtschaft」の指摘を議論の出発点にしたことは評価しているものの、結論として、［国家＝法秩序］としていることに納得がいっていないことが分かる。民主主義的な世界観に固執するケルゼンが、無理な推論を重ねて結論を捻じ曲げたと見ているわけだ。

『社会学的国家概念と法学的国家概念』[46]でもケルゼンは、自然法則と規範法則を区別したうえで、国家への規範的アプローチを試みているので、「自然法則と規範法則とを同一化する形而上学」というシュミットの言い分は一方的な言いがかりのようにも見えるが、シュミットにしてみれば、ケルゼンの「規範理論」が、自然科学あるいは数学のように見えているということだろう。『一般国家学』でケルゼンは、「法世界の統一性は、認識論上の立場からしては、自然の統一性と別種のものではない」と、法学を自然科学と同じ見方で捉えることを試みており[47]、シュミットの見方は必ずしも的外れではなさそうだ。

『政治神学』の別の箇所でシュミットは、人格的な主権概念を排除するケルゼンの議論を以下のように性格付けている。

国家すなわち法秩序は、究極的帰属点かつ究極的規範に対する、帰属点の体系なのである。国家内部に行われる上位および下位秩序は、統一的中心点より発して最下位段階にいたるまで、権限や権能が及んでいくことにもとづく。最高権能は、一人格ないしは社会学的心理学的権力複合体に帰着するのではなく、ひとえに、規範体系の統一として、主権的秩序そのものに帰着するのである。法律学的考察にとっては、現実の、あるいは虚構の個人は存在せず、ただ帰属点のみが存在する。国家とは、帰属の最高到達点であり、この点において、法律学的考察の本質である帰属が「終始しうる」のである。この点は、同時に、「これ以上演繹しえない秩序」である。根源的な究極的最高規範より発して、低位のすなわち委嘱された規範にいたる、秩序の一貫した体系は、このように構想されうるのである。[48]

「純粋法学」を志向するケルゼンが、まるで数学か物理学のように、「根源規範 Grundnorm」という抽象的な「点」からの「演繹」で全てが導き出せるかのように、統一的かつ純粋な――論理から外れる例外や不規則性などない――法秩序の体系を構築しようとしていることにシュミットは違和感を抱いているようだ。それはシュミットにとって、自然科学化された「規範的法則性」にすぎないのである。

ケルゼンが法律学をどこまでも純粋に高めて到達しようとする規範科学なるものは、法律家が自己の自由な行為に基づいて評価するという意味においての規範的なものではありえない。[49]

シュミットの言う「規範科学」は、既成のアルゴリズムのようなものに従って自動的に答えを導き出せるようになっているという意味で自然科学的に「形式化」されたものではなく、裁判官のような役割を担った具体的な人物が、要所要所で「判断」を行うことで、価値を「実定的な positiv」ものにすることを前提としている知の技法のようである。シュミットがこのように考えているとすると、彼が「例外状態」に拘っているのも納得がいく。通常の状態では、裁判官も官僚も政治家もアルゴリズムに従っているかのように、法的・政治的問題を自分で判断しているという自覚はなく、ほぼ自動的に処理しているが、「例外状態」になると、誰かが「主権者」として決断しないといけないことが万人の認めるところとなり、シュミットの言う意味での、法学の規範性が明らかになる、というわけだ。

そうしたシュミットの立場からすれば、ケルゼンの純粋法学は、当事者たちの自覚なしに流れ作業的な曖昧な形で法的判断が成されている通常状態をモデルにして、本当に自動的に処理がなされているかのように装う、悪い意味でのイデオロギーということになるだろう。それは、全ての市民は権能において平等でなければならない、という民主主義的な前提に拘るあまり、国家の最重要な課題について最終的に「決断」する具体的な人格を持った主権者の存在について考えることを避けるイデオロギーだ。[50] ケルゼンにとっては、神の代理のような主権者の役割を殊更強調し、それを神学とのアナロジーで説明しようとするシュミットの発想は、太古の思考の残滓を引きずっているどころか、開き直った退行だろうが、シュミットには、そういうケルゼンの方こそ、「例外状態」がしばしば生じ、自分たちの生きる同時代のドイツ・

オーストリアにも現に生じており、主権者の名による独裁的権力の行使で国家体制が更新され、それに伴って、新たな法秩序、それを構成する個々の法規範（Rechtsnorm）、法規範が通用することを可能にする社会の通常性（Normalität）が形成されているという現実を無視し、自然科学的に仮定された理想状態で机上の空論を展開しているように見える。[51]

このように、私たちが太古から継承してきた「政治神学」的思考から国家論や法学を解放することを目指すケルゼンのそれと対比すると、シュミットの「政治神学」がどのように「法」をイメージし、その根拠をどこに求めようとしているかよりはっきり見えてくる。ケルゼンは神学以前に遡ることで、シュミットの政治神学の根拠を解体しようとするのに対し、シュミットはそうしたケルゼンの試みは、結果的に、彼の法理論である「純粋法学」を、自然科学に接近させ、様々なレベルの判断の連鎖として成り立つ実定法（実在する法）の現実から遊離したものにしていると見ているわけである。

近年こうしたケルゼンの反政治神学の戦略を、「批判的政治神学 critical political theology」と呼ぶ研究者たちがいる。[52]「政治神学」とはどういうものかその本質を定義することによって、その理論に内在する矛盾を明らかにし、自己解体に追い込むこと――デリダの用語で言えば、「脱構築」――を目指すという意味で[53]「批判的」だという。実定法に違反する「国家」の行為が、自然法則に対する神の介入であるかのように――カトリックの教皇不可謬説と同じような理屈で――正当化されてしまう政治的現実への「批判」を含意しているという見方もある。[54]

先に述べたように、ケルゼンが従来の国家論に、神話的・神学的思考の痕跡があるのを見てとって、それを明るみに出そうとしたのは確かであるという見方に著者は同意するが、シュミットをはじめとする典型的な保守主義者の国家論や法理論を「政治神学」の視点から一貫性をもって読解しているわけでも、〝政治神学〟を法秩序全体を破壊する危険なところまでエスカレートさせないガイドラインのようなものを示しているわけでもないので、ケルゼンが「批判的政治神学」を体系化しているかのような大げさな言い方をすべきではなかろう。シュミットの政治神学と正面から対決して「例外状態」論を批判するということさえしていない。シュミットの『憲法の番人』に対する批判も、「政治神学」を前面に出すこともなく、ワイマール憲法の条文と同憲法の成立事情、近代憲法の発展史から見て、「憲法の番人＝大統領」論の妥当性を論じる地味な内容になっている。▼55

「政治神学」的思考と批判的に取り組むことは、人格的な決断主体を排した「純粋法学」を確立するうえでケルゼンにとって必要な歩みであったとは言えるが、彼は「批判的政治神学」を論争のための決定的な武器のようなものに仕立てたわけではない。他者を批判するだけでなく、自らも原初的な思考の残滓から完全に脱するために、「政治神学」と批判的に取り組んだのである。

六　根本規範をめぐって

では、「神と国家」以降、「純粋法学」を確立する過程でのケルゼンは、政治神学的なものを完全に断ち切れていたのか。私はそうだとは思わない。神学的な思考に対するケルゼンの微妙なスタンスは彼の「根本規範」論の揺らぎに見て取ることができる。「根本規範」とは、あらゆる実定法上の法規範の妥当性がそこから導き出されてくる、法規範の根源に位置するものだが、『自然法論と法実証主義の基礎』（一九二八）で、ケルゼンは以下のように定義している。

自然法の規範は、自然、神または理性、すなわち絶対的に善なるもの・正しいもの・正義的なものという原則、絶対最高の価値、みずからの絶対的妥当を要求する根本規範に基づいているが、実定法の規範のばあいはそんなものではない。それが特定の方法で創設され、特定の人によって創設されたからそうだというのである。したがってその創設方法の価値や実定法的権威として機能する人の価値についてはなにも断定的な発言はない。価値は——仮設的に——前提されているのである。特定の君主の命令に服従しなければならないとか、特定の国民集会、特定の議会の議決にしたがって行動しなければならないという前提の下に、この君主の命令するもの、この国民集会・議会の議決するものは適法であり、このようにして成立した規範は「妥当」するのであり、これらの法令の内容とすることが発生「すべき」なのである。自然法の規範の絶対的妥当は自然法の観念に対応するかのように、実定法の規範の仮設的相対的妥当は実定法の観念に対応する。すなわち実定法の規範は一つの前提の下に、すなわち法を創設する最高権威を設置する根本規範を仮定するばあいにだけ妥当するが、根本規範の妥当そのものは実定法の範囲では基礎づけられていないし、また基礎づけることはできないものである。[56]

自然法の場合、「絶対最高の価値 ein absolut höchster Wert」を持つ「根本規範」である神や宇宙によって命ぜられたものである（と見なされる）ことにより、絶対的に妥当するわけだが、実定法の場合、王とか議会のような「最高権威 die oberste Autorität」によって「創設 erzeugen」されたという事実が妥当性の根拠となる。では、「最高権威」がどのようにして「最高権威」になったかというと、「根本規範」に適合する形でその地位を付与されたから、ということになる。「最高権威」の地位を根拠付ける「根本規範」が、少なくともある国家あるいは政治的共同体の領域内では妥当していると「前提される voraussetzen」ことで、その領域内で適用されるあらゆる法規範の妥当性が基礎付けられる。

法的妥当性の究極の基礎である「根本規範」の妥当性を、通常の意味での法的手続きによって基礎付けることができないのは当然だが、だとしても、どのようなきっかけで「根本規範」が人々に受け入れられるようになったのか、という疑問が残る。この箇所の少し後でケルゼンは、「憲法」が規範的な意味を持つのは、それ以前に規範的に妥当していた憲法に適合していたことによるという、憲法の妥当性の根拠を遡及していく文脈で以下のように述べている。

遡及はけっきょく、これ以上、以前の憲法にまで遡ることのできない歴史的に最初の憲法にいたって終結することとなる。この最初の歴史的事実が「憲法」という意味をもつこと、人びとの集会の議決または王位簒奪者の命令が基本法――としての規範的意味をもつことは、これらの事実を超えて進んでいけない実定法学者によって前提されている。実定法学者はこれを前提として法的作用として理解する他のすべての作用の規範的意味を基礎づけることができ、しかもけっきょく最初の憲法にまで遡って行くことによって法的作用として理解するのである。この前提に対する表現、それの意識的な定義づけが、――他でもない――歴史的に最初の立法者を立法者として任命する仮説的な根本規範である。[57]

ここで「根本規範」は法学者が実定法の妥当性の根拠を探求する時に、最終根拠として「前提」せざるを得ない理論的仮説として位置付けられているわけだが、興味深いのは、その仮説が（実在したかどうか分からない）「歴史的に最初の立法者 der historische erste Gesetzgeber」という表象と結び付いている点だ。学者が自らの理論を説明するために導入する「仮説」であっても、ある程度のリアリティがなければ、「仮説」として機能しない。実定法の「根本規範」である以上、自然法のそれのようにいつのまにか自然と妥当するようになったという見方をするわけにはいかず、歴史的に実在した誰かの立法行為に伴って妥当するようになったと考えざるを得ない。最初の立法行為に際して設定された最も基礎的な規範が、その後の経過で、「根本規範」となり、その「根本規範」が遡及的に「歴史的に最初の立法者」を確定するという循環的な関係が成立するには、「最初の立法者」と呼ぶにふさわしい、影響力を発揮し続けられるそうな人物像（を想定すること）が必要になる。

ケルゼンは最初の立法者がどのような存在としてイメージされるか明言することを避けているように見えるが、神の代理として立法したモーゼのような人物像が浮かんでくる。そうした神話的な人物でないと、「根本規範」に相当するものを、国家創設の瞬間に立ち会った人々だけでなく、その後の子孫たちにも受け入れさせ続けることはできそうにない。人々が受け入れなかったら、根本規範としての意味を成さない。現行憲法の妥当性の歴史的根拠の根拠の根拠の……と遡って考えていった時、人々がそこに虚無しかないと思うのではなく、逆に、絶対的根拠を見出すとすれば、「最初の立法者」自身あるいはその背後にあるものに、それ以上の遡及を許さないという意味での（神のごとき）絶対的権威があるからだろう。『純粋法学』第一版（一九三四）では、そうした「根本規範」の起源をめぐる問題がもう少し分かりやすい形で、ただし先程とは異なったニュアンスで論じられている。

しかし、更に進んで一切の法律《ゲゼッツ》と法律に基づいてなされた法行為の基づくところの憲法の妥当根拠を問うならば、おそらく、まだそれより前の憲法に到達するであろう。かようにして、最後には、一人の簒奪者又は任意に形成された団体によって発布された歴史的に最初の憲法に到達するであろう。歴史的に最初の憲法制定の機関がその意思として表示したものが規範として妥当すべきであるとゆうこと、それこそ、この憲法に基づく法秩序の一切の認識の出発点となった根本前提である。かくて、最初の憲法定立者なり、かれによって委任された機関なりの規定する要件と方法において強制が科せられるべきこと、それが実に法律秩序（ここで、さしあたって、それだけが問題になっているところの国内法秩序の意義における）の根本規範を公式に表現したものである。[58]

ここでは、「根本規範」は憲法＝国家体制発展史の歴史的原点としてはっきり性格付けられている。その原初の制定行為を行ったのが、誰もが無条件に受け入れざるを得ない権威を持った存在ではなく、「簒奪者 Usurpator」や「任意に形成された団体 ein irgendwie gebildete Kollegium」だったとすると、単純に「力」によって秩序が作り出され、その時の原型を保つために「根本規範」という観念が生まれてきただけではないのか、と思えてくる——先に引用した『自然法論と法実証主義の基礎』の箇所では、「簒奪者」の命令あるいは「人びとの集会 eine Versammlung von Menschen」の議決が規範的な意味を持つ根拠としての「根本規範」が問題になっていたが、ここでは、逆に、それらが「憲法定立」に伴って、「根本規範」を生み出す可能性が示唆されている。

これに続けて、ケルゼンは法秩序が合法的に変更される時ではなく、革命的なやり方で変更される時にこそ、「根本規範」の意味するところが明らかになる、というシュミットを思わせるような議論を展開している。

今まで君主政であった国家において、暴力的革命の方法によって、一群の人々が正当政府に代り、今までの君主政の政府を共和政の政府によって置き代えようと試みたとする。このことが成功したならば、即ち、旧秩序が停止して新秩序が実効的になりはじめる――人々の実際の行動（それに対して秩序が妥当することを要求するところの）がもはや旧秩序に適合しないで大体に新秩序に適合することによって――ならば、この新秩序が法律秩序として用いられることになる。即ち、その執行のためになされる行為は法行為として、それを侵害する事実は不法行為として解釈されることになる。そこに、新しい根本規範が前提される。それはもはや君主を法定立の権威（Autorität）として措定する根本規範ではなくて、革命政府を指定するそれである。革命政府によって立てられた新秩序が実効的となるに至らず、規範の向けられた者の実際の行動がそれに適合しないことによって、右の革命の試みが失敗に終わったならば、革命政府によってなされた行為は憲法定立ではなくて、反逆罪であり、法定立ではなくて、法侵害であると解釈されるべきであろう。しかも、それは旧秩序に基づいてである。即ち、君主を法定立の権威として指定する根本規範を前提とし、その下に妥当する旧秩序に基づいてである。[59]

暴力革命が試みられるに際し、旧秩序の〝根本規範〟と新秩序のそれとが対峙し、暴力的（gewaltsam）

な対決でどっちが勝つかで、真の「根本規範」が決まるというのは極めてシュミット的な状況だ。勝った側が自らの「根本規範」を中心に制定した〝法秩序〟が、唯一の「法秩序」になるのである。その時は、単なる無法者の命令にすぎなかったものが、革命の経過次第で、（その無法者自身が定めた）新しい「根本規範」によって最高権威による合法的命令として事後的に正当化されることになる。暴力闘争の勝利者は「根本規範」を置き換えることで、法秩序を根本的に作り替えることのできる神のごとき力を発揮するわけである。

無論、ケルゼンが原初的な国家創設の場面や暴力革命的な騒乱に言及するのは、「自然法」の場合とは違って、実定法の「根本規範」は、何らかの権威を付与された具体的な個人あるいは集団によって定立されたという事実に基づいて、特定の政治共同体の枠内で妥当するようになるということを分かりやすく説明するためであって、最後は、「力」や「決断」によって決すると言いたいわけではなかろう。むしろ、「根本規範」が制定されて以降は、「根本規範」と適合しないものが「法秩序」に入り込む余地は基本的にない、というのが彼の立場だが、それだけに、「根本規範」が制定される瞬間については、ケルゼンもシュミット的な視点を取らざるを得ないことが際立つように思える。

『法と国家の一般理論』（一九四五）でも、こうした「根本規範」の歴史的起源と革命による変動可能性をめぐる叙述の仕方は保持されているだけでなく、▼60 最初に憲法を定立した者が重要であることが強調されている。

人は、最初の憲法を定めた個人または諸個人の命ずるように行動すべきであると要請される。これが、今考えている法秩序の根本規範である。最初の憲法を文書化したものは、この根本規範が妥当するものと仮定されることを条件としてのみ、真の憲法、拘束的な規範なのである。この仮定に基づいてのみ、憲法が法―創設権力を与えたひとびとの意志表明が拘束的な規範なのである。われわれが法的権威である諸個人と、そうはみなさない他の諸個人を区別し、法規範を創設する人間行為とそのような効果をもたない行為とを区別できるのは、この仮定による。[61]

あくまでも「仮定に基づいて」の話であることを強調しているが、その「仮定」において、最初に憲法を創設した人（たち）が、その意志、命令が後代において守られ続けられる「権威」を持った特別な存在として表象される。このケルゼンの記述からすると、現時点で法規範を創設（create）する人は、原初の創設者の行為を再現しているようにさえ見える。

しかし、『純粋法学』第二版（一九六〇）になると、「根本規範」の性格付けが複雑になってくる。最初の創設者と原初の革命的暴力に言及する説明図式は大きく変化していないが、「創設者の意志」の存在を表立って主張せず、むしろ相対化する方向に変化している。

根本規範は意志された規範でなく、法学によって意志された規範でもなく、思考された規範であるから、法学が根本規範を認定したとしても、規範設定権威であると標榜する不遜な態度をとるものではない。法学は、「人は憲法制定者の命令に従うべきだ」と命ずる訳ではない。法学は、「根本規範が、憲法制定行為や、それに基づいて設定された行為の主観的意味が、客観的意味であり、有効な規範であると解釈し得る条件である」と、認識論的に認識するが、あくまで認識に留まっている。法学自身は、この主観的意味を客観的意味と解釈しているのであろうが。[62]

「主観的意味 der subjektive Sinn」というのは、「人は憲法制定権者の命令に従うべきだ」というような、語り手の意志とか願望、他者への命令、要請といったことであり、「客観的意味 der objektive Sinn」というのは、「『人は最初の憲法制定者の発した命令に従うべきだ』という考え方がX国に浸透（定着）している」といった事実の記述——事実認定自体に主観的なものが含まれる可能性は一応度外視して——ということである。ケルゼンは、純粋法学は、後者の意味での「根本規範」を問題にしているのであって、前者の意味は込めていない、と言っているわけである。

これは学者であるケルゼンとしては当然の立場であり、以前から言っていたことの確認にすぎないとも言えるが、このようにはっきりと「主観的意味／客観的意味」を区別すると、ではどのようにして、「私の意志に従え！」という最初の憲法制定者の主観的な命令が——中立的な学者であるケルゼンが「前提」として使うことができるだけの——「客観的意味」を持つようになったのか、という疑問が改めて浮上する。また、日常的に法に従っている人たちがほとんど自覚していない「根本規範」の客観的意味（「人は最初の憲法制定者の発した命令に従うべきだ」という考え方がこの国では確定している）を呈示する法学者の行為は、現行法秩序に干渉するものではない、という意味で「客観的」と言えるだろうか。少なくとも、その法学者の著作に触れた者に、自分たちに命令する最初の憲法制定者の意志を意識させることになるのではないか。

その領域におけるあらゆる規範を根拠付ける究極の根拠である「根本規範」を、歴史の中の一回切りの行為と共に発動するものとして表象しようとすれば、どうしてもシュミット的な主権者のイメージが浮上する。ケルゼンもそれを回避できない。単一の根本規範があるのではなく、他の法規範の根拠となる原規範をいくつか含む複数の法慣習・実践が総合に結び付きながら併存しているという多元的な法状態を採用すれば、シュミット的なイメージは緩和できるが、それは純粋法学が対象とする「法秩序」ではなかろう。

七　規範と意志

ケルゼンの死後刊行された遺稿『規範の一般理論』を見ると、晩年のケルゼンにおいて、「根本規範」の性格付けが再び、シュミット的な方向に動いていたのではないか、と推測できる。そもそも「規範」の捉え方が変化している。『純粋法学』第一版・第二版では、「規範 Norm」は、ある行為を法的に意味付けするための「解釈公式 Deutungsschema」[63]として、法律学の立場からシンプルに定義されているが、『規範の一般理論』ではタイトルから予想される通り、法学に限定せず、私たちが「規範」と呼んでいるものはそもそも何かを問うている。彼は、「規範」を「意志 Wille」あるいは「意欲 Wollen」と結び付けて理解する視点を打ち出している。

「規範」という言葉がある指図、命令を示すのであれば、「規範」は何がある、あるいは生じるべきことを意味する。その言語表現は命令形あるいはべき文（Soll-Satz）である。何かが命じられる、指図されることがその意味するところである行為は、意志行為（Willensakt）である。命じられること、指示されることは、まずもって人間の振る舞いである。何かを指示する人、命じる人は、何かが起こるのを望んでいる（will）のである。べきであること＝当為、規範――規範が指示、命令であるとすれば――は、一つの意欲、意志行為の意味である。つまり、他者にある振る舞いをさせることを目指した行為、他者あるいは他者たちが一定の仕方で振る舞うべきだということがその意味するところである行為の意味である。[64]

「～せよ」とか「～すべき」という規範に関係する文の背後に、それを発した人物の「意志」あるいは「意欲」を読み取っているわけである。その言葉あるいは合図を発した人物の「意志」あるいは「意欲」を現実化するための媒体として「規範」が設定されると見るわけである。こうした見方は、ケルゼンが前科学的なものだとして、「純粋法学」から排除しようとしてきた、「擬人化」に通じないのか？「規範」を「意志行為」と結び付ける記述は、『純粋法学』第二版の冒頭にも見られるが、そこではむしろ、「～せよ」という誰かの「意志行為」は、規範の素材となる存在的事実（Seins-Tatsache）であって、

「規範」の本質である「当為Sollen」とは別次元にあるとされている。[65]『規範の一般理論』では、「意志行為」が「規範」の本質へと（再び）昇格したように見える。

この場合の「意志」や「意欲」というのは、仮想の理想的な人物のそれではなく、現実に生きる人間のものとして想定されている。現実に生きている人間の「意志」や「意欲」に含まれる、「〜せよ」とか「〜すべき」という形の文に、他者が同意し、その内容を承認する時、その文は「規範」として措定（setzen）されたことになる。[66]もはや誰が作ったのか定かではない、慣習的、あるいは抽象的に定式化された道徳や法も、もともとは、誰かの意志の表れであり、それに従おうとする他の人たちの意志の表れと融合することで、現在の形になったと考えられる。

そうした現実の人間たちの意志の交差によって生じる「規範」は、恣意的な要素を含む。

人間の意志行為によって設定される規範は、言葉の本来の意味において恣意的（willkürlich）な性格を有している。それは、あらゆる任意の振る舞いが――後述する制約はあるものの――規範において、であるべきものとして設定され得るということだ。「恣意Willkür」から生じたのではない規範があるはず、という想定は、人間の意志行為の意味ではない規範という概念に通じる。何らかの「行為」の意味、あるいは、思考―行為の意味ではない規範があるということだ。あるいは、意志行為の意味というのが、人間ではなく、超人間的な意志行為の意味、特に神の意志行為の意味である、ということになろう。[67]

「恣意」という意味のドイツ語〈Willkür〉が、「意志」を意味する〈Wille〉から派生した形であることに象徴されるように、西欧語における「意志」あるいは「意欲」に相当する言葉は、何もの――理性、正義、法（則）など――にも縛られず、いかなる理由もなく、という意味で無制約に自らの目的を設定し、それを追い求めるというニュアンスを含んでいる。ショーペンハウアー（一七八八－一八六〇）の「生への意志 Wille zum Leben」とかニーチェ（一八四四－一九〇〇）の「力への意志 Wille zur Macht」等は、そのニュアンスを哲学的に表現したものである。当然、無制限の暴力の発動とか、他者支配を目指す「意志」も考えられるが、それらも「規範」になりうるということだ。

「恣意的」でない、生身の人間の意志行為によって意味付与されたのではない「規範」、特定の人間（たち）のその都度の意志の在り方、偶然性に左右されることがない、絶対的な「規範」があるとすれば、それは、モーゼの十戒のように、絶対的な存在である神の「～せよ」という意志に発する「規範」ということになるだろう。

因みにシュミットは『憲法論』の一節で、憲法を純規範的な性質の法秩序と見なすケルゼン等の議論では抽象的にしか憲法を捉えることができず、具体的秩序としての憲法を把握するには、法律としての憲法の前提となる「統一意志 ein einheitlicher Wille」あるいは「政治的意志 ein politischer Wille」を見る必要があると述べている。[68] ケルゼンは、「規範」自体に「意志」の要素を組み込むことで、シュミットの見方に接近したと見ることもできる。

話を戻そう。引用文中の後述の内容というのは、隣人に害を与えたり、全体の秩序を乱すような行為は禁止、制約されるということ、そうした制約は社会ごとに決められているということ[69]、つまりそうした秩序破壊的な意志に対応する〝規範〟は許容されないということだ。しかし、それは逆に言えば、社会形成の起点となる原初的な規範であれば、その時点では既成の規範はないので、いかなる制約も受けず、純粋に「恣意的」な性格を持ち得るということになる。

ここで社会秩序自体が創設される原初的・神話的な状況について考えてみよう。始原においてその共同体を創設した（とされる）神、あるいはその代行者の意志は、個々の人間の意志の偶然性に左右されないという意味では、絶対的＝非恣意的であるが、それはあくまで、その神的な存在の権威を認めている者にとっての非恣意性だ。いかなる制約も受けず、論理的に可能な、否、（人間の知っている）論理を超えていかなる規範でも最初に設定できる、という意味では、神の意志こそ、究極の恣意性を有すると見ることもできる。通常の人間的な意味での「恣意性」を超えた、絶対的な「規範」の探求は、自らの意志によってこの世界秩序とそこで妥当するあらゆる規範の究極の源泉である神の意志、〝純粋に恣意的〟な意志が見えてくる、という神学的パラドクスに突き当たることになるかもしれない。これこそ、それまでケルゼンが決して認めようとしなかった事態ではないか？

では、「根本規範」はこのテクストではどのように位置付けられているのか。「根本規範」がそれ以上に遡ることができない「規範」として「前提」されているということ、最初の憲法の制定行為と結び付いて表象される、という議論の基本線は変わっていないが、興味深いことに、「根本規範」は、「仮説 Hypothese」ではなく、「架空の規範 eine fingierte Norm」だという言い方をしている。「仮説」は現実に存在することもあるが、「根本規範」は、現実の人間の意志行為に対応しておらず、それを前提に法や道徳を解釈・適用している人たちも、「虚構 Fiktion」だということを意識しているからである[70]。

それに加えて、「根本規範」はもはや法秩序が機能するための不可欠な要因ではない。

根本規範は前提され得るが、必ず前提されていなければならないというわけではない。倫理学や法学が根本規範について言うところによれば、根本規範が前提される場合にのみ、他者の振る舞いに向けられた意志行為の主観的意味が、その客観的意味として、その意味内容が拘束力のある道徳あるいは法規範として解釈され得る。この解釈は根本規範という前提によって制約されているので、べき文はこの制約された意味においてのみ客観的に有効な道徳あるいは法規範として解釈することができると認めざるを得ない[71]。

この箇所を文字通りに受けとめれば、法規範に関する従来のケルゼン自身の説明のように、根本規範が当該の規範秩序全体の妥当性の最終根拠としての役割を担うことは可能だが、そうなる必然性はない、つまり、最終的妥当根拠を欠いたまま〝秩序〟が機能している状態もあり得ることを示唆している。秩序を構成する諸規範がその都度成立する純粋に恣意的なものではなく、「客観的」な妥当性の連鎖、一貫性の中にあると考えたいなら、根本規範を想定しなければならないが、そうしなくても、法や道徳の秩序がただちに崩壊するわけではない、ということなのだろうか。しかも、「根本規範」自体が「虚構」だということが解釈する当事者たちに認識されているとすれば、歴史的な事実に根ざしていなくても、自分たちの解釈に適合するように調整することも可能であるように思える。

このような形で、道徳あるいは法秩序における「根本規範」の役割を相対化すれば、原初におけるシュミット的な暴力のイメージは緩和されるが、その代償として、法についても様々な恣意的な解釈を許容することになりそうだ。ケルゼンは、「架空の規範」としての「根本規範」の意義を、ファイヒンガー（一八五二―一九三三）の「かのように Als-Ob」の哲学で説明している。[72] その「根本規範」が存在し、それに従っている「かのように」人々が振る舞い、法・道徳制度が回り続け、社会が崩壊しないのであれば、それでいいのである。

これが「純粋法学」探求の帰結だろうか？　暴力で一瞬に秩序を生み出す唯一神の支配に代えて、神々の争いが不可避になることを暗示しているように見える。ケルゼンは神＝国家の影を振り切ったのか？

第6章　補論　フロイトとケルゼンとバリバール

一　ケルゼンとフロイト

ケルゼンとフロイトは、同時代にウィーンに在住していたユダヤ系という以外にほとんど接点はなさそうだが、ケルゼンは一九二一年一一月にウィーン精神分析協会に招かれて「国家概念とフロイトの大衆心理学」と題した講演を行い、翌二二年には、精神分析関係の雑誌『イマーゴ』に論文「国家概念と社会心理学」を寄稿している。[1]

この論文でケルゼンは、「国家」の、形成の基礎になる人々の「結合」をどう説明するかという問題に対する社会心理学のアプローチ、特に「群衆 Masse」論に注目している。従来のアプローチで影響力があったのは、フランスの社会学者ル・ボン（一八四一―一九三一）の『群衆の心理』（一八九五）だが、ケルゼンはル・ボンが、凝集して一つの塊として行動する「群衆 Masse ＝ foule」には、個人の魂とは異なった性質の「群衆の魂 Massenseele ＝ l'âme des foules」があるとして、「群衆」を「実体化」していることを批判している。そうしたル・ボンとの対比で、「個人の魂」しか認めないとするフロイトの方が適切だとしている。[2] それだけにとどまらず、フロイトが『集団（群衆）心理学と自我分析

Massenpychologie und Ich-Analyse』（一九二一）[3]で以下の重要な問題提起をしていることを評価している。

もし、集団＝群衆の中で個人が一つの統一体（eine Einheit）へと結合されている（verbunden）のだとすれば、そこにはきっと、彼らを互いに一緒に拘束する何かが存在するに違いない。そして、この接着剤（Bindemittel）こそ、集団にとって特徴的な何かである可能性の高いものだ。[4]

ケルゼンは、「群衆」の問題から、「社会的統一体」や「社会的結合」へとフロイトが焦点をシフトさせていることを重視する。フロイトは、「リビドー」の働きによる相手との「同一化 Identifiezierung」が接着剤の役割を果たしていることを前提に議論を進めていく。フロイトによると、人間は単に群れをなして生活する「群棲動物 Heerentier」ではなく、各個体が一人の「指導者 Führer」によって導かれる「群族動物 Hordentier」である。

既に『トーテムとタブー』（一九一三）で、未開社会における近親相姦のタブーを軸とする部族形成のメカニズムを、（性的に未成熟な）子が（性的に成熟しているゆえに女を独占する）父に対して抱く「エディプス・コンプレックス」の観点から論じていたフロイトは、ここでもその議論を敷衍する形で、「指導者」に対する人々のリビドーによる「同一化」のメカニズムを説明している。各人が、自分の「自我理想 Ichideal」を自分自身ではなく、（父親の代わりである）「指導者」に設定することで、「指導者」とリビドー的に同一化するという線で、フロイトは集団＝群衆（Masse）の形成を説明する。集団を形成する諸個人はお互いの間で感情（リビドー）的に同一化すると共に、（自我理想となる対象の代替物としての）指導者とも同一化している、という。

ケルゼンはフロイトの自我理論やリビドー論自体の詳細にはさほど関心はないようで、むしろ、リビドーによる集団形成という論理が「国家」にも当てはまるのか、という点に関心を向けていく[5]。彼は、フロイトが「急速に形成される一時的な集団」と「恒常的（ständig）で持続する（dauerhaft）集団」を区別していることは評価しているが、それだけでは「国家」の形成は説明できない。リビドー的な結合に関するフロイトの議論を評価したうえで、以下のように議論の方向を転じる。

ただ、国家というものはどうもリビドー的な構造による多数の、一時的な、その範囲が揺れ動いている群衆の一つなのではなくて、可変的な諸群衆に属している諸個人がお互いに同一化するために設定した、自我理想に代わる指導的な理念（führende Idee）なのである[6]。

リビドー的に繋がった何らかの集団が、そのまま現実の国家とイコールということはない。国家には、リビドー的な繋がりを（もはや）感じていない人、醒めた人、周囲の人との情的な繋がりによって行動しようとしない者も含まれる。その意味で、どのような属性を持ち、互いにどのような感情を抱いている人たちの集合体を、国家と呼ぶのか考えることに意味はない。そうしたものから国家を定義すれば、必ずそれに当てはまらない国家の構成員が出てくる。ケルゼンは、国家に属する人たちの行動を導く共通の理念、「国家理念」に焦点を当て、これこそが国家の本質だと示唆しているわけである。

「国家理念」は各人の「自我理想」を代替するものだという見方は、フロイトの影響を受けているわけだが、ケルゼンは、国家に限らず、「恒常的で持続的な集団」＝「組織」になると、リビドーとは別の要素で結合していると主張する。

「組織」及び制度は、つまるところ規範複合体、つまり人間の振る舞いを制御する規則の体系である。これらの規則は、それ自体としては、つまりその特殊な固有の意味においては、これらの規範を内容とする人間の表象・意志行為の存在―実効性（Sein-Wirksamkeit）ではなく、もっぱらこれらの規範のべき―妥当性（Soll-Geltung）に視線を向けた観察の視点からのみ把握され得る。[7]

複雑な言い方をしているが、要は「組織 Organization」や「制度 Institut」は、人々の共通の意志や集合的表象によって成り立っている実体的なものではなく、規範Aと規範Bの組み合わせから規範Cが生じ、規範Cと規範Dの組み合わせから……というような形で、数学や自然科学の体系のように、一定の規則に基づく規範の相互関係によって成り立つ体系、規範複合体だというわけである。そうした規範的内容を実現しようとする人々の意志や表象ではなく、あくまでも規範相互の関係によって「組織」や「制度」が成り立っているとケルゼンは見ているのである。

二　デュルケームを経由して再度フロイトへ

規範複合体としての「組織」や「制度」について論じるには、フロイトのリビドー論とは別のアプローチ、リビドーで出来上がった集団から、規範複合体としての「組織」や「制度」が生成する仕組みを明らかにするアプローチが必要だ。彼はその手掛かりを、集団的表象を重視するデュルケームの社会学に求める。ケルゼンは、社会的な事実を「物 choses」と呼ぶデュルケームの実体化傾向を批判する一方で、デュルケームが「物」と形容しているのは、実際には、人々を様々な面で義務付ける「倫理的・政治的諸規範 die ethisch-politischen Normen」の「客観的妥当性 objektive Geltung」のことだと解釈している。つまり、個人の願望や意欲とは無関係に、各人に「～しなければならない」と義務付けるべく、外から働きかける諸規範の、強固で動かしがたい性格を、デュルケームは「物」と呼んでいるというのである。[8][9]

デュルケームは社会の中に「強制する権威 eine verbindliche Autorität」、つまり、ある価値を見ているのだが、それは、個々の諸義務（Pflichten）がそうであるように、自然科学的・因果的観察では大して明らかにすることはできない。「社会的事実は、それが諸個人のうえにおよぼす、ないしはおよぼしうる外部的強制力によって、それとして認められる」。「社会的 Sozial」、特に「集合的 Kollektiv」は、「強制的 Verbindlich」と同義である。[10]

社会的諸事実の規範的な強制力に妥当性を与えている「権威」の歴史的根源を辿っていくと、「神」に突き当たる。この意味で、「神」と「社会」は同一だとさえ言える。[11] 原初の社会では、「神」はあらゆる規範に妥当性を付与する「権威」の究極の源泉であったと考えられる。デュルケームは『宗教生活の原初形態』（一九一二）で、オーストラリアの先住民のトーテミズムを素材にして、未開の人たちの生活において、「宗教（神）的なもの」と「社会的なもの」がどのように重なり、社会的事物（choses sociales）＝規範複合体を形成していたか明らかにすることを試みている。

先住民たちの社会では、西欧のように、単一の「神」の権威の下に、全ての規範が統合されているわけではないが、ケルゼンの読みでは、特定の動植物（トーテム）を自分たちの先祖として崇拝することで氏族が結合し、トーテムとの関係を軸に様々なタブーに従うトーテムの原理こそが、彼らにとっての神＝社会である。

『宗教生活の原初形態』では、トーテムに関連した「聖なるもの」と接することで、氏族の人々が集合的な「沸騰 effervescence」状態に入る儀礼が、人々の信念と社会的連帯を再生産させるメカニズムとして重視されている。そうした儀礼が、情動的なものを規範へと転換するカギになると考えられるが、ケルゼンにとって最も肝心なこの点について、デュルケーム自身は哲学的に突っ込んで論じているわけではない。規範に効力を与える社会的権威が宗教的権威と同一だという見方を提示しているものの、いかにしてその「権威」が生成するか、という答えは与えていない。[12]

そこでケルゼンは、トーテミズム繋がりで再びフロイトの『トーテムとタブー』に話を戻す。フロイトも、ケルゼンから見て、「社会的＝宗教的権威」がどのように生じてきたか十分に明らかにしたとは言えないが、「父殺し」される「父」を、「神」の原型として考えている点にケルゼンは注目する。「権威」としての「神」をめぐる考察で、フロイトの精神分析的アプローチは、他の社会学的アプローチよりも優れている、という。

三　父殺しと国家＝神

フロイトの象徴的な説明によると、絶対的な力を持っていた父を共謀して殺し、父が独占していた女たちを手に入れた兄弟たちの間で、女たちをめぐる争いが生じ、無秩序状態に陥った。後悔した彼らは、自分たちが本当は、「強い父」に憧れて、彼と同一化したかったことに気付いた。そこで彼らは、近親相姦禁止と外婚の原則を導入すると共に、「父」の代わりと見立てた「トーテム」を崇拝し、その殺害を禁止した。彼らはこの二つのタブーを起点とする慣習や儀礼を確立し、象徴化された「父」の下での秩序再建を試みた。[13]

人類史の原点で実際にそういう具体的な出来事があったのか、というレベルで考えると、具体的な証拠のない神話的な物語でしかないと言わざるを得ないが、男子が潜在的にエディプス・コンプレックスを抱えているという前提に立ち、かつ、原初の群族では、「強い父」が群れの女たちを独占し、他の男たちにとって、（文明人にとっての）「神」のごとき恐ろしい存在であったとすれば、原初の共同体の創設神話にそうしたイメージが反映され、諸々の儀礼や慣習にその痕跡が現れていたとしてもそれほど突拍子もない話ではなかろう。フロイトは二つのタブーが、人倫（Sittlichkeit）の始まりだとしている。[14]

そして殺害され、むさぼり食われた父は、後悔によって神となり、彼が生前その力によって事実上阻止していたこと——息子たちと集団の女たちとの性的交わり——は、精神分析によって発見された、いわゆる「事後的服従 nachträglicher Gehorsam」を経由して、社会的かつ宗教的規範へと持ち上げられる。(…) 肝心なのは、社会的及び宗教的な諸拘束、及びその連関の心理学的説明は、魂の根源的体験、子供の父に対する関係にまで遡ることによって初めて切り開かれるということだ。神的及び社会的権威が同一であり得るのはもっぱら、両者が同じ魂の拘束の異なった形態にすぎないからである。それは——心理学的に——絶対的な権威 (die Autorität schelechtin) と見なされる＝妥当する (gelten) 拘束、つまり父の権威による拘束だ。[15]

このようにしてケルゼンは、原初の父殺しをめぐるフロイトの議論から、子に対する父の権威が、宗教的・社会的な権威の原型となった可能性を読み取ったのである。過去のある時点で、何らかの抽象的な権威がいきなり現れたわけではなく、子が父（の権威）に従うという心理学的に説明可能な現象から諸規範が派生したと考えると、人はそもそもどうして「規範」に従うのか、説明しやすくなる。父の命令に従うことへの慣れが、父が不在になった後には、父がかつて発した（と思われている）命令＝規範に従い続けるという慣習＝人倫へと移行していく。また、「父＝首長」の地位が継承されていけば、特定の個人の権威に従属しているのか、社会的地位に伴う権威に従属しているのか、曖昧になり、次第に後者に移行していく。

ケルゼンはこうした「父の権威→神の権威」という見方を、「国家と法」の関係をめぐる国法学や国家論の議論に応用する可能性を示唆している。これらの分野では、法を国家の論理的あるいは現世的な前提と見る見方と、国家を法の創造者のように見る見方が対立してきた。後者の見方は、国家の「擬人化」であるので、科学的ではないように思えるのが、「国家」を構成する（最初の）「法」がどのように生じてきたかを考えようとすると、どうしても、神のような創造主をイメージしてしまい、それが「国家」の擬人化に繋がってしまう。
ケルゼンは、フロイトとデュルケームから得た洞察に基づいて、自分たちの社会的統一体を把握しようとする原初の人々の試みがトーテムをめぐる神話や儀礼で表現されるのと、基準となる共同体の統一性を法と強制規範から成る抽象的なシステムとして描こうとする近代の国家・法理論の試みが一つの「人格」を描いてしまうのは、基本的に同じことだとしている。

この点において近代の国家理論が原初的であるように、トーテムの体系は原初の人たちの国家理論なのである。[16]

ケルゼンはここから更に、「国家」の本質を論じる国家・法理論と神の本質を論じる神学が同じような構造の難問を抱えていることを指摘する。ゼロから秩序を作り出せるはずの国家が、法によって制約を受けることをどう説明するか、という問題と、無から宇宙を作り出せるはずの神が、イエスという人物に受肉し、自然界の法則に従うことをどう説明するか、という問題だ。[17] 神、社会、国家の人格化をめぐる諸問題を、フロイトの視点から考えるというケルゼンの問題意識は、『社会学的国家概念と法学的国家概念』や「神と国家」で本格的に展開することになる。

四　バリバールの注目

構造主義的マルクス主義者アルチュセール（一九一八―九〇）の忠実な弟子と見られることの多いバリバール（一九四二―　）は、論文「超自我の発明　フロイトとケルゼン一九二二」（二〇〇七）で両者の関係について論じている。この論文は、フロイトのケルゼンに対する影響よりも、むしろケルゼンの政治哲学的な問題提起が、フロイトを中心とする精神分析の理論形成に与えた（かもしれない）影響に関心を寄せている。
先に見たように、「国家概念と社会心理学」でケルゼンは、リビドー的な集合的同一化だけでは、「国家」を構成するような「法的規範」の生成を説明できないと指摘している。その一方で、近代の国家論において、まるで原初の神中心の世界観に退行するかのように、「国家」が、単なる法的規範の客観的体系ではなく、人格化された主体、創造主として描かれる傾向があることも指摘している。バリバールもこの二点に注目する。[18]
フロイトはこうしたケルゼンの問題提起に正面から応えていないが、バリバールは、フロイトのいくつかのテクストに基づいて、フロイトの解答を再構成することを試みる。バリバールの理解では、ケルゼンの問いの核にあるのは、「強制に従うとはどういうことか」という問いである。具体的に言うと、私たちは、国家とか実定法の命じるところが理不尽であるとか自分には我慢できないと感じ、抵抗したくなるが、いざ法に違反しようとすると、不安とか罪意識、脅迫観念のようなものに囚われ、結局、従ってしまうことがある。「法的強制に従う」という現象は、政治や法などの公的場面と共に、個人の心的メカニズムにおいても生じる。[19]
個人が父に従うというだけであれば、父の暴力とか、生活の上での父への依存、強い父への憧れなどエディプス・コンプレックスなど、リビドーの次元で説明できるかもしれないが、公的な生活において、抽象的な「規範」に従うとなると、それとは違った要因が入ってくるように思える。
バリバールはケルゼンがこの問題に拘った背景として、戦間期のヨーロッパにおける、第一次大戦後に再編された諸国家が不安定で、ファシズムが台頭しつつある状況があったことを示唆している。[20]何が従うべき「権威」であるかが不確かになっていたのである。
バリバールの解釈では、ケルゼンが拘る服従の原理にフロイトが与えた名が「超自我 das Über-Ich」である。[21]「超自我」の概念をフロイトが導入したのは、論文「自我とエス」(一九二三)で、ケルゼンが

「国家概念と社会心理学」を寄稿した翌年である。意識と無意識双方の領域に現れる「超自我」は良心や理想に照らして「自我」の活動を監視し、禁止していた行動を取ると、罰（良心の呵責）を与える。「父」に命じられる様々な禁止が、「超自我」形成の基礎になるとされている。その場合の「父」は当然、単に生物学的な父というだけでなく、宗教や道徳など社会的な規範を代表する存在だ。

バリバールは、「超自我」の「自我」への働きかけによって生じる「罪責感 Schuldgefühl」に関連する一連の記述に注目する。[22] ごく単純に考えると、それまで「父」に抑圧され、余計な欲望を抱くたびに制裁を受けていたので、それがトラウマになっているだけではないかと思えるが、フロイトは、「超自我」が単に「自我」に警告を発したり、不安を抱かせたりするだけでなく、「自我」を責め苛み、苦痛を与え続けることがあると指摘している。実際に「私」＝「自我」が具体的な悪事を働いたわけでもないのに、「超自我」は「罪責感」の原因となるものを探し出し、それに対する「罰」を与えたがっているように見えることさえある。それが昂じ、「強迫神経症 Zwangsneurose」になることもある。自らを破壊して、生きることに伴う全ての緊張（Spannung）から解放されようとする「死への欲動 Todestrieb」に突き動かされているように見えるほど、「自我」を激しく攻撃することさえある。[23]

「超自我」と「自我」の関係は、「心的法廷 tribunal psychique」[24] とでも言うべきものを構成している――フロイトが実際法廷モデルで考えていたとすれば、法学者であるケルゼンの影響かもしれない。この法廷の裁判官である「超自我」は訴訟案件が持ち込まれるのをじっと待っているわけではなく、告訴すべき案件を自ら探し求め、「自我」を責め立てる検察官でもある。バリバールは、「罪責感」と「罰」があることで、「自我」を絶えず監視する「超自我」の存在が確認されるのとパラレルに、各主体が「責任」と「罰」を負うことで、「法規範」の効力が確認されることを指摘する。超自我も法規範も、責任と罰によって主体が受ける苦しみと共に表象されるのである。

法＝権利の主体（*sujet de droit*）の形成の少なくとも一つの条件が、このように構成されているのを見て取るのは難しいことではない。主体が法（loi）——たとえそれが一般的規則に対応するものだとしても——に服従することで、もっぱらその主体に関係する判定＝判決（jugement）を受ける、あるいは制裁の脅威を受ける対象が作り出されるのである。それを通して主体は、自分自身に、言ってみれば、何をしようと「逃げられない」自らの責任と向き合わされるのである。[25]

私たちにとって、「法」に服従することは、それを侵犯した時に感じるであろう罪責感、制裁への不安と一体になっている。後者は、特定の条件の下でしか生じない副次的な現象だと考えられがちだが、果たしてそうだろうか。「不法 Unrecht」の状態を表象することなくして、「法 Recht」を概念化することは果たして可能だろうか？

五　ヘーゲルを通してフロイトとケルゼンの関係を再考する

「不法」という仮象を消去することによって、「法」は「一つの堅固で妥当するものという規定 eine Bestimmung eines Festen und Geltenden」を得る、というヘーゲルの議論[26]を引き合いに出しながら、バリバールは、「法」は自らを具体的な形で現前化するために、「不法」を必要とすることを示唆する。

違反あるいは不法行為を犯した者が、秩序の再建に繋がる制裁を予期していると想定することは、その犯罪者を法の実現の手段にすると同時に、彼自身を、「社会的負債」を支払わせることによって、法に違反したことで排除された共同体へと再統合することである（言ってみれば、こういう観念にはつきものの両義性を伴う言い方になるが、いかなるものも「法の外 hors la loi」にはない）。法の侵犯（*transgression*）はない、そうした侵犯を、法（droit）それ自体が自らを認めさせ、自己に妥当性を与える合理的プロセスの個別の現れ（「有限な」個人に対する法の現れ方）として見るのであれば。[27]

罪を犯す者が存在することは、「法」が普遍的に妥当していない証拠のように見えるが、その犯した者が、罪責感に囚われ、自ら望んで「法」の制裁を受けようとする（潜在的）意志を持っていることが証明されたとすれば、実は犯罪者の内面においてさえ、「法」が作用していることが証明されたことになり、「法」の妥当性（という外観）はかえって確証されることになる。ヘーゲルはそうした「法外」の者こそ、「法」の存在を証明している、という——ある意味、アガンベンの「ホモ・サケル」[28]的な——弁証法を描いている。

フロイトが描く「心的法廷」は、この弁証法的プロセスに対応している、あるいは、個人の「内面」にあって、このプロセスの一端を担っているように見える。「自我」を「良心」の痛みによって責め苛み続ける「超自我」の攻撃性は、犯罪者の中でも「法」が活発に働き、彼をして自ら負債を清算して、共同体に復帰するよう仕向けている証拠のように見える。

ただ、こうしたヘーゲル弁証法のような図式をケルゼンは自らの法理論に取り込んでいるだろうか。ケルゼンは、法学がなかなか神学的な擬人化思考と縁を切れないことをいくつかの論考で指摘しているが、自らが構築しようとした「純粋法学」のどこかに「心の法廷」を位置付けているようには見えない。

バリバールは、『純粋法学』で、道徳や宗教など他の諸規範と法規範の違いとして、「故強制規範Zwangsnorm」としての性格が挙げられていることに注目する。「法」は社会にとって望ましくない事態、悪が起こった場合、「強制行為　Zwangsakt」で対処する。法に違反した者には、強制行為としての「制裁 Sanktion」を加える。[29]違反に対する「制裁」あってこその「法」だというわけだ。

『純粋法学』第一版での（「強制規範」としての）「法」と「不法」の関係をめぐる以下の記述を見ると、ケルゼンもヘーゲル的な思考をしていることが窺える。

不法行為構成事実をもって人が法を破ったり、害したりすることのように見せる幻影を純粋法学は解消させる。不法行為によってはじめて、法はその本質的機能をはたすようになるのであるから、いよいよもって、法が不法行為によって破られたり、害されたりすることはあり得ないことを純粋法学は示すのである。伝統的見解がそう信じさせるように、不法行為は法の存在における中断を意味するのではない。まさにその正反対であり、不法行為に即して法の存在が証明される。法の存在は法の妥当性に存するからである。即ち、不法効果としての強制行為を科すべき当為に存するからである。[30]

「法」は実際に何かの事案に適用され、「妥当する gelten」ものであることは示されない限り、「存在 Existenz」しているかどうか分からない。ケルゼンの理論では、強制行為、特に違反者に対する制裁という形で発動することが、「法規範」の妥当性の基準であるから、「不法（行為）Unrecht」こそが、それまであるのかないのかはっきりしなかった「法」を実在へともたらす、というトリッキーな言い方をすることもできよう。

ケルゼンは「強制規範」としての「法」に人々がどうして服従するのか、実際に罰に対する恐怖が原因かどうかは、純粋法学の管轄外だとしているが[31]、彼の「規範」観が、フロイトの「父殺し↓トーテム」論との遭遇に大きな影響を受けたとすれば、バリバールが描いているように、ケルゼンの法秩序論とフロイトの心的法廷は相互補完的な関係にあると見ることもできよう。

強制規範としての法規範は、心的法廷の裁きによって効果を発揮する。つまり、各主体が自らの内なる「超自我」とイメージ的に一体化した「法」を恐れ、自発的に従い、自らの不法行為への罰を求めるようになる。そして、心的法廷の働きによって実効性を証明され、実際に罪を犯した主体に加えられる強制行為として表象される「法」が、心的法廷における「超自我」の働きを更に強化する。そういう循環構造になっているのかもしれない。

六　不在の神＝法

フロイトの「超自我」も、ケルゼンの「法」も、最初からポジティヴな形で自らを示すのではなく、自分を否定する不法行為、不正へのリアクションを通してのみその存在を示すのだとすれば、いずれも本当は実体がないのでは、という疑問が浮かんでくる。

『トーテムとタブー』は、父が殺され、不在になったという設定の下で、原初の「法」であるトーテム関連のタブーが誕生し、効力を持つようになったという物語である。「父」の代理として生じてきた「超自我」は、「自我」を苦しめ続けているように見えるが、本当に「父」あるいは、「父」が代表する社会の意志を、「私＝自我」に伝えているのか疑問である。ひょっとしたら、「死への欲動」に取り憑かれて自らを攻撃せずにはおられない「自我」が生み出した幻影にすぎないのかもしれない。ケルゼンは「純粋法学」を構築するに当たって、原初における創造主をめぐる神話を括弧に入れ、「根本規範」を神話から切り離し、非人格化することを試みてきた[32]が、穿った見方をすれば、これは、ニーチェの言う「神の死」を敢えて無視し、神などの宗教的権威がなくても、「法」が機能することを示そうとする絶望的な試みと見ることもできよう。

バリバールは論文の末尾で、「根本規範」を起点とし、いかなる侵犯によっても穴を開けることができない純粋な法的論理の体系として国家＝法秩序を捉えようとするケルゼンの試みについて以下のようにコメントしている。

> 法秩序の観念とそれの対極とも言うべき無意識の関係を明らかにすることはむしろ、精神分析の視点から見た法秩序は、実のところ、「基礎がない sans fondement」ということ、そして本当のところあた

かもそれが「あるかのように comme si」することはもはやできないことを意味する。虚構を信じる（*croire en fiction*）、それを「現実化 réaliser」する——それは実際には、一種の神話あるいは幻想である——場合を除いて。法的秩序が何かに「基礎付け fondé」されているとすれば、それはむしろ、秩序が解体する恒常的な可能性、従って、秩序がそれを抑圧する形で維持し続けることになる葛藤に基礎付けられているということになろう。[33]

ケルゼン自身、自らが求めているものが「虚構」というより「神話」であり、この「神話」を維持するには、それを否定するもの、もう一つの神話と絶えざる戦いを続けるしかないことを悟っていたのだろうか。だとすると、「根本規範」は「架空の規範 eine fingierte Norm」であり、「かのように＝虚構」として機能するものだと認めた『規範の一般理論』でのケルゼンの言明[34]は、字面以上に意味深に思えてくる。

第7章　コロナ禍で再浮上したフーコーの権力論

はじめに

二〇二〇年初頭から三年近く続いたコロナ禍において、新型インフルエンザ等対策特別措置法に基づく「緊急事態宣言」が発令されたのをはじめ、医療・健康の領域を中心に、私たちの多くにとってあまりなじみのない立法・行政措置が取られ、それが私たちの日常的な行動に直接影響を与え、場合によっては、親密圏での振る舞いさえも変えるよう促された。「行動制限」とか「新しい日常」「ニューノーマル」といった言葉を閣僚や知事が平然と口にした。市民の生活の様々な局面に浸透する「法」の隠れた権力作用を批判的に観察する研究者にとって、研究対象が急にクローズアップ＋可視化されて、向こうから迫ってくるかのように思えるショッキングな日々であったろう。

法学の諸分野では、常態化しつつあった「緊急事態」を起点として、秩序を守るべく新たな規範性を生み出そうとする「法」の強制的性格を捉え直そうとする多くの試みがなされた。▼1 法理論において特にクローズアップされたのは、①「例外状態」と国家主権の関係をめぐるカール・シュミットの議論、②ジョン・スチュアート・ミルの他者危害原理と感染症法の関わり、③生権力・規律権力と感染症の歴史的関わりをめぐるフーコーの議論。特に③は、後期のフーコーが市民生活の日常に浸透し、行動を変容させるミクロ権力の様々な局面を分析し、〈normal〉という言葉の二重の意味合い[2]——「普通の」「標準的な」という通常の意味と、その背後にある「規範的」という意味——の法理論的な含意を強調しているだけに、コロナ禍に起こった、あるいは現在も進行しつつある、様々な変化を法理論的に再考するうえで避けて通れない、重要ないくつもの視座を含んでいる。

以下では、コロナ禍を通して改めて注目されることになったフーコーの生権力論が、近代国家にとってどのような意味を持つのか、「法」との関係に重点を置きながら確認していく。

一　新型コロナ問題をめぐる法の変容

最初に、「緊急事態」というシュミット的（マクロ）な権力の問題と、感染症を契機とした「日常」への法権力の浸透というフーコー的（ミクロ）な権力の問題がどのように関連しているか確認し、コロナ禍における法変容の全体の見取り図を示しておこう。

二〇二〇年二月二七日に安倍首相（当時）は、全国の学校に対して一斉休校の「要請」をした。この要請に法的根拠はなく、あくまでただの〝お願い〟だったが、それが文科省を通じて通達された[3]ことにより、大多数の学校がそれに従わざるを得ない状況になった。この異例の展開に、多くの法学者、哲学者、歴史学者が、ワイマール時代のドイツの憲法学者カール・シュミットの「主権者—例外事態」論を思い浮かべたはずだ。

実証主義的な傾向を次第に強めている近代の法学・政治学が、基礎となる概念構成においては神学的な思考と繋がっていることを指摘した『政治神学』の冒頭でシュミットは、「主権者とは例外状態について＝を越えて決定する者である Souverän ist, wer über den Ausnahmezustand entscheidet[4]」と定義した。この場合の「主権者」とは、憲法などで名目的にそう呼ばれているだけの、形式的な主権者ではなくて、その国家が何によってその一体性を保ち、何を目的に行動し、どのような法秩序を共有するかを実質的に決定する力を持っている者のことだ。

議会制民主主義の装いの下で多元的で複雑な手続きによって様々な審級（レベル）での意志決定が成される近代的な法治国家では、通常は誰が本当にそうした力を持っているかはっきりしない。というより、そうした「力」の存在や必要性は認識されない。当事者たちがアルゴリズムなものに従っているかのように、物事がほぼ自動的に処理されていき、紛争が起こっても、どのように〝解決〟されるかほぼ予想がつく。

そこでシュミットは、戦争や内乱、大災害などの非常事態に注意を向ける。アルゴリズムに従って問題処理するシステムのように見えていた法体系や慣習が事実上機能停止し、それまでの法的常識に従っている限り、どういう帰結になるか見通せない、法的な「例外状態」だ。「例外状態」にあって、既存の（既に実効性を失った）法規範・慣習に縛られることなく、国家の在り方を決定し、その方針に人民の大多数を従わせ、新秩序を生み出す力を持った者が現れるとすれば、それこそが「主権者」だというわけだ。

「例外状態」において、国家に関わるあらゆる事態を最終的に決定する権限を掌握することは、単に従来の法秩序に回帰するのではなく、時として、国家の基本構造＝憲法（Verfassung）を新たに創造することに繋がる。ある意味、自らの創造した秩序を自らの意志で破壊する神の奇蹟、あるいは、無から全てを（再）創造する神の創造に似た行為だ。そうした神のごとき主権的行為に定位して、国家の根底にあって、人々を動かす「政治的なもの」を明らかにするのが「政治神学」だ。

安倍首相の法的裏付けのない〝要請〟は、彼が法治国家の限度を超え、新しい秩序を作り出す、神のごとき企てに着手しているようにも見えた。『政治神学』等で示されたシュミット的な政治観は、「決断主義」と呼ばれることがある。考えや利害関係が異なる人たちの間で延々と続く民主的討論ではなく、主権者的な決断こそが、「政治」を動かすのであり、民主主義を尊重するという建前で、「決断」――そして、その帰結を自らが引き受けること――を回避することは政治を停滞させるだけ、という発想だ。民主党政権が誕生する前後、二〇〇八〜〇九年にかけて「決められない政治」に対する不満が高まっていた時期、現代思想やサブカル批評の文脈で、決断主義とシュミットの名がしばしば言及されるようになった。[5]シュミットの「例外状態」論は、純理論的な仮定ではなく、ワイマール憲法に即したものであることが知られている。同憲法の四八条二項で、以下のように記されている。

ドイツ共和国において公共の安全と秩序が著しく阻害ないし危機にさらされる場合、共和国大統領は公共の安全と秩序の回復のために必要な措置を執ることができ、必要な場合には武力をもって介入することができる。この目的のために共和国大統領は第一一四条、第一一五条、第一一七条、第一一八条、第一二三条、第一二四条及び第一五三条に定められた基本権の全体をないし一部を暫定的に停止(außer Kraft setzen)することができる。[6]

ここで言及されている基本権とは、人身の自由、居住の自由、通信の自由、集会の自由、結社の自由等、近代憲法史で、自由権的基本権の基本と考えられているものだ。「例外状態」において大統領は、憲法を構成する最も基本的な要素を停止する「緊急命令」を出すことで、国家体制＝憲法を守る責任を担うわけである。

この条項を、当時のドイツの憲法学者たちは、「例外状態」にあって、通常の法規範の制約から解き放たれる「力 Macht」が、剥き出しの「暴力 Gewalt」にならないよう立憲体制の枠内に抑え込むためのものと解していた。「例外状態」(を支配する力)を立憲体制の枠内に留めるというのは一見自己矛盾しているようにも思えるが、シュミットが、独裁制の歴史を研究した『独裁』[7]などの著作で論じているところによると、西欧諸国は、古代ローマ以来、非常事態が起こった際、一定の期間、通常の法的手続きを省略して強い権力を行使できる「独裁官 dictator」の制度を発達させてきた。「独裁」の期間と権限の及ぶ範囲を予め想定する――「例外状態」にどういう緊急措置が必要になるか、その程度を予想して法律に書き込むというのは矛盾しているが――ことで、独裁官が無制限の暴力を行使できる〝独裁者〟になることを防ぐわけである。マキャベリの『「ローマ史」論』（一五一七）やルソー（一七一二―七八）の『社会契約論』（一七六二）でも、共和政を防衛するうえでの「独裁官」制度の必要が説かれているし、フランス革命時の公安委員会制やマルクス主義のプロレタリアート独裁論もこの思想から生まれた。

ワイマール憲法の四八条もこの思想の延長線上にあるわけだが、シュミットの解釈では、四八条による独裁権の制約は未完成だった。例外状態において大統領が人民を代表して行使する主権的権力を具体的にどのように制約するか「詳細は法律で定める」ことが、同条五項で予定されているが、その法律が制定されない状態が続いていたからである。つまり、ワイマール共和国では、主権的権力が暴走する可能性が常にあったわけである。[8]

ワイマール共和国では当初から、四八条に基づく大統領緊急令で、財政危機や武装蜂起等に対処していたが、次第に適用範囲が拡大され、内閣が議会と対立した場合に、後者の反対を押し切るなど、政争の具として濫用されるようになった。[9] 首相に就任したヒトラーはこの条項をフルに活用して野党勢力の活動を弾圧し、総選挙で圧勝し、議会の同意なしに、内閣の判断で法律を制定できる「全権委任法」を制定した。自民党の憲法改正草案の「緊急事態条項」[10]は、そうしたいわくつきの四八条をモデルにしているとされる。リベラル系の憲法学者や歴史学者等は、これが憲法に挿入されれば、ナチス的な全体主義政権が生まれる危険があることや、ワイマール憲法の規定に比べても自民党案はあまりに粗雑であり、恣意的に運用される可能性が更に高いなどと批判した。[11]

この条項との関連を強く連想させたのが、新型コロナに対する「緊急事態宣言」だ。「新型インフルエンザ等特別措置法」は三月一三日に改正されて、適用範囲が拡大され、この法律に基づく「緊急事態宣言」を、新型コロナに対しても発令することが可能になった——同法は二〇一二年に成立したが、「緊急事態宣言」はそれまで発令されていなかった。

この法律の改正をめぐる国会の論議では、立憲民主党に代表される、リベラル系の〝物わかりの良さ〟が目立った。普段であれば、政府や官僚の恣意的な解釈の余地を残さないよう細かいことに徹底的に拘り、審議に時間をかけさせようとする野党が、法案の早期成立に〝自発的〟に協力した[12]。元になった法律は、民主党政権時代に成立したものだから、後継政党である立憲民主党や国民民主党が反対しにくかったことや、有権者の間にコロナに対する不安の声が高まったこともあるだろうが、運用の仕方次第では、所有権だけではなく、意見表明の自由や集会の自由の制限に繋がる恐れがあることが指摘されていた法律であるだけに、慎重な審議を求めてもよかったはずだ。審議の間に本当に緊急の必要が生じれば、従来の特別措置法を新型コロナに適用することを暫定的に認めたうえで、審議を続けるということはできなかったのか？

コロナのような感染症の場合、国民の生命が直接危険に晒される切迫した状況だったので、致し方なかったと考える人も少なくないだろう。ただ、その場合、何をもって「切迫」というのか、緊急事態宣言で取られた、あるいは、取り得る措置がそれにきちんと対応していたのか。感染者数や死者数を基準にするにしても、それが他の疾病、特にインフルエンザ等の他の感染症と比べても、「切迫度」が高かったと言えるのか。そうした疑問を呈する識者は少なからずいたが、感染症をめぐる国政の大きな流れに影響を与えるには至らなかった。

その一方で、「決断者」、シュミットの意味での「主権者」を求める声も当時かなり強まったように思える。改正特措法が成立してしばらくし、東京オリンピック延期が取り沙汰されるようになった三月下旬から、首都圏のロックダウン（都市封鎖[13]）が話題になった。三月二三日の記者会見で小池都知事が、東京もロックダウンする可能性があると発言したのがきっかけだ。元々非常事態を想定した法体系を持ち、罰則付きの外出禁止令を出すことが可能な欧米諸国や個人情報を当局が徹底的に管理した韓国に比べて、日本ではそれほど厳しい措置は取れないことは明らかだった。にもかかわらず、「ロックダウン」という言葉が独り歩きし、それを唯一の救いとして待望するかのように発言する知識人・文化人は少なくなかった。それは「法」や日本的常識の制約を超えて「ロックダウン」を実行できる強い指導者を待望する声でもあった。

四月七日に実際に最初の「宣言」が出されるまでの二十数日の間、マスコミでは、「宣言」を出すべきか、首相にその意志と覚悟はあるのか、もはや遅すぎるのではないか、それは欧米のロックダウンと同じ効果を持ち得るのか[14]、さほどの効果がないのなら更に法改正すべきではないか、という〝論議〟が続いた——〝論議〟というより、〝決断しない政府〟への苛立ちの表出だったのかもしれない。それまで安倍首相による決断主義の危険を訴えていた人たちまで、決断できない首相に代わる〝真に決断できる指導者〟を求め始めた。

緊急事態宣言の全面的な解除が視野に入り、「新しい日常」が説かれるようになった五月下旬以降、「緊急事態宣言」とはそもそも何だったのか、そもそも立憲民主主義と整合性があるのか、「緊急事態条項」と同じ論理によるものではないか、といった法哲学的な議論が国会やジャーナリズムで盛り上がってもよかったように思えるが、そうはならなかった。政府が警察権力の行使を伴うような強権的な措置を取らなかった、というより、法律の制約と世論への配慮のため取ることができなかったので、現行の特措法による「宣言」の危険性を今更指摘しても、政権批判としてインパクトがなかったというだけのことだったかもしれない。それでよかったのか？

二　緊急事態と正常性

新型インフルエンザ等特別措置法による「緊急事態宣言」は、結果的にさほど際立った主権的な権力行使に至らなかったが、「新しい日常」あるいは「ニューノーマル」と呼ばれる事態をもたらした。政府や各自治体は、これらの言葉を厳密に定義したわけではなく、日常生活における感染症対策の強化のような意味合いで使っていたように思えるが[15]、公権力が私生活における望ましい振る舞い方を例示するのを躊躇しなくなったという意味では「新しい」と言えよう。公権力による直接的な強制措置はあまり見られなかったが、ネット等を通じて、「新しい日常」に適応しようとしないと見なした者を、社会の敵として攻撃する自粛警察と呼ばれる動きが広まった[16]。公権力が示した「基準 norm」を守らせようとする、社会的な圧力が働いたわけである。ミルが政府による専制以上に危険視した「社会的専制 social tyranny」[17]と呼んだ事態である。

主権的な権力の発動、それに伴う法秩序の変容と連動して、日常的生活における「標準＝普通さ」の感覚が変動するというのは、既にシュミットが指摘していたことである。『政治神学』に以下のような記述が見られる。

法規が妥当しうる状況を初めに作り出さなければならない場合、例外事例が絶対的な形で現れる。あらゆる一般的規範は、規範（Norm）を事実内容に即して適用し、規範的（normativ）統制に服させるべき生活状況の正常（normal）な形成を要求する。規範は、同質的な媒体を必要とする。この事実上の正常さ（Normalität）は、法学者が無視できる「外的な前提」ではなく、むしろ規範の内在的効力に含まれる。混沌状態に適用できるような規範は存在しない。法秩序が意味を持つには、秩序を作り出さなければならない。正常な状況を作り出さなければならない。この正常な状況が真に支配しているかどうかを最終的に決定する者が主権者である[18]。

シュミットは、〈Norm（規範）〉と〈normal（正常＝普通な）〉の語源的な繋がりを示唆しながら、「法規範 Rechtsnorm」が、正常（normal）に機能にするには、規範が人々の生活状況に適合する必要があることを示唆している。人々が日々の生活慣習で普通＝正常だと思っていること、例えば、○○店で▼▼を買う時には先ず□□するのが普通、●●で◆◆な状況で交通事故を起こした場合には、△△の損害賠償をするのが標準……というように相場がほぼ決まっている「正常さ」に対応していなければ、「Xの状況にある主体YはZをせよ（するな）」と命じる「法規範」は機能しない。当たり前のことではあるが、法秩序を数学の体系のようなものと見て、法規範＝概念相互の論理的整合性だけを追求しがちな当時の実証主義的な法学では、その当たり前のことが理解されておらず、法理論がどんどん現実離れし、抽象化しているというのがシュミットの基本的見方だ。

「例外状態」においては、「通常 normal」の法規範が一旦効力を停止されるので、それらが人々の生活状況上の「標準」に本当に適合していたのか、合理性があったのか問い直されることになる。コロナ禍では、感染症一般について、個人や団体の従来の対処の仕方の妥当さや、公共の場での「ソーシャル・ディスタンス」、学校の授業や会社の業務などが本当に対面で行う必要があるかといったことが問い直されて、ルールが変更され、変更したままになりそうなものがある。少し後で見るように、これは歴史の転換点となった過去のいくつかのパンデミックとそれへの主権的な権力によって生じたことである。

シュミットは、主権的決断は、そうした「法規範」と「正常性」の対応関係の再調整を含意していると主張しているわけである。日本では、先に述べたように、本当に国民にそうだと認識された主権的決断がなされたとは言い難い状況であったが、結果的に、いくつかの領域で再調整が行われ、「ニューノーマル」という言葉に一定の実質が与えられた。

こうした意味で、緊急事態宣言という（準）シュミット的状況は、「正常性」をめぐるフーコー的な問題と繋がっているわけである。このように言うと抽象的に聞こえるが、主権的権力は、それを自発的かつ熱狂的に支持する同調者たち、主権者の意志に従って自らの生き方を変えようとする主体＝従属者

(subject) がその社会の多数を占めていないと、発動しても、国家の枠組みを維持することも、法秩序を刷新することもできない。逆に、主体たちが、崩壊の危機に瀕している自らの生活を再建してくれる力を求める時、「主権者」(の代行者) が現れやすくなる。そう考えると、二つのレベルが呼応しているのは当然のことである。コロナ禍は、主権的権力と生権力の表裏一体性をかなり限定的にではあるが例証することになった。

三　緊急事態と生権力

コロナ禍では、「経済より生命」という標語の下で、現行法の限界を超えた「ロックダウン」などの強権発動を求める声が高まった。医学的・生物学的な面から見た「生」が、政治や法が配慮すべき最重要事項として浮上してきた。コロナのような感染症にどう対処するかは個人が自己決定すべきことではなく、社会全体で「生」をどう守っていくかという集団的決定に属する問題であることが自明視された。

「生」をキーワードにして政治と社会が根本から変わりつつある事態は、フランスの哲学者フーコーの「生政治 bio-politique」を連想させる。前近代の権力が、軍隊や警察のような暴力による「死」の恐怖を見せつけることで支配していたのに対し、近代の権力は、人々の「生」を総合的に管理することを目指す。

そのため、その社会に生きる市民の日常的な振る舞いにおける「普通さ=正常性 normalité」の「基準 norme」を定め、それに適合した生き方をするよう、各人を監視し、記録をつけ、正常化に収斂するよう矯正する「規律権力 pouvoir disciplinaire」の網の目を張り巡らす。身体の動きを規格化して、〝自発的〟に正常性を志向するように誘導する権力だ。それが集約的に現れるのが、監獄、学校、工場、病院など、収容される人々の動きを、監視人の側から──監視人自身は監視対象から見られることなく──一方的に観察することを可能にする建築上の構造を備えた「パノプティコン」と呼ばれる施設だ。それを構想したのは、功利主義の創始者として知られるベンサムだ。

パノプティコン[19]の中で、いつ見られているか分からない状態で監視され、指導・矯正を受けながら生活することを通して、各人は、(社会を代表するかのように)監視する者の視線を内面化するようになる。「規範 norme」に合わせて生きることが「普通 normal」になるのである。

規律権力に少し遅れて、各種の調査を通じ、人口動態を細かく把握し、農業、公衆衛生、雇用、流通の諸政策によって、各階層が適正な水準になるよう調整する「生政治」のメカニズムが構築される。「生政治」は統計学や経済学、医学など様々な科学的知が公権力と結合することを通じて、つまり、公権力の政策に科学的正当性を与えると共に、その実施――現代風に言うと、実証実験――によって得られる、経験知を蓄積するという相互依存によって可能になる。「規律権力」と「生政治」という権力の二つの層を併せ持つ「生権力 bio-pouvoir[20]」が浸透する社会では、人々の「生」が高度に画一化され、管理されやすくなる。

フーコーは、後期の主著『監獄の誕生』と、コレージュ・ド・フランスでの講義『異常者たち』(一九七四―七五)『安全・領土・人口』(一九七七―七八)で、ヨーロッパにおける「生権力―生政治」の始まりを、典型的な感染症への対応と関連付けて説明している。[21]中世の公衆衛生政策を代表するのは、ハンセン病患者への対応であった。彼らは神に呪われたもの、穢れたものとして共同体の境界線の外へと宗教的な儀礼を伴う形で排除された。近代の生政治を象徴するのは、ペストへの対応だ。ペストを封じ込めるための対策は中世末からあったが、公衆衛生政策の中心的なモデルとして確立されたのは一八世紀に入る前後からである。

ペストも穢れのように見られる面もあったが、感染力の強いペストに罹患した人、その疑いがある人を全て排除することはできない。都市空間を、感染の度合いによって区分けしたうえで、感染者及びその疑いが強い人が多い地区を厳重な監視下に置き、各人の状態、症状、日々の変化、そして当該地域や家屋への出入りを細かく記録する――コロナ禍での、「濃厚接触」や「自宅待機」の定義やそれに当てはまる人の行動記録、ＰＣＲ検査等の各種検査の義務付けと記録等が、これに対応すると思われる。フーコーは、こうしたペストへの対応を、単なる集団的隔離、封じ込めではなく、細部を重視して、各主体を状態ごとに細分化して扱いながら、監視・取り締まりを深化させていく権力の新たな在り方と見ている。ハンセン病への対応の根底にあったのが、「清浄な共同体 une communauté pure」への政治的夢想だとすれば、ペストの対応の根底にあるのは、「規律＝訓練が加わる社会 une société disciplinée」への政治的夢想である。[22]

『監獄の誕生』では、ハンセン病モデルに代わるペストモデルの確立を説明したすぐ後で、監禁のための空間に規律＝訓練の細密な装置を組み込んだ施設を作る構想として、「パノプティコン」の説明に入っている。ベンサムのパノプティコン型の刑務所は彼が描いた通りの形ではあまり普及しなかったが、そのエッセンスである近代的技術を駆使した個別化した「規律＝訓練」という思想は、近代的な市民生活の様々な場面に浸透している。ペスト対応で発展した各主体の状態を細かく分類・記録し、個別化された管理を行う技法が、囚人や工場労働者、生徒等の、集中的に「躾 discipline」を受ける場に置かれた人たちに応用されることで、「規律権力」が形成されたのである。

フーコーの「パノプティコン―規律権力」論を現代の監視社会の分析に応用したことで知られる社会学者のデイヴィッド・ライアン（一九四八―　）は、コロナの潜在的感染者の行動を把握するために携帯電話やＰＣ等の端末から得られる個人情報に公権力がアクセスすることが多くの国で正当化され、国家権力とプラットフォーム企業が一体となった監視権力網がグローバルに形成されつつあることを、「パンデミック監視社会」と呼んで警戒を促している。[23] インターネット等のＩＴのグローバルなインフラと公権力が結合すれば、比喩的な意味ではなく、現実に、国家全体、更には、全世界をパノプティコン化し、各人の行動を記録・評価し、「正常性」へと矯正することが可能になったのである。

話をフーコーに戻そう。一九世紀初頭において新たなモデルになったのが、天然痘だ。[24] 天然痘のようなタイプの感染症に有効な、「接種」という技術が開発されたことにより、予防措置を全人口に対して施すことが可能になった。統計学の確率計算で、「接種」を効果的に行うことが可能になったのである。「接種」は、同じく統計学に基づいて運用される食糧生産、都市計画など他の生政治的な「安全装置 dispositif de sécurité」と統合して運用されるようになった。リスク管理を追求する官僚たちにとって、「接種」は使い勝手がよい装置だった。

「接種」に代表される新しい医療技術は、各患者が示す症状を「症（事）例 cas」としてデータ化して活用し、年齢、地方、都市、職業ごとの罹病率・死亡率を計算したうえで、あるグループにおける罹患率が他のグループよりも明らかに高ければ、当該グループに集中的な対策を施し正常な分布（distribution normale）に近付けることを可能にした。もう少し厳密に言えば、一定の条件の下での可能な正常分布を示す曲線カーブの中から、最も望ましいものを標準として選び出し、実際の分布をそれに近付けることが目指されるようになった。そうした統計的な「正常性 normalité」から「規範 norme」が演繹されるようになったのである――こうした〝正常な分布〟のグラフや、それを新たな「正常性」へと移行させるためのワクチン接種等の戦略について、コロナ禍のマスコミ報道で頻繁に取り上げられ、多くの人が関心を持った。

コロナ禍にあって、恐らくこうしたフーコー的な含意を意識することなく用いられるようになった「新しい日常（ノーマル）」や「新しい生活様式」といった言葉は、「普通である normal」ことが良いことであるという「規範」に人々を順応させて、統治されやすくする「生政治」的なものを連想させる。従来よりも規律権力的な要因が多く、不自由に感じられる状態が時と共に〝日常的な標準〟になり、かつての〝より自由だった状態〟を思い出しにくくなり、若い世代には記憶さえない、ということになれば、もはやそれに抗う理由はない。それは、社会の中で一人前の「主体 subject」として認められるために、当然「従うべき be subject to ～」規範となる。

マスクを常時着用し、ソーシャル・ディスタンスを常に意識的にキープし、歓楽地での遊びを一定の範囲に抑制するという「新しい生活様式」に「合わせる」のが人として当たり前になれば、私たちはその延長で、国や医師会が示す「健康な生き方」を疑うことなく受け入れるようになるかもしれない。

四　生権力と新自由主義

感染症対策は当初は社会にとって大きな負担になるが、検疫や医療・公衆衛生を担当する専門家、官僚が登場し、都市計画や貧困対策など他の担当部門と連携して仕事をするうちに、次第に、フーコーの言う広い意味での「統治 gouvernement」にとって不可欠な「安全装置」として定着していく。ワクチン製造によって利益を得る企業が出現し、ウイルス・ワクチン研究や公衆衛生を中心とした研究・開発が盛んになるというように、経済のサイクルにも組み込まれていく。

感染症対策から生まれた生政治的な安全装置や規律権力は、経済的にも効率的である。ベンサムは、囚人に対する心理的効果だけでなく、監視のための人件費を削減し、刑務所を効率的にするという目的で「パノプティコン」を構想した。囚人が見られているかもしれないと想像するだけで、従順になり、「規範」を内面化するようになるとすれば、確かに効率的であろう。

コレージュ・ド・フランスの講義『生政治の誕生』（一九七八―七九）でフーコーは更に議論を進めて、生政治的な統治が新自由主義と親和的になり得ることを示唆している。近代的刑罰システムの中心的な思想を定式化したベッカリーア（一七三八―九四）、ベンサムの議論の他、アイザック・エールリヒ（一九三八―）やゲイリー・ベッカー（一九三〇―二〇一四）の犯罪の経済学的分析を引きながら、現代の刑罰システムが、犯罪者に儲けか損かの判断で自らの行動を調整する経済的行動様式を身に付けさせる方向に向かっていることを指摘している。もはやベンサムのように、個々の犯罪者に規範を内面化させて、功利主義的な人間に作り替えることを目指すのではなく、市場環境での損得を考えて行動するように仕向けるのである。新たな生権力は、一定のモデルに基づく「規格化 normalisation」を試みるのではなく、特定の犯罪が非効率になる、ペイしないよう、市場環境を調整するのである。[25]

無論、これは犯罪者対策に限ったことでなく、特定の「規範」を指定して各人に内面化させるのではなく、人々が「ホモ・エコノミクス」的に行動せざるを得ないよう、自発的に市場に適合するよう仕向ける、新自由主義的な統治の一般的な特徴である。フーコーは明言していないが、感染症に際しての身体の規律から出発した生権力が、個別化・内面化という段階を通り越して、新自由主義的な方向に向かっていく可能性を当初から秘めていたと見ていたのかもしれない。

コロナ禍に即して考えてみよう。ワクチンが大量に製造されるようになると、各国政府は行動制限を緩めると同時に、ＰＣＲ検査とワクチン接種を職場復帰・再開の条件にした。多くの人が、再開されつつある経済活動に復帰し、競争で優位に立つため、積極的と言えるくらい〝自発的〟にそれらの条件を受け入れ、「新しい生活様式」に適応した。そうした動きに伴って、ソーシャル・ディスタンスやオンライン・ワークなどの面で、「新しい生活様式」への適応をサポートする業種が成長した。

テレワークや遠隔授業の導入が進めば、「働き方」や「学び方」の選択肢は増えるだろう。その意味で「新しい生活様式」は、〝自由〟をもたらす。その反面、金銭的な面でネット環境を十分に整えられない企業や家庭は置いていかれ、その面で格差が広がる可能性がある。[26] 東京都などによる「ステイホーム」の呼びかけは、「ホーム」があること、しかも、清潔で、同居者同士の間のパーソナル・スペースを保てる「ホーム」があることが大前提だ。[27] 固有の「ホーム」がない人、ネットカフェなどを転々としている人、あまり清潔とは言えない住居に大人数で生活している人はどうなるのか。同居人間の距離を十分に保てる清潔な「ホーム」を持っていない人や、運送業などに従事して不特定多数の人と接触せざるを得ない人は、「普通さ」から外れることになる。また、一部のエリートを除いて、海外からの労働者や研修生、留学生などの多くが「感染」と結び付けてイメージされるようになるかもしれない。

誇張した言い方になるかもしれないが、緊急事態宣言にあって、安全な「ホーム」を持たない人たちは、アガンベンが、シュミット的な主権的権力と、フーコー的な生政治の繋がりを象徴する存在として言及した、「剝き出しの生」を強いられた「ホモ・サケル」的な存在かもしれない。[28]「ホームなき人々」が「ホモ・サケル homo sacer」として、「法の外」に〝存在〟することで、私たちは、自分たちの生命がとりあえず保障されているのは、主権的権力によってであり、自分たちも〝正常な生き方〟から著しく逸脱すれば、法の関知しない「ホモ・サケル」になるかもしれない、と思い知らされる。ナチス政権期の非ユダヤ系のドイツ人が、ユダヤ系の人たちや安楽死の対象とされた障碍者を見て、そう感じたように。

こうした様々なレベルでのコロナ対策から生じる社会的分断をめぐる問題を指摘する研究者も少なかったが、[29]コロナ禍が一段落したこともあって、そうした懸念が顧みられることはほとんどなくなった。

初期の著作『臨床医学の誕生』(一九六三)でフーコーは、一八世紀末から急速に発展した近代医学が被験者(sujet)でもある患者をデータ化して統計的に処理すると共に、経済的格差を前提にしていることを指摘している。[30]臨床医学の研究の中心となった、修道院等によって経営される「病院 hôpital」は元々治療に特化していたわけではなく、貧困者、異常者、売春婦、老人、孤児など、そのまま街路に放置するわけにはいかない人を収容する施設であった。初期の臨床研究は、医者にかかる経済的余裕がなく、〈hôpital〉に収容されている病人を被験者として行われた。研究者としての医者は、被験者の身体を総合的に見るのではなく、自分が研究対象として関心を持つ病の「症例」として観察し、記録した――その記録に基づいて、後にフーコーが生政治の特徴として指摘するような正常分布のグラフが作成された。経済格差があったからこそ、被験者をデータとして処理する臨床研究が可能となった。

この問題は現在に至っても解消されていない。[31]医学が進歩するには、臨床研究、特にワクチンなどの大規模治験が必要だが、被験者の成り手はどうしても貧困層が多く、実験に関する医事法の規制が緩い国や地域に集中する。コロナワクチンの開発に関しても現にそうだった。[32]

コロナ禍は経済的なグローバル化を支えるサプライチェーンを乱したが、生政治―新自由主義的な面からグローバル経済を再編しつつあるように見える。[33]

五　他者危害原理の浸食

ミルは『自由論』（一八五九）で、人間の行為を、「他の人々にかかわる行為の領域」（≒公的領域）と「自分だけにかかわる行為の領域」（≒私的領域）に分け、害悪を与える可能性がある前者についてだけ、社会や国家は個人の行為に干渉する根拠を有すると述べた。これは倫理学や法哲学・憲法学で、「他者危害原理 harm-principle」と呼ばれるものである。[34]「他者危害原理」はその裏返しとして、「他人の幸福（good）を奪ったり幸福を得ようとする他人の努力を妨害しない限り、自分自身のやり方で自分自身の幸福を追求する自由」[35]を意味する。憲法学で、「自己決定権」の説明として「他者危害原理」が参照されることは少なくない。[36]

では、コロナに感染した人、あるいは感染者に接触した可能性がある人が街中を歩くのは、他者危害原則に抵触するのだろうか。かなり難しい問題である。自分がウイルスのキャリアになっていることを自覚して、わざと他人に接触しているのであれば、害を加えていると判断する人は多いだろうが、感染者に少し接触した程度なので大丈夫だと思っている人も、それに該当するのだろうか。通常の風邪であれば、それが危害に当たるのだとすれば、自由な行為の領域はなくなると言う人は少なくなかろうが、「緊急事態宣言」や二〇二一年二月の法改正で導入された「まん延防止等特別措置」が出されている状況での、当該感染症については、意図的な「危害」であるという意見が増えるだろう。その間に、いろんなバリエーションが考えられる。

一八六四年に英国で、性病の防止を目的とした「伝染病法 Contagious Diseases Acts」が制定された。港町や軍の駐屯地の周辺で売春婦と思しき女性を逮捕する権限を警官に与え、強制的に性病の検査を受けさせ、陽性と判定されれば、病院に閉じ込められるというものだ。[37] 女性の権利を無視するこの法律に対する女性団体による反対運動が広がる中、ミルは一八七〇年に王立委員会に呼ばれて証言し、性病に感染させることは他者に対する「害」であるとしながらも、女性の人身の自由を侵害する法律であり、正当化できないと述べている。売春している女性たち自身が同意していない相手に感染させているわけではないので、彼女たちを本人の意志に反して拘束することは許されない、という。[38]

性病と新型コロナでは感染の仕方、広がり方がかなり異なるが、「他者危害原理」を基本にするのであれば、ミルが言うように、本人が明確に意図して感染を広げようとした（する）のでない限り、（潜在的）感染者を犯罪者（予備軍）扱いすべきではないだろう。前近代には、ハンセン病患者の追放に象徴されるように、感染者を汚れた者、罪人と見ることさえあったが、個人の自由を尊重する自由主義的な思考が浸透し、医学が発達するにつれ、本人の意志に反して患者の自由を奪うことは次第に少なくなった。

一九九八年に「伝染病予防法」「性病予防法」「らい予防法」などを統合する形で新たに制定された「感染症の予防及び感染症の患者に対する医療に関する法律」は、それまでの法律が患者を社会に対する危険分子のように扱い、ハンセン病患者等の人権侵害をしてきたことへの反省を踏まえた内容になっている。[39] 第一条では、「このような感染症をめぐる状況の変化や感染症の患者等が置かれてきた状況を踏まえ、感染症の患者等の人権を尊重しつつ、これらの者に対する良質かつ適切な医療の提供を確保し、感染症に迅速かつ適確に対応する」と謳われている。

従来の「感染症法」は、患者に都道府県知事が入院を勧告し、従わない時には措置入院させることができるとしていたが、従わなかった時の罰則は定められていなかった。この法律で主な罰則の対象として想定されていたのは、バイオテロとか患者のプライバシーや職務上知り得た秘密の暴露など、刑事犯として通常想定されている行為である。[40]

しかしコロナ禍を受けた二〇二一年の改正で、入院措置に従わなかった者や保健所等による調査に協力しなかった者には過料が科されることになった[41]。当初は刑事罰である罰金を科すことが検討されていたが、それだと犯罪になってしまうので重すぎるという慎重論が国会審議でも出て、行政罰である過料に落ち着いた。しかし、一応犯罪とは区別されているとはいえ、この罰則は、「感染していること」自体が社会にとっての害悪であることを含意しているように思える。そう思えるからこそ、反対意見を表明する団体が少なくなかったのだろう[42]。

現代の生権力は、公権力を直接行使して感染者を個別に隔離するのではなく、患者の権利に露骨に抵触しないよう、疫学的データに基づくワクチン接種などのマクロな政策によって正常な分布へと誘導していく新自由主義な戦略へと推移していくように思われた。しかし、コロナ禍によって、新自由主義的な生政治は、その根底においてシュミット的な主権権力、自由権的基本権さえ停止させる権力を裏付けとしていることが改めて露呈した。例外事態にあっては、疫学的データに基づく勧告に従って自発的なコードを変えない者には、基本権を一時停止することもやむを得ないし、それを即時に実行できる権力があるべきだ、と考える人が多数派を占めているということだ――無論、統計的分布を示す疫学的データから自動的に、「〜すべき」という規範が導き出されるわけではない。

あるいは、緊急事態における生政治によって過剰に「正常性」を求めるようになった人たち、「自由」よりも「安全」を優先する方向に誘導された人々にとって、「他者危害原則」は、「正常性」を確保するうえでの単なる名目でしかなくなった、ということかもしれない。感染してしまったこと自体がその人の罪なのか、必ずしもそうではないとしたら、何をしたら罪となるのか。そういう難しい問題を考えねばならないのに、普段は「他者危害」原則に基づく自己決定権の重要性を説く人たちも、この問題を立ち入って論じようとしなかった。

因みに、ミルの師であり、パノプティコンの考案者であるベンサムは、「自由 liberty」に固有の価値を認めず、「安全 security」の一部として扱っている。どのような法であれ、制定された法は、誰かの「自由」を創造したり拡大したりすることはないが、不可避的に何らかの形で誰かの「自由」を制約することになる。人々が「自由」の名の下で求めているのは、実際には自らの身体、名誉、所有物、生活条件等の「安全」と考えるべき、というのがベンサムの基本的見解だ[43]。

コロナ禍で多くの人が、自分たちが求めていたのは、「自由」ではなく「安全」だと〝悟って〟しまったのかもしれない。これは、ミルが多数派の専制から「自由」を守るべく『自由論』を書き、伝染病に対する防疫を理由として売春的に見える女性の権利を剝奪することに反対して論陣を張った、一八五九年から七〇年にかけての状況以前、ベンサムがパノプティコンを構想した一八世紀末くらいの西欧人のメンタリティへの退行を意味しているのだろうか、それとも、そうした見せかけの下で、生権力の更なる進化が進行中なのか？

六　ポストコロナの生権力

フーコーの権力論と言うと、多少フーコーを知っている人であれば、『監獄の誕生』に見られる、特定の目的を持った施設での規律権力や、『性の歴史』第一巻（一九七六）における、性的真理を規定しようとする言説のように、気付かれにくいところで作用する「ミクロ権力[44]」というイメージで思い浮かべがちだ。しかし、既に見たように、少なくとも後期のフーコーは「生政治」というマクロに働く権力がそれらミクロの権力と連動していることを視野に入れていた。私たちは通常、自分たちが生政治の対象になっているとは感じていないが、コロナ禍のような例外状態が生じると、通常はソフトな誘導によって行われるようなことが、剝き出しの権力によって速やかに決定・実行される。

フーコーは、ハンセン病、ペスト、天然痘という三つのタイプの感染症との遭遇が生権力の段階的な発展の契機になったことを明らかにし、それを手がかりに段階ごとの生権力が何をターゲットに、どのように作動したか明らかにすることを試みた。今回のコロナ禍も後世から見れば、新たなタイプの生権力が台頭する契機になったと判明するかもしれない。コロナ禍対応の影響が、私たちのメンタリティや、各国政府の行動パターンを根本的に変化させたと言えるのか、現時点ではまだ分からない。

過去の三つの感染症への対応と、コロナ禍が決定的に違うとすれば、過去のそれが公権力主導での生政治が行われたのに対し、今回は多くの国で、民衆がロックダウンなどの明確な主権行使を望み、政府を動かしたということだ。民衆自身が、「他者危害原則」の意味を拡張し、「自由」よりも「安全」を優先する道を選んだ。見知らぬ他者の身体はそれ自体として危険だという素朴な――ある意味、ハンセン病患者が汚れているとされた時代に回帰したかのような――感覚が社会に浸透した。「正常性」を作り出し押し付けるのは、必ずしも政府や巨大資本ではない、という、ある意味、極めてフーコー的な問題が浮上してきたように思える。

アガンベンは、「健康への脅威」を強調し、人々が自発的に自由の制限を受け入れるように仕向ける「バイオセキュリティ biosicurezza」体制は、実効性と浸透性の両面において、人類がこれまで経験してきたあらゆる統治形式を超えると明言している。[45] ポストコロナ社会では、「安全」が「自由」に優先され、ネットを介した情報収集による安全管理が当たり前になっていくのだろうか。私たちはこれから、どのような動物になっていくのだろうか。

注

●第1章

▼1　以下の拙稿で、この著作の思想史的意義について詳しく論評した。「『法外なもの』とは何か――『相模原障害者殺傷事件』を読む」：https://synodos.jp/opinion/society/26911　同書に対する書評としては、他に高橋順一「映画『ショアー』にも匹敵する重みと深み」：『週刊読書人』二〇二一年九月二四日号などがある。また、西角や私も参加した、同著作に関するシンポジウムの記録が以下で閲覧できる。https://webmedia.akashi.co.jp/posts/5664（二〇二二年四月二〇日閲覧）

▼2　この事件を扱った著作として、藤井克徳他編『生きたかった：相模原障害者殺傷事件が問いかけるもの』（大月書店、二〇一六年）、保坂展人『相模原事件とヘイトクライム』（岩波書店、二〇一六年）、立岩真也・杉田俊介『相模原障害者殺傷事件：優生思想とヘイトクライム』（青土社、二〇一七年）、朝日新聞取材班『妄信：相模原障害者殺傷事件』（朝日新聞出版、二〇一七年）、阿部芳久『障害者排除の論理を超えて：津久井やまゆり園殺傷事件の深層を探る』（批評社、二〇一九年）、雨宮処凛編『この国の不寛容の果てに：相模原事件と私たちの時代』（大月書店、二〇一九年）、森達也『U：相模原に現れた世界の憂鬱な断面』（講談社、二〇二〇年）、神奈川新聞取材班『やまゆり園事件』（幻冬舎、二〇二〇年）などがある。

▼3　弁護側は、被告人の精神状態を理由に、本人による控訴取り下げは無効だと異議申し立てをし、最高裁まで争ったが、最高裁は二〇二二年一二月に、取り下げは有効との判断を示している。しかし、これとは別に、二〇二二年四月に、植松本人が再審請求を起こすという異例の展開になっている。横浜地裁は同月中に再審請求を棄却したが、弁護側は即時抗告している。

▼4　『現代思想』二〇一六年一〇月号（緊急特集＝相模原障害者殺傷事件）、『教育』二〇一七年六月号（特集1＝相模原事件は問う）等。

▼5　先に挙げた一連の著作の中では、保坂『相模原事件とヘイトクライム』と立岩・杉田『相模原事件とヘイトクライム』に特にその傾向が強い。

▼6　私の経験については、『統一教会と私』（論創社、二〇二〇年）を参照。

▼7 Gayatri Chakravorty Spivak, "Can the Subaltern speak?," in: Cary Nelson and Lawrence Grossberg eds., Marxism and the Interpretation of Culture, University of Illinois Press, 1988, pp. 271-313.（上村忠男訳『サバルタンは語ることができるか』みすず書房、一九九八年）

▼8 Drucilla Cornell, Between Women and Generations, 2002, Rowman & Littlefeild, pp. 71ff.（岡野八代・牟田和恵訳『女たちの絆』みすず書房、二〇〇五年、一二一頁以下）を参照。

▼9 この手紙は以下のＨＰで閲覧できる。https://www.huffingtonpost.jp/2016/07/26/letter-to-chairman_n_11207296.html（二〇二二年五月一二日閲覧）

▼10 西角自身がどういう意図でこの作品を植松に読ませたかについては、西角純志『相模原障害者殺傷事件』、七六頁以下を参照。

▼11 『相模原障害者殺傷事件』、七七―八一頁を参照。

▼12 Franz Kafka Kritische Ausgabe, Nachgelassene Schriften und Fragmente II, hrsg. v. Jost Schillemeit, S. Fischer, 1992, S. 270-273（池内紀編訳『カフカ寓話集』岩波書店、一九九八年、七〇―七三頁）を参照。

▼13 『相模原障害者殺傷事件』、七八及び八〇頁を参照。この二つのイラストは、明石書店のＨＰでも閲覧できる。https://webmedia.akashi.co.jp/posts/2881(二〇二二年五月一二日閲覧）また、以下には、上記とは若干異なる印象の、植松によるカフカのイラストが掲載されている。月刊『創』編集部編『開けられたパンドラの箱』創出版、二〇一八年、七七頁。

▼14 『相模原障害者殺傷事件』、三〇八頁。

▼15 同右、二五〇―二五一頁を参照。

▼16 同右、二二三頁以下。

▼17 Franz Kafka Kritische Ausgabe, Der Proceß, hrsg. v. Malcolm Pasley, S. Fischer, 1990, S. 9（辻瑆『審判』岩波書店、一九六六年、八頁）を参照。

▼18 Ebd., S. 11-15（同右、九―一四頁）を参照。

▼19 オーストリアの裁判官で作家でもあるヤンコ・フェルクは、『審判』の同時代的背景として、一八六〇年代以降のオーストリア・ハンガリー二重帝国における人身の自由と家宅不可侵権の保護を核とする刑事訴訟法改正の動向

と、その現実面での不十分さ、国家緊急事態法との矛盾などがあったことを指摘している。Janko Ferk, Recht ist ein》Prozess《, Manzsche Verlags- und Universitätsbuchhandlung, 1999, S. 28ff. 独文学者のヴォルフ・キトラーは、当時の大陸法の刑事訴訟手続きで、起訴法廷主義の原則（Anklageprinzip）が適用されたのは本審に限ったことで、予審では、かつての異端裁判のような、暴力的な審問（Inquistion）が密かに行われていたことをめぐる問題と、『審判』の物語全体の構造の関係を指摘している。Wolf Kittler, Heimlichkeit und Schriftlichkeit: Das österreichische Strafprozessrecht in Franz Kafkas Roman Der Proceß, in: The Germanic Review, Vol. 78, Issue 3, pp. 194-222.

▼20 通常、裁判所は市の中心部の宮殿のような建物にあるのに、貧しいアパート街にあるというのはいかにも奇妙な設定だが、ミヒャエル・ミュラーは、このこと及びこの建物でKが遭遇する人物が半犯罪者的な性格を示していることから、裁判所を構成している人員の内面を象徴的に表現しているのではないかと指摘している。Michael Müller, Erläuterungen und Dokumente zu: Franz Kafka: Der Proceß, Philipp Reclam jun., 1993, S. 17 を参照。

▼21 Hartmut Binder, Kafka-Kommentar zu den Romanen, Rezensionen, Aphorismen und zum Brief an den Vater, 2. Aufl. Winkler, 1982, S. 213、あるいは Hans H. Hiebel, Der Prozeß/Vor dem Gesetz, in: Kafka Handbuch, hrsg. v. Bettina von Jagow/Oliver Jahraus, Vandenhoeck & Ruprecht, 2008, S. 465f. を参照。

▼22 こうした視点からの哲学的カフカ論として、Gilles Deleuze/Félix Guattari, Kafka : pour une littérature mineure, Éditions de Minuit, 1975（宇野邦一訳『カフカ：マイナー文学のために〈新訳〉』法政大学出版局、二〇一七年）を参照。

▼23 Giorgio Agamben. Homo Sacer, Einaudi, 2005（高桑和巳訳『ホモ・サケル』以文社、二〇〇三年）、特に、pp. 57 sgg.（七五頁以下）を参照。

▼24 Franz Kafka Kritische Ausgabe, Der Proceß, S. 151f.（『審判』、一七一頁）

▼25 Ebd., S. 152.（同右、一七二頁）

▼26 Ebd., S. 196.（同右、二一三頁）この後、この絵をじっくり見ているとKの目には、「正義の女神」＋「勝利の女神」が、次第に狩猟の女神のように見えてくる。Ebd., S. 197（同右、二一五頁）を参照。これが何を暗示するかの解釈として、Ludwig Dietz, Franz Kafka, 2. Aufl., Metzler, 1990, S. 90f. を参照。正義の女神が狩猟の女神でもあるとすれば、後述する、「法」がKを追ってくるかのようなストーリー展開が納得しやすくなる。

▼27　Franz Kafka Kritische Ausgabe, Der Proceß, S. 214（『審判』、二三三頁）を参照。
▼28　Ebd., S. 216.（同右、二三五頁）
▼29　Ebd., S. 294f.（同右、三一九頁）
▼30　『審判』における「権力」の表象をフーコー的な視点から捉える試みとして、Christine Lubkoll, 》Man muß nicht alles für wahr halten, man muß es nur für notwendig halten《, Die Theorie der Macht in Franz Kafkas Roman 》Der Proceß《, in Franz Kafka. Schriftverkehr, hrsg. v. Wolf Kittler/Gerhard Neumann, Rombach Verlag, 1990, S. 279-294 を参照。
▼31　ペーター＝アンドレ・アルトは、監視人などの「法」を代表するように見える登場人物が、自我の意識が入ることができない無意識の領域の番人である可能性を指摘している。Peter-André Alt, Der ewige Sohn. Eine Biographie, Verlag C. H. Beck, 2005, S. 392f.　西角は、『変身』や『判決』などカフカの作品において「父」が見せる暴力性に注目している。『相模原障害者殺傷事件』、八六頁以下を参照。
▼32　注25で挙げたディーツの議論を参照。
▼33　デリダは、カフカがフロイトの影響を受けていることを指摘し、その前提の下で、『掟の門前』には、（主として性的な欲動の）「抑圧 refoulement」が道徳や法の起源になったとするフロイトの議論が反映されていると示唆する。その上で、「法」が自らへのアクセスを禁じ、自らが現前することを常に遅延（différer）させることで、主体に対する権力（puissance）を増していくことを指摘している。Jacques Derrida, Préjugés. Devant la loi, in: Jacques Derrida et al, La Faculté de Juger, Minuit, 1985, pp. 110 et sqq.（宇田川博訳「先入見——法の前に——」：『どのように判断するか』国文社、一九九〇年、一八一頁以下）を参照。
▼34　法の儀礼的な性格と、それが欲望の主体の形成に与える影響についての総合的考察として、Pierre Legendre, Sur la question dogmatique en Occident. Aspects théoriques, Fayard, 1999（西谷修監訳『ドグマ人類学総説』平凡社、二〇〇三年）。
▼35　『相模原障害者殺傷事件』、八三頁を参照。
▼36　同右、九四頁以下を参照。
▼37　同右、一〇四－一一三頁、一四〇－一四九頁を参照。

▼38 同右、二八四頁を参照。

▼39 言語が〈humanitas（人間らしさ）〉と不可分であるというキケロ的な見方が、西欧の法や政治と深く結び付いていることは、ハンナ・アーレントが『人間の条件』（一九五八年）で詳しく論じている。アーレントのこの著作の意義については、拙著『ハンナ・アーレント「人間の条件」入門講義』（作品社、二〇一四年）で論じた。

▼40 『相模原障害者殺傷事件』、二六七頁以下を参照。

▼41 同右、二六九頁を参照。

▼42 同右、二七一頁。

▼43 こうした法理解の典型として、Jürgen Habermas, Faktizität und Geltung, Suhrkamp, 1998（河上倫逸・耳野健二訳『事実性と妥当性［上・下］』未來社、二〇〇二年）、特にS. 109-291（［上］、一〇七－二七八頁）を参照。

▼44 Jürgen Habermas, Erläuterungen zum Begriff des kommunikativen Handelns, in: ders. Vorstudien und Ergänzungen zur Theorie des kommunikativen Handelns, Suhrkamp, 1984 等を参照。

●第2章

▼1 Carl Schmitt, Politische Theologie, 9. Auflage, Duncker & Humblot, 2009, S. 13.

▼2 こうした視点から、シュミットの政治思想の特徴をまとめた研究として、田中浩『カール・シュミット』未來社、一九九二年を参照。

▼3 こうした視点からの研究の代表的な例として、牧野雅彦『危機の政治学』講談社、二〇一八年を参照。

▼4 Carl Schmitt, Politische Theologie, S. 14.（田中浩・原田武雄訳『政治神学』未來社、一九七一年、一三頁）

▼5 この方面の代表的なアプローチとして和仁陽『教会・公法学・国家』東京大学出版会、一九九〇年、特に、一七一頁以下、古賀敬太『カール・シュミットとカトリシズム』創文社、一九九九年、特に、一五九頁以下を参照。

▼6 Carl Schmitt, Politische Theologie, S. 59（『政治神学』、六九頁）を参照。

▼7 Carl Schmitt, Politische Theologie, Vorbemerkung zur zweiten Ausgabe, S. 8f.（『政治神学』、「第二版のまえがき」、八頁以下）, ders., Über die drei Arten des rechtswissenschaftlichen Denkens, 3. Auflage, Duncker & Humblot 2006（加藤新平・田中成明訳「法学的思惟の三類型」：長尾龍一編『カール・シュミット著作集Ｉ』慈学社、二〇〇七年、三

四五－三九九頁）等を参照。

▼8 Max Weber, Politik als Beruf, in: Gesammelte Politische Schriften, 5. Auflage, J. C. B. Mohr (Paul Siebeck), 1988, S. 506（脇圭平訳『職業としての政治』岩波書店、一九八〇年、九頁）を参照。

▼9 Ebd.（同右、一〇頁）を参照。

▼10 教授資格論文『国家の価値と個人の意義』（一九一四年）では、物理的因果法則に支配される事実の次元で見れば、全ての「法 Recht」は最終的に「暴力 Gewalt」に依拠しているという見方にならざるを得ないが、「法」を「規範」と見る理論的な立場に立てば、事実としての力関係から「法」を導き出すことはできない、という新カント主義的な――ケルゼンに近い――二元論を取っている。そのうえで、法理論においては「国家 Staat」は後者の意味での「法」を現実の世界で実現するための媒介として分析すべきであるという立場を取り、国家を成り立たしめている「最高権力 die höchste Gewalt」を「単なる最強の暴力 die lediglich stärkste Gewalt」と見ることを批判している。Carl Schmitt, Der Wert des Staates und die Bedeutung des Einzelnen, 3. Auflage, Duncker & Humblot, 2015, bes., S. 22ff., S. 51ff., S. 75ff. を参照。しかし、『政治神学』を執筆した時点でのシュミットは、新カント学派的な二元論からはっきり距離を取っているので、「暴力／権力」に対する見方も変化したと考えられる。

▼11 Carl Schmitt, Politische Theologie, S. 18（『政治神学』、一九頁）を参照。

▼12 Ebd., S. 51ff.（同右、六一頁以下）を参照。

▼13 Ebd., S. 54.（同右、六七頁）

▼14 Carl Schmitt, Der Begriff des Politischen, 8. Auflage, Duncker & Humblot, S. 33f., u. S. 50ff.（田中浩・原田武雄訳『政治的なものの概念』未來社、一九七〇年、三〇頁以下、及び六一頁以下）を参照。この点について、以下の拙著で解説した。『カール・シュミット入門講義』作品社、二〇一三年、三二九頁以下、及び、三七二頁以下を参照。

▼15 『憲法論』（一九二八年）では、「民衆＝人民 Volk」を「憲法制定権力」の担い手とする議論の弱点として、「人民がそれ自身形体を持つことなくあるいは組織されることなく、その政治形体および組織の基本問題について決断しなければなら」ず、「それゆえに人民の意思表示は誤認され、曲解され、あるいは変造されやすい」ことを指摘している。Carl Schmitt, Verfassungslehre, Duncker & Humblot, 10. Auflage, S. 83.（阿部照哉・村上義弘訳『憲法論』みすず書房、一九七四年、一〇七頁）

▼16 『現代議会主義の精神史的状況』でシュミットは、「民主主義」は、「治者と被治者の、支配者と被支配者の同一性、国家の権威の主体と客体の同一性、国民（Volk）と議会における国民代表との同一性、「国家とその時々に投票する国民との同一性」、国家と法律の同一性、最後に、量的なるもの（数量的な多数、または全員一致）と質的なるもの（法律の正しさ）との同一性」といった一連の同一性に基づく、という独特の「民主主義」観を示している。Carl Schmitt, Die geistesgeschichtliche Lage des heutigen Parlamentarismus, 9. Auflage, Duncker & Humblot, 2010, S. 35.（樋口陽一訳『現代議会主義の精神史的状況 他一篇』岩波書店、二〇一五年、二三頁）このように「人民 Volk」を理解したとしても、複数の人間から成る「人民」がどのように意思決定に至るのか、という疑問は残る。この問題をシュミットがどう処理しようとしたかについては、David Dyzenhaus, Legality and Legitimacy, Oxford University Press, 1997, pp. 53ff.（池端忠司訳『合法性と正当性』春風社、二〇二〇年、八三頁以下）を参照。

▼17 Carl Schmitt, Politische Theologie, S. 54.（『政治神学』、六七頁）

▼18 Thomas Hobbes, Leviathan, Hackett Publishing Company, 1994, p. 76（水田洋訳『リヴァイアサン（一）』岩波書店、一九九二年、二一〇頁）を参照。

▼19 Josephe De Maistre, Les soirées de Saint-Pétersbourg, ou, Entretiens sur le Gouvernement Temporel de la Providence, in: Joseph de Maister Oeuvres Ⅲ, Tome II, Editions Slatkine, 1993, p. 390 sqq.（岳野慶作訳『サン・ペテルスブルグの夜話』中央出版社、一九四八年、一三一頁以下）を参照。

▼20 Carl Schmitt, Politische Theologie, S. 61ff.（『政治神学』、七二頁以下）を参照。

▼21 Ebd., S. 55, S. 61f., S. 67 u.a.（同右、六八頁、七一頁、八三頁等）を参照。

▼22 Ebd., S. 61.（『政治神学』、七三頁）

▼23 Ebd., S. 67（『政治神学』、八三頁）を参照。コルテスのプルードンに対する関わりについて詳しくは、Valerio D'Angelo, "Ni dieux ni maitre". Anarquismo y teología política, in: Res Publica. Revista de Historia de las Ideas Politicas (http://dx.doi.org/10.5209/RPUB.63888) を参照。

▼24 拙著『カール・シュミット入門講義』、三七頁以下、及び、八六頁以下を参照。

▼25 Carl Schmitt, Politische Romantik, 6. Auflage, Duncker & Humblot, 1998, S. 82ff.（橋川文三訳『政治的ロマン主義』未來社、一九八二年、八八頁以下）を参照。

▼26　拙著『増補新版　モデルネの葛藤』（作品社、二〇一九年）を参照。

▼27　Walter Benjamin, Ursprung des Deutschen Trauerspiels, in: Walter Benjamin Gesammelte Schriften Bd. I・1, Suhrkamp, 1991, S. 245f.（川村二郎・三城満禧訳『ドイツ悲劇の根源』法政大学出版局、一九七五年、五八頁以下）を参照。

▼28　Walter Benjamin Gesammelte Schriften Bd. I・3, Suhrkamp, 1991, S. 887 を参照。

▼29　Walter Benjamin Gesammelte Schriften Bd. I・1, Suhrkamp, 1991, S. 276.（『ドイツ悲劇の根源』一〇六頁）

▼30　Carl Schmitt, Hamlet oder Hekuba. Der Einbruch der Zeit in das Spiel, Klett-Cotta, 6. Auflage, S. 62-67, bes., S. 64ff.（初見基訳『ハムレットもしくはヘクバ』みすず書房、一九九八年、七五―八三頁、特に、七九頁以下）を参照。

▼31　シュミットが実際、どの程度ベンヤミンを意識し、読んでいたかについては、Reinhard Mehring, »Geist ist das Vermögen, Diktatur auszuüben« Carl Schmitts Marginalien zu Walter Benjamin, in Benjamin-Studien, Vol. 2（2011）, S. 239-256 を参照。

▼32　Walter Benjamin Gesammelte Schriften Bd. II・1, Suhrkamp, 1991, S. 184.（野村修編訳『暴力批判論他十篇』岩波書店、一九九四年、三六頁）

▼33　Ebd., S. 186.（同右、三九頁）

▼34　Ebd., S. 187.（同右、四〇頁）

▼35　Ebd., S. 189f.（同右、四三頁以下）を参照。ベンヤミン自身の書き方だと、「警察」限定の話のように読めるが、デリダはこの「お化けめいた結合」は、「法措定の暴力」が自らを維持するために「法維持の暴力」を必要とするため不可避的に生じてくると指摘している。Jacques Derrida, Force de loi, Galilée, 1994, p. 104 sqq.（堅田研一訳『法の力』法政大学出版局、一九九九年、一三四頁以下）を参照。

▼36　Carl Schmitt, Politische Theologie, S. 16（『政治神学』、一六頁）を参照。

▼37　Walter Benjamin Gesammelte Schriften Bd. II・1, Suhrkamp, S. 188.（『暴力批判論他十篇』、四三頁）

▼38　Georges Sorel, Réflexions sur la violence, Éditions du Trident, 1987, p. 91 sqq.（今村仁司・塚原史訳『暴力論（上）』岩波書店、二〇〇七年、一九四頁以下）を参照。

▼39　Ibid., p. 146 sq.（『暴力論（下）』、二〇〇七年、六〇頁以下）を参照。

▼40 Ibid., p. 93（『暴力論（上）』、一九九頁）を参照。

▼41 Walter Benjamin Gesammelte Schriften Bd. II・1, S. 193f.（『暴力批判論他十篇』、五〇頁以下）を参照。

▼42 Ebd., S. 195f.（同右、五三頁以下）を参照。

▼43 Georges Sorel, Réflexions sur la violence, p. 23 sq.（『暴力論（上）』、四九頁以下）を参照。

▼44 Ibid., p. 29 sqq.（『暴力論（上）』、六三頁以下）を参照。

▼45 Carl Schmitt, Die politische Theorie des Mythus, in: Positionen und Begriffe, 4. Auflage, Duncker und Humblot, 2014, S. 18.『現代議会主義の精神史的状況』の第四章でも、ほぼ同じ内容のソレル論を展開している。Carl Schmitt, Die geistesgeschichtliche Lage des heutigen Parlamentarismus, S.78ff.（樋口陽一訳『現代議会主義の精神史的状況　他一篇』、八九頁以下）を参照。

▼46 Ebd., S. 20.

▼47 Walter Benjamin Gesammelte Schriften Bd. II・1, S. 197f.（『暴力批判論他十篇』、五五頁以下）を参照。

▼48 Ebd., S. 198f.（同右、五七頁以下）を参照。

▼49 Hannah Arendt, On Revolution, Penguin Books, 1990, p. 20.（志水速雄訳『革命について』筑摩書房、一九九五年、二四頁）

▼50 Carl Schmitt, Politische Theologie, S. 43f.（『政治神学』、四九頁以下）を参照。

▼51 Walter Benjamin Gesammelte Schriften Bd. II・1, S. 199（『暴力批判論他十篇』、五九頁）を参照。

▼52 ベンヤミンは、「殺すな」という神の「戒め」が抑止になることを示唆しているが、それと神的暴力がどういう関係にあるか説明していない。Ebd., S.200ff.（同右、六〇頁以下）を参照。

▼53 Ebd. S. 202f.（同右、六四頁）

▼54 Jan Werner Müller, Myth, law and order: Schmitt and Benjamin read reflections on violence, in: History of European Ideas 29（2003）, p. 472を参照。

▼55 Ibid., p. 466及びp. 470を参照。

▼56 Giorgio Agamben, Homo Sacer, Edizione integrale 1995-2015, Quodlibet, 2018, p. 82.（高桑和巳訳『ホモ・サケル』以文社、二〇〇三年、一一九頁）

▼57 Ivi, pp. 17 sgg.（同右、七頁以下）

▼58 Ibid., p. 83（同右、一二〇頁）を参照。

▼59 Walter Benjamin Gesammelte Schriften Bd. II・1, S. 199f.（『暴力批判論他十篇』、五九頁以下）

▼60 Carl Schmitt, Politische Theologie, S. 21.（『政治神学』、一三頁）

▼61 Giorgio Agamben, Homo Sacer, p. 31.（『ホモ・サケル』以文社、二九頁）

▼62 Vivian Liska, »Eine gewichtige Pranke«: Walter Benjamin und Giorgio Agamben zu Erzählung und Gesetz bei Kafka, in Benjamin-Studien, Vol. 3 (2014), S. 217-232 を参照。

▼63 筆者自身による解釈として、「カフカの『審判』から見た相模原殺傷事件」『金沢法学』三六巻一号（本書、第一章）がある。

▼64 Giorgio Agamben, Homo Sacer, p. 56（『ホモ・サケル』以文社、七六頁）を参照。

▼65 Michel Foucault, Surveiller et punir, Gallimard, 1975, p. 228 sqq.（田村俶訳『監獄の誕生』新潮社、一九七七年、一九八頁以下）を参照。

▼66 Giorgio Agamben, Homo Sacer, pp. 128 sgg.（『ホモ・サケル』、一九三頁以下）を参照。

▼67 アガンベンは、『アウシュヴィッツの残りのもの』（一九九八）では、フーコーの議論を参照しながら、生政治の本質は、生物学的な連続体に、「国民 popolo／住民 popolazione」のような様々な区切りを入れることであり、その区切りの限界に位置するのが、絶滅収容者に収容され、人間性を剥奪された「回教徒 der Muselmann」と呼ばれる存在だと指摘している。Giorgio Agamben, Auschwitz : Homo Sacer, Edizione integrale 1995-2015, pp. 820 sg.（上村忠男・廣石正和訳『アウシュヴィッツの残りのもの』月曜社、二〇〇一年、一一一頁以下）を参照。

▼68 ナチスが、「例外状態」を恒常化したことについての法理論的な分析として、Ernst Fraenkel, The Dual State, 1969, pp. 9ff.（中道寿一『二重国家』ミネルヴァ書房、一九九四年、一一頁以下）を参照。

▼69 Walter Benjamin Gesammelte Schriften Bd. I・2, Suhrkamp, 1991, S. 697.（野村修編訳『ボードレール他五篇』岩波書店、一九九四年、三三四頁）

▼70 Giorgio Agamben, L'uso die corpi : Homo Sacer, Edizione integrale 1995-2015, pp. 1214 sg.（上村忠男訳『身体の使用』みすず書房、二〇一六年、三四八頁以下）を参照。

▼71　この点について詳しくは、古賀敬太『カール・シュミットとその時代』みすず書房、二〇一九年、特に、二八九頁以下を参照。

▼72　Jeremy Bentham, Panopticon Or the Inspection House, T. Paine, 1791を参照。ベンサムがパノプティコンを構想するに至った問題意識と、構想の発展過程については、Janet Semple, Bentham's Prison, Clarendon Press, 1993を参照。

▼73　Michel Foucault, Surveiller et punir, p. 216.（『監獄の誕生』、一八七頁）

▼74　「生政治」と「規律権力」を中心とする後期フーコーの権力論のコンパクトな概説として、中山元『フーコー入門』筑摩書房、一九九六年、一四〇－一九六頁。

▼75　「正常化」「規範」「正常／異常」の関係についてのフーコー自身の説明として、Michel Foucault, Sécurité, Territoire, Population, Seuil/Gallimard, 2004, p. 58 sqq.（高桑和巳訳『安全・領土・人口』筑摩書房、二〇〇七年、七〇頁以下）を参照。

▼76　Carl Schmitt, Politische Theologie, S. 19.（『政治神学』、二〇頁以下）

▼77　Ebd., S. 26ff.（同右、二六頁以下）を参照。

▼78　Michel Foucault, Surveiller et punir, p. 216.（『監獄の誕生』、一八七頁）

▼79　Carl Schmitt, Über die drei Arten des rechtswissenschaftlichen Denkens, S. 17.（『カール・シュミット著作集Ⅰ』三五七頁）

▼80　Ebd.（同右、三五七頁以下）

▼81　Carl Schmitt, Politische Theologie, S. 43.（『政治神学』、四九頁）

▼82　こうした状況については、古賀敬太『カール・シュミットとその時代』みすず書房、二〇一九年、一五二頁以下を参照。

●第3章

▼1　シュタールの「法治国家」概念のコンパクトな解説として、高田敏「シュタールにおける法治国概念」：『法哲学年報』一九六三年Part 1巻、一七九－一九〇頁を参照。「法治国家」概念の発展史におけるシュタールの位置につい

ては、Ernst-Wolfgang Böckenförde, Entstehung und Wandel des Rechtsstaatsbegriffs, in: Horst Ehmke, Carlo Schmid, Hans Scharoun (Hrsg.): Festschrift für Adolf Arndt zum 65. Geburtstag, Europäische Verlagsanstalt, 1969, S. 53-76 を参照。

▼2　この点について詳しくは、Heinrich Meier, Die Lehre Carl Schmitts, Metzler, 1994（中道寿一・清水満訳『政治神学か政治哲学か』風行社、二〇一五年）を参照。

▼3　Carl Schmitt, Der Leviathan, 6. Aufl., Klett-Cotta, 2018, S. 106ff.(長尾龍一訳「レヴィアタン」: 長尾龍一編『カール・シュミット著作集Ⅱ』慈学社、二〇〇七年、八四頁以下）を参照。

▼4　Carl Schmitt, Politische Romantik, 6. Aufl., Duncker & Humblot, 1998, S. 74f.（橋川文三訳『政治的ロマン主義』未來社、一九八二年、七七頁), ders, Politische Theologie, 9. Aufl., Duncker & Humblot, 2009, S. 64f.（田中浩／原田武雄訳『政治神学』未來社、一九七一年、七八頁以下）, ders, Der Begriff des Politischen, 8. Aufl., Duncker & Humblot, S. 58ff.（田中浩／原田武雄訳『政治的なものの概念』未來社、一九七〇年、七七頁以下）を参照。

▼5　Carl Schmitt, Der Leviathan, S. 79ff.（『カール・シュミット著作集Ⅱ』、七一頁以下）を参照。

▼6　Ebd., S. 99ff.（同右、八〇頁以下）を参照。

▼7　Ebd., S. 106f.（同右、八四頁）ヨルゾン（Jolson）は、シュタールが一七歳でルター派プロテスタントに改宗する前のユダヤ人としての苗字である。

ヨハン・ゲオルク・ハーマン（一七三〇－八八）は、合理主義・啓蒙主義に反対し、人間の根源的な能力である「信仰」に根ざした哲学を説いたことで知られるカントと同時代の哲学者であるが、ここで引き合いに出されているのは、「信仰」を起点に考えるハーマンがスピノザに対して徹底的に批判的であったからであろう。信仰に基づく保守主義を標榜しながら、スピノザ的な自由主義に依拠するという妥協を、啓蒙主義に抗して「信仰」を守った哲学的闘士ハーマンならどう見ていたろうか、という皮肉だろう。ハーマンのスピノザに対するスタンスについて詳しくは、平尾昌宏「汎神論論争とドイツ観念論の間」:『大阪産業大学論集　人文・社会科学編』一〇（二〇一〇年）、四九－六七頁を参照。

▼8　トマジウス自身は、後の法実証主義的な意味で明確な「法／道徳」分離論を定式化したわけではないが、その端緒を作ったと言うことはできそうだ。詳しくは、Werner Schneiders, Naturrecht und Liebesethik : zur Geschichte der praktischen Philosophie im Hinblick auf Christian Thomasius, Georg Olms Verlag. 1971, S. 273ff. 及び Wolfgang Wiebking, Recht, Reich und Kirche in der Lehre Christian Thomasius, Dissertationsdruck Schön, 1973, S. 156ff. を参照。

▼9 Robert von Mohl, Die Polizei-Wissenschaft nach den Grundsätzen des Rechtsstaates, 1. Band, Laupp, 1833, S. 8ff. 近代法思想における「警察国家」と「法治国家」の理念的な対立、及び、その中でのモールの立ち位置については、Erich Angermann, Robert von Mohl, Hermann Luchterhand Verlag, 1962, S. 97ff. なお、この時代の〈Polizei〉概念は、今日の意味での狭義の「警察」だけではなく、福祉や医療・健康など国民の生活全般に対する行政的管理という意味もあり、モールの〈Polizei〉論にもそうした含意があるとの指摘もある。この点については、木村周一朗「ドイツ法治国家思想の形成：市民的自由と国家干渉（二）」：『成城大學經濟研究』九六号（一九八七年）、一四一－一六〇頁を参照。

▼10 ヴィープキングは、トマジウスも原則的には国家が個人の信仰に干渉すべきでないという立場を取っていたことを指摘している。Wolfgang Wiebking, Recht, Reich und Kirche in der Lehre Christian Thomasius, S. 157ff. を参照。

▼11 「保守党」を中心としたシュタールの保守的言論活動については、Wilhelm Füßl, Professor in der Politik: Friedrich Julius Stahl (1802-1861), Vandenhoeck & Ruprecht, 1988, S. 121ff. を参照。

▼12 第一巻の第二版（一八四七）では、中世、フランス革命（ルソー）、思弁的法哲学、歴史的法哲学等に関する記述が大幅に増補されているが、本章の論旨に直接関係しない内容も多いので、逐一違いを指摘することはせず、特に断らない限り、初版に即して以下の議論を進めていく。

▼13 ドイツの法思想史では、シュタール自身の立場表明もあって、近代的立憲主義者と見なされることの多いヘーゲルと、保守主義的な君主制擁護論者であるシュタールの対立関係が強調されることが多い。Erich Kaufmann, Studien zur Staatslehre des monarchischen Prinzipes, Hallesche Inauguraldissertation, 1906, S. 57ff. を参照。しかしシュミットと同時代の国法学者ヘルマン・ヘラーは、シュタールが思っていたほど両者の距離は遠くないことを指摘している。Hermann Heller, Hegel und der nationale Machtstaatsgedanke in Deutschland, Aalen, 1963, S. 110ff. 及び S. 134f.（永井健晴訳『ヘーゲルと国民的権力国家思想』風行社、二〇一三年、一九八頁以下、及び、二三九頁以下）を参照。

▼14 ヘーゲル派の哲学的法学と歴史法学の対立関係と、法典論争との絡みについて詳しくは、堅田剛『歴史法学研究』日本評論社、一九九二年、特に、一二四頁以下を参照。

▼15 Friedrich Julius Stahl, Philosophie des Rechts nach Geschichtlicher Ansicht, 1. Band = Die Genesis der gegenwärtigen Philosophie, 1. Aufl., Vico Verlag, 2009, S. Vff.

▼16 Ebd., S. 7を参照。

▼17 Georg Wilhelm Friedrich Hegel, Grundlinie der Philosophie des Rechts, Suhrkamp, 1986, S. 24.（藤野渉・赤沢正敏訳『法の哲学Ⅰ』中央公論新社、二〇〇一年、二四頁）

▼18 Friedrich Julius Stahl, Philosophie des Rechts nach Geschichtlicher Ansicht, 1. Band, 1. Aufl., S. 35.

▼19 Ebd., S. 44f. を参照。

▼20 Ebd., S. 71ff. を参照。

▼21 Ebd., S. 83ff. を参照。「理性」中心主義者としてのカントに対するシュタールのスタンスは実際にはかなり屈折しており、カントの後継者としてのフィヒテに対する批判的な姿勢に繫がったとされる。こうした哲学的に立ち入った関係については、Christian Wiegand, Über Friedrich Julius Stahl（1801-62）, Ferdinand Schöningh, 1981, S. 81ff.

▼22 Friedrich Julius Stahl, Philosophie des Rechts nach Geschichtlicher Ansicht, 1. Band, 1. Aufl., S. 140ff. を参照。

▼23 Ebd., S. 209ff. を参照。

▼24 Ebd., S. 227ff. を参照。

▼25 Ebd., S. 230 を参照。

▼26 Ebd., S. 231-237 を参照。

▼27 「歴史法学派」の全体像を示した近年の研究として、Hans Peter Haferkamp, Die Historische Rechtsschule, Vittorio Klostermann, 2018 を参照。

▼28 Friedrich Julius Stahl. Philosophie des Rechts, 1. Band, 2. Aufl., Verlag der akademischen Buchhandlung von J. C. B. Mohr, 1847, S. 570 を参照。

▼29 Ebd., S. 551.「フランス人とイタリア人」というのは、ド・メーストルがサルディーニャ王国領サヴォワの伯爵家の出身だが、主としてフランス語で著述し、王政復古後のフランスで強い影響力を持ったことを念頭に置いてのことだと思われる。

▼30 Carl Schmitt, Politische Romantik, S. 70f.（『政治的ロマン主義』、七三頁）を参照。

▼31　Carl Schmitt, Politische Theologie, S. 60f.（『政治神学』未來社、七一頁以下）を参照。この点については、以下の拙稿で考察した。「シュミットの『政治神学』のポストモダン的な再考」：『金沢法学』六五巻二号、六頁以下。

▼32　Friedrich Julius Stahl. Philosophie des Rechts, 1. Band, 2. Aufl., S. 584ff. を参照。

▼33　Ebd., S. 587.

▼34　Ebd., S. 373ff. を参照。

▼35　Friedrich Julius Stahl. Philosophie des Rechts, 1. Band, 1. Aufl., S. 270ff. を参照。

▼36　Ebd., S. 292f.

▼37　Ebd., S. 309.

▼38　Ebd., S. 307f.

▼39　Hegel, Grundlinie der Philosophie des Rechts, S.435（藤野渉・赤沢正敏訳『法の哲学Ⅱ』二〇〇一年、二九三頁）を参照。

▼40　Ebd., S. 468（同右、三五八頁）を参照。

▼41　Ebd., S. 482.（同右、三八四頁以下）

▼42　Ebd., S. 471ff.（同右、三六三頁以下）を参照。

▼43　Friedrich Julius Stahl, Philosophie des Rechts nach Geschichtlicher Ansicht, 2. Band = Christliche Rechts- und Staatslehre, 2. Abschnitt, 1. Aufl., Vico Verlag, 2009, S. 143ff.

▼44　Hegel, Grundlinie der Philosophie des Rechts, S. 469f.（『法の哲学Ⅱ』、三六〇頁）を参照。

▼45　Friedrich Julius Stahl, Philosophie des Rechts nach Geschichtlicher Ansicht, 2. Band, 2. Abschnitt, 1. Aufl., S. 144.

▼46　Ebd., S. 146f.

▼47　Ebd., S. 155ff, S. 161ff., S. 168ff. を参照。

▼48　Friedrich Julius Stahl, Das Monarchische Prinzip, Verlag der akademischen Buchhandlung von J. C. B. Mohr, 1845, S. 12ff.,

▼49　ウィーン会議後のドイツ諸邦の政治情勢、特に、憲法や議会をめぐる状況の概略として、Wolfram, Siemann,

Vom Staatenbund zum Nationalstaat. Deutschland 1806-71, Verlag C. H. Beck, 1995, S. 29ff.、及び、末川清『近代ドイツの形成』晃洋書房、一九九六年、一五一頁以下を参照。

▼50　シュタールの憲法論が、憲法制定をめぐるドイツ諸邦の動向の中でかなり保守色が濃いものだったことについては、望田幸雄『近代ドイツの政治構造』ミネルヴァ書房、一九七二年、三三頁以下を参照。エアランゲン大学教授及びバイエルン議会の議員としてのシュタールの立場については、Wilhelm Füßl, Professor in der Politik, S. 69ff. を参照。

▼51　この点については、拙稿「シュミットの『政治神学』のポストモダン的な再考」『金沢法学』六五巻二号（本書第2章）を参照。

▼52　Carl Schmitt, Die Geistesgeschichtliche Lage des heutigen Parlamentarismus, 9. Aufl., Duncker & Humblot, 1923（樋口陽一訳『現代議会主義の精神史的状況　他一篇』岩波書店、二〇一五年）、特にS. 58ff.（五五頁以下）を参照。

▼53　Friedrich Julius Stahl. Philosophie des Rechts, 1. Band, 1. Aufl., S. 253.

▼54　Ebd., S. 261f.

▼55　Carl Schmitt, Politische Theologie, S. 53f.（『政治神学』、六五頁以下）を参照。

▼56　Ulrich Herbert, Best, 3. Aufl., J. H. W. Dietz, 1996, S. 273ff. を参照。

▼57　Friedrich Julius Stahl, Philosophie des Rechts nach Geschichtlicher Ansicht, 2. Band, 1. Abschnitt, 1. Aufl., Vico Verlag, 2009, S. 113.

▼58　Ebd., S. 224ff. を参照。

▼59　Ebd., S. 271ff. を参照。

▼60　Friedrich Julius Stahl, Philosophie des Rechts nach Geschichtlicher Ansicht, 2. Band, 2. Abschnitt, 1. Aufl., S.9ff. を参照。

▼61　Ebd., S. 12ff. を参照。

▼62　Ebd., S. 15f.

▼63　Ebd., S. 34.

▼64　Ebd., S. 275ff. を参照。

▼65 Ebd., S. 283 を参照。

▼66 Friedrich Julius Stahl, Der Protestantismus als politisches Prinzip, Scienta Verlag Aalen, 1987、特に、S. 11-22 を参照。

▼67 Ebd., S. 38ff. を参照。

▼68 Friedrich Julius Stahl, Philosophie des Rechts nach Geschichtlicher Ansicht, 2. Band, 2. Abschnitt, 1. Aufl., S. 283ff. を参照。

▼69 Ebd., S. 287.

▼70 Ebd., S. 88f.

▼71 Ebd., S. 89.

▼72 Ebd., S. 298 を参照。

▼73 Friedrich Julius Stahl, Philosophie des Rechts nach Geschichtlicher Ansicht, 2. Band, 2. Abschnitt, 2. Aufl., Verlag der akademischen Buchhandlung von J. C. B. Mohr, 1846, S. 106.

▼74 Ebd.

▼75 モールの法治国家論における自由の位置付けについては、Erich Angermann, Robert von Mohl, S. 128ff. を参照。

▼76 ドラッカーの法学者としての仕事、及び、ケルゼンとの関係については、拙著『思想家ドラッカーを読む』NTT出版、二〇一八年、六二頁以下を参照。

▼77 Peter Drucker, Friedrich Julius Stahl, Konservative Staatslehre und Geschichtliche Entwicklung, Verlag von J. C. B. Mohr 〈Paul Siebeck〉, 1933、特に、S. 12ff. を参照。

▼78 Carl Schmitt, Verfassungslehre, 10. Aufl., Duncker & Humblot, 2010, S.75f.（阿部照哉・村上義弘訳『憲法論』みすず書房、一九七四年、九八頁）を参照。

▼79 Ebd., S. 83.（同右、一〇六頁）

▼80 Ebd., S. 81.（同右、一〇五頁）

▼81 こうした観点からの『憲法論』の解釈として、Klaus Roth, Carl Schmitt – ein Verfassungsfreund? Seine Stellung zur Weimarer Republik in der Phase der relativen Stabilisierung（1924–29）, in: Zeitschrift für Politik, Vol. 52, No. 2

(2005), S. 141-156を参照。

▼82 Carl Schmitt, Was bedeutet der Streit um den „Rechtsstaat“?, in: Zeitschrift für die gesamte Staatswissenschaft, Bd. 95, H. 2. (1935), S. 189-201を参照。

▼83 Carl Schmitt, S. 285.（『憲法論』、三三二頁）

▼84 戦後刊行された、以下のコルテスに関する論集には、『憲法論』以前の論文と以後の論文が二本ずつ収められているが、論調はほとんど変わっていない。Carl Schmitt, Donoso Cortés in gesamteuropäischer Interpretation. Vier Aufsätze, 2. Aufl., 2009を参照。

▼85 Carl Schmitt, Römischer Katholizismus und politische Form, 7. Aufl., 2019, S. 8f.（小林公訳「ローマ・カトリック教会と政治形態」:『カール・シュミット著作集Ⅱ』、一二二頁以下）を参照。シュミットの「代表」概念の研究として、和仁陽『教会・公法学・国家―初期カール・シュミットの公法学』東京大学出版会、一九九〇年、一七一頁以下を参照。

▼86 Carl Schmitt, Römischer Katholizismus und politische Form, S. 14（『カール・シュミット著作集Ⅱ』、一二四頁）を参照。

▼87 Ebd.,（同右、一二五頁）を参照。

▼88 Ebd., S. 23f.（同右、一三〇頁）

▼89 Ebd., S. 35f.（同右、一三六頁以下）

▼90 Ebd., S. 12f.（同右、一二四頁）を参照。

●第3章　補論

▼1 初期のドラッカーの思想の変遷については、拙著『思想家ドラッカーを読む』NTT出版、二〇一八年、一五頁以下を参照。

▼2 Peter Drucker, Friedrich Julius Stahl, Verlag von C. H. B. Mohr〈Paul Siebeck〉, 1933, S. 3.

▼3 Ebd., S. 4及びS. 30f. を参照。

▼4 Peter F. Drucker, The Future of Industrial Man, Transaction Publishers, 2004, pp. 180ff.（上田惇生訳『産業人の

未来』ダイヤモンド社、二〇〇八年、二四三頁以下）を参照。

▼5 バークの思想の概要については、拙著『精神論ぬきの保守主義』新潮社、二〇一四年、四三－七四頁を参照。

▼6 Peter Drucker, Friedrich Julius Stahl, S. 10ff. を参照。

▼7 Ebd., S. 13 を参照。

▼8 Ebd., S. 12.

▼9 Ebd. を参照。

▼10 Ebd., S. 14.

▼11 Ebd., S. 15f. 及び S. 22 を参照。

▼12 Ebd., S. 19 を参照。

▼13 Ebd., S. 19f.

▼14 Friedrich Julius Stahl, Philosophie des Rechts nach Geschichtlicher Ansicht, 2. Band=Christliche Rechts- und Staatslehre, 2. Abschnitt, 1. Aufl, Vico Verlag, 2009, S. 214.

▼15 Ebd., S. 216.

▼16 シュタールは明確にはっきり定義して使い分けているわけではないが、道徳性を帯びている場合を「公共的意識」、必ずしもそうでなく、情緒的に変動しているような場合を「世（公）論」と呼んでいるように思われる。Ebd., S. 234ff. を参照。

▼17 Jürgen Habermas, Strukturwandel der Öffentlichkeit, Suhrkamp, 1990（細谷貞雄・山田正行訳『公共性の構造転換 第2版』未來社、一九九四年）、特に、S. 122ff.（八六頁以下）を参照。

▼18 Friedrich Julius Stahl, Philosophie des Rechts nach Geschichtlicher Ansicht, 2. Band, 2. Abschnitt, S. 218ff. を参照。

▼19 Ebd., S. 223 を参照。

▼20 Ebd., S. 225.

▼21 Peter Drucker, Friedrich Julius Stahl, S. 23.

▼22 Ebd., S. 24 を参照。

▼23 Ebd., S. 31f.

▼24　Ebd., S. 24を参照。

●第4章

▼1　Carl Schmitt, Der Begriff des Politischen, Duncker & Humblot, 8. Aufl., 2009, S. 19（権左武士訳『政治的なものの概念』岩波書店、二〇二二年、一三頁）を参照。

▼2　Ebd., S. 26.（同右、二二頁）本章の流れに合わせて一部用語を変更した。

▼3　Ebd., S. 27f.（同右、二五頁以下）を参照。シュミットが言うように、古代ギリシア語では、〈πολέμιος〉と〈ἐχθρός〉が一応区別されていた。プラトンのテクスト『ラケス』における両者の使い分けに関して、Richard Avramenko, Of Firemen, Sophists, and Hunter-Philosophers: Citizenship and Courage in Plato's Laches, in: Polis, Vol. 24, No2(2007), pp. 217ff. を参照。ただし、一般的には厳密な区別ではなく、互換的に使われることもあったようである。Mary Whitlock Blundell, Helping Friends and Harming Enemies, Cambridge University Press, 1991, p. 39を参照。イエスが「汝の敵を愛せ」と言っているのは、「マタイ福音書」第五章の一か所と「ルカ福音書」第六章の二か所で、これらの箇所では、〈ἐχθρός〉が使われている。

▼4　Carl Schmitt, Der Begriff des Politischen, S. 28.（『政治的なものの概念』、二六頁）

▼5　Ebd., S. 59f.（同右、六八頁以下）を参照。

▼6　Carl Schmitt, Politische Theologie, 9. Aufl., 2009, Duncker & Humblot, S. 61ff.（田中浩・原田武雄訳『政治神学』未來社、一九七一年、七二頁以下）も参照。

▼7　Carl Schmitt, Der Begriff des Politischen, S. 50.（『政治的なものの概念』、五七頁以下）

▼8　Immanuel Kant, Zum Ewigen Frieden: Kant's gesammelte Schriften Bd.Ⅷ, hrsg. v. königlichen Preußischen Akademie der Wissenschaften, Walter de Gruyter & Co., 1923, S. 354ff.（遠山義孝訳「永遠平和のために」:『カント全集14』岩波書店、二〇〇〇年、二六八頁以下）を参照。

▼9　Carl Schmitt, Der Begriff des Politischen, S. 51.（『政治的なものの概念』、五八頁以下）

▼10　Michael Hardt + Antonio Negri, Multitude, The Penguin Press, 2004, p. 4.（幾島幸子訳『マルチチュード（上）』ＮＨＫ出版、二〇〇五年、三〇頁以下）を参照。

▼11 Ibid., p. 6（同右、三五頁）を参照。

▼12 Carl Schmitt, Der Begriff des Politischen, S. 52.（『政治的なものの概念』、六〇頁：適宜改訳した）

▼13 Ebd., S. 53.（同右、六一頁以下）

▼14 Carl Schmitt, Der Nomos der Erde, 5. Aufl., Duncker & Humblot, 2011, S. 91ff.（新田邦夫訳『大地のノモス』慈学社、二〇〇七年、一三一頁以下）を参照。

▼15 Carl Schmitt, Der Begriff des Politischen, S. 67（『政治的なものの概念』、八五頁以下）を参照。

▼16 Michael Hardt + Antonio Negri, Multitude, p. 7.（『マルチチュード（上）』、三六頁）

▼17 Carl Schmitt, Politische Theologie, S. 13ff.（『政治神学』、一一頁以下）を参照。

▼18 Jacques Derrida, Politiques de l'amitié, Galilée, 1994, p. 39 et suiv.（鵜飼哲＋大西雅一郎＋松葉祥一訳『友愛のポリティックス1』みすず書房、二〇〇三年、四三頁以下）を参照。

▼19 Ibid., p. 103.（同右、一四一頁）

▼20 Jacques Derrida, Spectres de Marx, Galilée, 1993, p. 97 et suiv.（増田一夫訳『マルクスの亡霊たち』藤原書店、二〇〇七年、一三三頁以下）

▼21 Jacques Derrida, Politiques de l'amitié, pp. 111 et suiv.（『友愛のポリティックス1』、一五〇頁以下）を参照。

▼22 Ibid., pp.116 et suiv.（同右、一五七頁以下）を参照。

▼23 これについて詳しくは、Marie Louise-Mallet (éd.), La démocratie à venir : autour de Jacques Derrida, Galilée, 2004を参照。

▼24 Carl Schmitt, Die geistesgeschichtliche Lage des heutigen Parlamentarismus, 9. Aufl., Duncker & Humblot, 2010, S. 35（稲葉素之訳『現代議会主義の精神史的地位』みすず書房、二〇一三年、三七頁）を参照。

▼25 ケルゼンは、『民主主義の本質と価値』第二版（一九二九）で、議会制民主主義の前提としての「選挙人」と「被選挙人」の「擬制的同一化 die fictive Identifikation」について語っており、彼はシュミットと違って、「同一性」が理論上のフィクションであると明言している。Hans Kelsen, Vom Wesen und Wert der Demokratie, 1981, Scientia Verlag Aalen, 1981, S. 85（西島芳二訳『デモクラシーの本質と価値』岩波書店、一九六六年、一一四頁）を参照。

▼26 Carl Schmitt, Die geistesgeschichtliche Lage des heutigen Parlamentarismus, S. 16.（『現代議会主義の精神史的地

位』、一七頁：適宜改訳した）

▼27 Carl Schmitt, Politische Theologie, S. 67ff.（『政治神学』、八三頁以下）及び Die geistesgeschichtliche Lage des heutigen Parlamentarismus, S. 77ff.（『現代議会主義の精神史的地位』、八七頁以下）を参照。

▼28 Carl Schmitt, Theorie des Partisanen, Duncker & Humblot, 4. Aufl., 1995, S. 26（新田邦夫訳『パルチザンの理論』筑摩書房、一九九五年、四四頁）を参照。

▼29 Ebd., S. 27（同右、四八頁）を参照。

▼30 一九三〇年代半ば以降の空間－国際法－軍事の関係をめぐるシュミットの考察については、大竹弘二『正戦と内戦』以文社、二〇〇九年、一七五頁以下を参照。

▼31 Carl Schmitt, Theorie des Partisanen, S. 28ff.（『パルチザンの理論』、五二頁以下）を参照。

▼32 Ebd., S. 27f.（同右、四九頁以下）

▼33 Ebd., S. 93f.（同右、一九一頁以下）

▼34 Karl von Clausewitz, Vom Kriege, Ferd. Dümmlers Verlag, 1980, S. 952ff.（篠田英雄訳『戦争論（下）』岩波書店、一九六八年、二六〇頁以下）を参照。

▼35 Ebd., S. 210（篠田英雄訳『戦争論（上）』岩波書店、一九六八年、五八頁以下）を参照。

▼36 Ebd., S. 990f.（『戦争論（下）』、三一六頁以下）を参照。

▼37 Ebd., S. 992.（同右、三一八頁）

▼38 ドゥルーズとガタリは、『千のプラトー』（一九八〇）で、私たちが知る「軍隊」の原型である「戦争機械」は元々遊牧民の発明であり、一定の領域を安定的に支配しようとする「国家」とは本来相容れないが、「国家」の支配領域が拡大するにつれてそれに取り込まれ、国家の官僚機構の命令で動く「軍隊」となったが、完全には「国家」の中に組み込まれておらず、いつ「戦争機械」としての本性を現すか分からないことを、クラウゼヴィッツの「絶対的戦争論」を参照しながら論じている。Gilles Deleuze + Félix Guattari, Mille Plateaux, Les Editions de Minuit, 1980, p. 439 et suiv.（宇野邦一他訳『千のプラトー（下）』河出書房、二〇一〇年、二〇頁以下）を参照。「戦争機械」については、拙著『ドゥルーズ＋ガタリ〈千のプラトー〉入門講義』作品社、二〇二三年、三三三頁以下を参照。

▼39 Karl von Clausewitz, Vom Kriege, S. 992.（『戦争論（下）』、三一九頁）

▼40 Carl Schmitt, Theorie des Partisanen, S. 55f.（『パルチザンの理論』、一一〇頁）

▼41 Ebd., S. 94.（同右、一九二頁以下）

▼42 Ebd., S. 96（同右、一九六頁）を参照。

▼43 Jacques Derrida, Politiques de l'amitié, pp. 148 et suiv.（『友愛のポリティックス1』、二〇〇頁以下）を参照。

▼44 Carl Schmitt, Der Begriff des Politischen, S. 32f.（『政治的なものの概念』、三一頁）

▼45 Ebd., S. 33.（同右）

▼46 Ebd.（同右、三一頁以下）

▼47 Ebd.（同右、三二頁）

▼48 Carl Schmitt, Politische Theologie, S. 13.（『政治神学』、一一頁）を参照。

▼49 Jacques Derrida, Politiques de l'amitié, p. 150（『友愛のポリティックス1』、二〇二頁以下）を参照——邦訳では、〈consciente ou inconsciente（意識的か無意識的か）〉が落ちている。

▼50 Carl Schmitt, Theorie des Partisanen, S. 46ff.（『パルチザンの理論』、九二頁以下）を参照。一九〇〇年に刊行された以下の文献では、プロイセン国王の勅令前後の、義勇軍の結成と組織化、解体の動きが総合的に叙述されている。Maximilian Blumenthal, Der Preussiche Landsturm von 1813. Auf Arichivalischen Grundlagen, Leopold Classic Library, 2016.

▼51 Carl Schmitt, Theorie des Partisanen, S. 47f.（同右、九五頁）を参照。

▼52 Ebd., S. 45ff.（同右、八九頁）を参照。

▼53 『ペンテジレーア』における「戦争機械」のイメージについては、拙訳『ペンテジレーア』（論創社、二〇二〇年）の訳者解説を参照。

▼54 Carl Schmitt, Der Begriff des Politischen, S. 57-59（『政治的なものの概念』、六九－七二頁）を参照。

▼55 Carl Schmitt, Theorie des Partisanen, S. 49（同右、九八頁以下）を参照。フィヒテの論文とクラウゼヴィッツの書簡の意義については、Peter Paret, Machiavelli, Fichte, and Clausewitz in the Labyrinth of German Idealism, in: Etica & Politica / Ethics & Politics, XVII, 2015, 3, pp. 78-95を、クラウゼヴィッツがドイツ観念論やドイツ・ロマン派から受けた影響については、Sibylle Scheipers, On Small Wars, Oxford University Press, 2018, pp. 52-86を参照。

▼56　Carl Schmitt, Theorie des Partisanen, S. 49.（『パルチザンの理論』、九七頁）

▼57　『政治的なものの概念』でシュミットは、ヘーゲルのレーニンへの影響に言及している。Carl Schmitt, Der Begriff des Politischen, S. 58f.（『政治的なものの概念』、七一頁以下）を参照。

▼58　Carl Schmitt, Theorie des Partisanen, S. 57.（同右、一一四頁）

▼59　Jacques Derrida, Politiques de l'amitié, pp. 167 et suiv.（『友愛のポリティックス１』、二二七頁以下）を参照。

▼60　Ibid., p. 171.（同右、二三一頁）

▼61　ムフのコミュニタリアニズム評価については、Chantal Mouffe, The Return of the Political, Verso, 2020, pp. 23-40（千葉眞他訳『政治的なるものの復興』日本経済評論社、一九九八年、四七―八〇頁）を参照。

▼62　Ibid., p. 4（同右、八頁）及び Chantal Mouffe, The Democratic Paradox, Verso, 2000, pp. 101ff.（葛西弘隆訳『民主主義の逆説』以文社、一五六頁以下）を参照。

▼63　ロールズの正義論の概要については、拙著『いまこそロールズに学べ』（春秋社、二〇二〇年）を参照。

▼64　Chantal Mouffe, The Return of the Political,　p. 49（『政治的なるものの復興』、九八頁）を参照。

▼65　Ibid., p. 47f.（同右、一〇三頁以下）を参照。

▼66　例えば、サンデルによる批判として、Michael J. Sandel, Liberalism and the Limits of Justice, 2nd Ed., Cambridge University Press, 1998, pp. 122ff.（菊池理夫訳『リベラリズムと正義の限界　原著第二版』勁草書房、二〇〇九年、一三九頁以下）

▼67　Carl Schmitt, Der Begriff des Politischen, S. 65.（『政治的なものの概念』、八三頁：一部改訳した）　ムフの参照している英訳では、〈erobernde Gewalt〉が〈conquering power and repression（征服する力と抑圧）〉と言い換えられている。Carl Schmitt, The Concept of the Political, trans. by　George Schwab, Rutgers University Press, 1976, p.71を参照。

▼68　Carl Schmitt, Der Begriff des Politischen, S. 66.（『政治的なものの概念』、八三頁）

▼69　Ebd., S. 71f.（同右、九二頁以下）を参照。

▼70　Carl Schmitt, Politische Theologie, S. 67（『政治神学』、八二頁）を参照。

▼71　Carl Schmitt, Die geistesgeschichtliche Lage des heutigen Parlamentarismus, S.62f.（『現代議会主義の精神史的状

況』、六〇頁以下）を参照。

▼72　「熟議民主主義」とはそもそもいかなるものかについては、田村哲樹『熟議の理由』勁草書房、二〇〇八年を参照。

▼73　Chantal Mouffe, The Democratic Paradox, pp. 110f.（『民主主義の逆説』、七一頁以下）を参照。

▼74　Chantal Mouffe, The Return of the Political, pp. 120ff.（『政治的なるものの再興』、二三七頁以下）を参照。

▼75　Ibid., p. 107（同右、二一二頁以下）を参照。

▼76　ムフのグラムシ受容については、以下のラクラウとの共著を参照。Ernesto Laclau + Chantal Mouffe, Hegemony and Social Strategy Towards a Radical Democratic Politics, Verso, 2014, pp. 55ff.（西永亮＋千葉眞訳『民主主義の革命』筑摩書房、一六一頁以下）

▼77　拙著『いまこそロールズに学べ』、二〇三頁以下を参照。

▼78　Chantal Mouffe, The Return of the Political, pp. 110f.（『政治的なるものの再興』、二一九頁）

▼79　Ibid., p. 114.（同右、二二五頁）

▼80　上述のラクラウとムフの共著では、「私」が「全面的に私自身であること（being totally myself）を妨げる」「他者の存在 the presence of the 'Other'」という形で、「構成的外部」に相当するものが記述されており、それが社会的「敵対 antagonism」の基礎にあるとされている。Ernesto Laclau + Chantal Mouffe, Hegemony and Social Strategy Towards a Radical Democratic Politics, pp. 111ff.（『民主主義の革命』、二八〇頁以下）を参照。

▼81　Chantal Mouffe, Carl Schmitt and the Paradox of Liberal Democracy, in: idem. (ed.), The Challenge of Carl Schmitt, Verso, 1999, pp. 50ff.（青木裕子訳「カール・シュミットと自由民主主義のパラドックス」：古賀誠・佐野誠編訳『カールシュミットの挑戦』風行社、二〇〇六年、七二頁以下）を参照。シュミットの「敵」を「対抗者」に変換してしまうのは、シュミット理解としておかしいという批判はある。Benjamin Arditi, On the Political: Schmitt contra Schmitt, in: Telos - Spring 2008, pp. 9ff. を参照。

▼82　John Rawls, The Law of Peoples, Harvard University Press. 2001. pp. 4f.（中山竜一訳『万民の法』岩波書店、二〇二二年、四頁以下）を参照。

▼83　Ibid., pp. 90ff.（同右、四九頁以下）を参照。

▼84 Jan Werner Müller, A Dangerous Mind: Carl Schmitt in Post-War European Thought, Yale University Press, 2003, pp. 237ff.（中道寿一訳『カール・シュミットの「危険な精神」』ミネルヴァ書房、二〇一一年、二五五頁以下）を参照。

▼85 Ibid., pp. 245ff.（同右、二六三頁以下）を参照。

●第4章　補論

▼1 シュミットとランシエールの思考の共通の特徴を指摘する論考として、Panu Minkkinen, Rancière and Schmitt, in: Mónica López Lerma + Julen Etxabe (Ed.), Routledge, 2018, pp. 131-148 を参照。

▼2 Jacques Rancière, La leçon d'Althusser, Paris, La Fabrique, 2011a(市田良彦他訳『アルチュセールの教え』航思社、二〇一三年）を参照。

▼3 Jacques Rancière, The Thinking of Dissens, in: Paul Bowmann + Richard Stamp (ed.), Reading Rancière, Continuum International Publishing Group, 2011, p. 4 を参照。

▼4 Jacques Rancière, La Mésentente, Galilée, 1995, p. 24 et suiv.（松葉祥一＋大森秀臣＋藤江成夫訳『不和あるいは了解なき了解』インスクリプト、二〇〇五年、二四頁以下）を参照。

▼5 Ibid., p. 31.（同右、三四頁）

▼6 Ibid., p. 45.（同右、五〇頁以下）

▼7 Ibid., p. 46.（同右、五二頁）

▼8 これについては、Hannah Arendt, Lectures on Kant's Political Philosophy, The University of Chicago Press, 1982, esp. pp. 68ff.（仲正訳『完訳　カント政治哲学講義録』明月堂書店、二〇〇九年、特に、一二七頁以下）を参照。

▼9 Jacques Rancière, La Mésentente, p. 143.（『不和あるいは了解なき了解』、一七一頁）

▼10 Jacques Rancière, La partage du sensible, La Fabrique-éditions, 2000, pp. 8 et suiv.（梶田裕訳『感性的なもののパルタージュ』法政大学出版局、八頁以下）を参照。

▼11 分かりやすい解説として、木庭顕『誰のために法は生まれた』朝日出版社、二〇一八年、一三七頁以下を参照。

▼12 Jacques Rancière, La partage du sensible, pp. 30 et suiv.（『感性的なもののパルタージュ』、二三頁以下）を参照。

▼13 ヘゲモニーとアイデンティティ、表象の関係をめぐるムフの議論については、Ernesto Laclau + Chantal Mouffe, Hegemony and Social Strategy Towards a Radical Democratic Politics, Verso, 2014, pp. 40ff., pp. 58ff.（西永亮＋千葉眞訳『民主主義の革命』筑摩書房、一三二頁以下、一六九頁以下）を参照。

▼14 ランシエールとムフの議論の位相の違いについては、Cecilia Lesgart, La singularidad de la política, lo político y la democracia: Jacques Rancière y Chantal Mouffe, in: Revista Argentina de Ciencia Política,en: Núm. 21 (2018). Gerd Biesta, The Ignorant Citizen: Mouffe, Rancière, and the Subject of Democratic Education, in: Studies in Philosophy and Education Vol. 30 (2011) などを参照。

▼15 Jacques Rancière, La Mésentente, pp.100 et suiv.（『不和あるいは了解なき了解』、一一五頁以下）を参照。

▼16 Ibid., pp. 120 et suiv.（同右、一四四頁以下）を参照。

●第5章

▼1 Carl Schmitt, Politische Theologie, 9. Aufl., Duncker & Humblot, S. 23ff.（田中浩・原田武雄訳『政治神学』未來社、一九七一年、二四頁以下）及び、ders. Legalität und Legitimität, 7. Aufl., Duncker & Humblot, S. 22ff.（田中浩・原田武雄訳『合法性と正統性』未來社、一九八三年、三〇頁以下）を参照。同じく保守派と目されることが多い反面、シュミットとある意味ライバル関係にあったスメントも同種の批判をしている。特に、以下では当時の憲法学に即して、実証主義と結び付いた形式主義の問題を指摘している。Rudolf Smend, Verfassung und Verfassungsrecht, Duncker & Humblot, 1928, S. 128ff.（永井健晴訳『憲法体制と実定憲法』風行社、一八九頁以下）を参照。

▼2 Carl Schmitt, Politische Theologie, S. 35.（『政治神学』、四〇頁）

▼3 Ebd., S. 37f.（同右、四四頁）

▼4 Ebd., S. 19.（同右、二一頁以下）

▼5 「規範」という意味の名詞〈Norm〉と、「正常（普通）な」という意味の形容詞〈normal〉が歴史的にどのように関係し、それが法律・法学にとってどのような意味を持ったかについては、Alain Supiot, Critique du droit, PUF, 3e éd., 2014, p. 183 et s.（宇城輝人訳『労働法批判』ナカニシヤ出版、二〇二二年、三二三頁以下）を参照。

▼6 シュタムラーについては、日本の法哲学の創始者の一人である恒藤恭は初期の著作『批判的法律哲学』（一九二

一）で、カントの批判的精神を継承し、法律経験の存立条件を明らかにした、同時代の重要な法哲学者として、全体の三分の二近くの紙幅を使って、シュタムラーの法理論を詳細に紹介している。

▼7 Carl Schmitt, Römischer Katholizismus und politische Form, 7. Aufl., Klett-Cotta, 2019, S. 35f.（小林公訳「ローマカトリック教会と政治形態」：長尾龍一編『カール・シュミット著作集I』慈学社、二〇〇七年、一三六頁以下）を参照。

▼8 Ebd., S. 49.（同右、一四四頁）なお、同論文の邦訳には、本論の流れに即して以下適宜変更を加えた。

▼9 この点については、世俗の君主の権力に対する教皇の優位を認めながら、前者に対する後者の支配は間接的な性質のものだとするベラルミーノ枢機卿（一五四二―一六二一）の議論をめぐる、一連の論争が示唆的だ。Stefania Tutino, Empire of Souls. Robert Bellarmine and the Christian Commonwealth, Oxford University Press, 2010. 同書では、ベラルミーノとその批判者としてのホッブズについて、シュミットがどのように考えていた方についても論じられている。Ibid., pp. 280ff. を参照。

▼10 Carl Schmitt, Römischer Katholizismus und politische Form, S. 49f.（『カール・シュミット著作集I』、一四四頁以下）

▼11 Ebd., S. 50.（同右、一四六頁）

▼12 『現代議会主義の精神史的状況』（一九二三）でシュミットは、「敵／友」に関する各種の「像 Bild」を作り出し、人々を熱狂させることによって、「新しい権威、秩序と規律（Disziplin）と階序性（Hierarchie）への新しい感情の基礎づけ」に寄与する「神話」の役割を高く評価し、それを、説得力を失いつつある議会主義思考の「相対的合理性」に対置している。これは、「権威―秩序―階層」と「表象」を連結して考える『ローマカトリック教会と政治形態』の発想に繋がっていると思われる。Carl Schmitt, Die geistesgeschichtliche Lage des heutigen Parlamentarismus, 9. Aufl., Duncker & Humblot, 2010, S. 89（樋口陽一訳『現代議会主義の精神史的状況 他一篇』岩波文庫、二〇一五年、一〇六頁）を参照。

▼13 『政治神学』や『政治的なものの概念』（一九三二）での「政治的決断」をめぐる、政治の動的な性質をめぐる議論と、『ローマカトリック教会と政治形態』での、国家レベルでの政治的対立を超越するものとしてのカトリック教会の位階制をめぐる議論の間に整合性はあるのかについては、研究者の間で意見が分かれることがある。Hans Barion, Kirche oder Partei? Römischer Katholizismus und politische Form, in: ders. Kirche und Kirchenrecht, hrsg. v. Werner Böckenförde, Ferdinand Schöningh, 1984, S. 468ff. を参照。バリオン自身は、現実的な政治状況に即して、カトリック教会と国家的政治の関係を考察すべきだとしている。

▼14 Carl Schmitt, Der Leviathan, 6. Aufl., Klett-Cotta, 2018, S. 9-45（長尾龍一訳「レヴィアタン」：長尾龍一編『カール・シュミット著作集II』慈学社、二〇〇七年、三六－五四頁）を参照。

▼15 Ebd., S. 47-78（同右、五五－七〇頁）を参照。

▼16 Ebd., S. 84（同右、七三頁）を参照。

▼17 Jeffrey Collins, Thomas Hobbes and the Christian Commonwealth, in: Marcus P. Adams（ed.）, A Companion to Hobbes, Wiley Blackwell, 2021, pp. 303-317 を参照。

▼18 Carl Schmitt, Die geistesgeschichtliche Lage des heutigen Parlamentarismus, S. 77ff.（『現代議会主義の精神史的状況 他一篇』、八七頁以下）を参照。

▼19 Carl Schmitt, Römischer Katholizismus und politische Form, S. 49, S. 53f.（『カール・シュミット著作集I』、一四四、一四七頁）を参照。

▼20 Carl Schmitt, Der Wert des Staates und die Bedeutung des Einzelnen, 3. Aufl., Duncker & Humblot, 2015, S. 76, 80, 82を参照。

▼21 Carl Schmitt, Glossarium. Aufzeichnungen aus den Jahren 1947 bis1958, Duncker & Humblot, 2015、特に、S. 115, 125, 150,192, 205f. を参照。『ローマカトリック教会と政治形態』で言及した問題に関係する考察として、Ebd., S. 23f., 29f., 34, 45, 100ff. を参照。

▼22 和仁陽『教会・公法学・国家』東京大学出版会、一九九〇年、一八六頁以下を参照。

▼23 Rudolph Sohm, Kirchenrecht, 1. Band, Duncker & Humblot, 1923, S. 23 を参照。

▼24 Ebd., S. 22f.

▼25 以下の著作では、「慣習 Sitte」と「法」を区別したうえで、両者の関係について詳しく述べている。Rudolph Sohm, Weltliches und Geistliches Recht, Duncker & Humblot, 1914, S. 10ff. を参照。なお、この論文は増補・改訂され、ゾームの死後出版された『教会法』第二巻（一九二三）に第二章として収録されている。Rudolph Sohm, Kir-

chenrecht, 2. Band, Duncker & Humblot, 1923, S. 48-151 を参照。
▼26 Rudolph Sohm, Kirchenrecht, 1. Band, S. 26.
▼27 ウェーバーは、自らのカリスマ概念が元はゾームからの援用であることを以下で述べている。Max Weber, Wirtschaft und Gesellschaft, 5. Aufl., Mohr Siebeck, S. 124, S. 654f.
▼28 Rudolph Sohm, Kirchenrecht, 1. Band, S. 26.
▼29 Ebd., S. 26f.
▼30 Ebd., S. 51f.
▼31 Rudolph Sohm, Die Theorie des Anarchismus, Verlag von Häring. 1894、特に、S. 2ff., S. 34ff. を参照。
▼32 Rudolph Sohm, Kirchenrecht, 1. Band, S. 66ff. を参照。
▼33 Ebd., S. 81ff. を参照。
▼34 Ebd., S. 106.
▼35 Ebd., S. 118 を参照。
▼36 クレメンス書簡の歴史的意義についてのゾーム自身の記述として、Ebd., S.165ff. を参照。同書簡をめぐる研究動向については、Cilliers Breytenbach + Laurence L. Welborn, Encounters with Hellenism: Studies on the First Letter of Clement, Bril, 2004 を参照。
▼37 Rudolph Sohm, Kirchenrecht, 1. Band, S. 160.
▼38 Ebd., S. 191ff. を参照。
▼39 Ebd., S. 458 を参照。
▼40 Ebd.
▼41 Ebd., S. 462f. 引用中でゾームが「カノン法」と呼んでいるものは、一六世紀末以降「カノン法大全 Corpus Juris Canonici」と呼ばれ、教会法全体の「基準 canon」と見なされた最重要法令群を指すと思われる。
▼42 Ebd., S. 465.
▼43 Ebd., S. 542ff. を参照。
▼44 Ebd., S. 619.

▼45　Ebd., S. 619ff. を参照。「宗務総局」の発展史については、Werner Heun, Artikel “Konsistorium”: Gerhard Müller (Hg.), Theologische Realenzyklopädie, Bd. 19, de Gruyter, 1990, S. 483-488 を参照。

▼46　Rudolph Sohm, Kirchenrecht, 1. Band, S. 635ff.、特に、S. 640 を参照。

▼47　Ebd., S. 657ff. を参照。

▼48　Ebd., S. 692ff. を参照。

▼49　Ebd., S. 700.

▼50　Rudolph Sohm, Wesen und Ursprung des Katholizismus, 2. Aufl. Wissenschaftliche Buchgesellschaft Darmstadt, 1912、及び、Adolf Harnack, Urchristentum und Katholizismus, („Geist“ und Recht). Kritik der Abhandlung Rudolf Sohm's „Wesen und Ursprung des Katholizismus“: ders., Entstehung und Entwicklung der Kirchenverfassung und des Kirchenrechts in den Zwei Ersten Jahrhunderten, J. C. Hindrich'sche Buchhandlung 1910, S. 121-186 を参照。上記の『カトリシズムの本質と起源』第二版の「序文」で、ゾームはハルナックの批判に応答している。

▼51　René Pahud de Mortannges, Artikel “Sohm”: Gerhard Müller (Hg.), Theologische Realenzyklopädie, Bd. 31, de Gruyter, 2000, S. 432ff. を参照。ゾームの議論の神学的特異性及び、同時代のプロテスタント神学に与えた刺激については、James Luther Adams, Law and the Religious Spirit, in: On Being Human Religiously, Beacon Press, 1976, pp. 188-206（柴田史子訳『自由と結社の思想』聖学院大学出版会、一九九七年、二三二—二五八頁）を参照。

▼52　バリオンのゾーム論として、Hans Barion, Rudolph Sohm und die Grundlegung des Kirchenrechts, Verlag von J. C. B. Mohr 〈Paul Siebeck〉, 1931 を参照。

▼53　Manfred Dahlheimer, Carl Schmitt und der Deutsche Katholizismus 1888-1936, Ferdinand Schöningh, 1998, S. 82 を参照。

▼54　Rudolph Sohm, Kirchen Recht, 1. Band, S. 645ff. を参照。

▼55　Carl Schmitt, Die Sichtbarkeit der Kirche; Ernst Hüsmert + Gerd Giesler, Carl Schmitt. Die Militärzeit 1915 bis 1919, Akademie Verlag, 2005, S. 451.

▼56　Ebd.

▼57　Carl Schmitt, Politische Theologie, S. 57ff.（『政治神学』、六九頁以下）を参照。

▼58　先に注12で述べたように、『政治神学』等での決断主義的議論と、『ローマカトリック教会と政治形態』の間に整合性はあるのかについては研究者の間で議論が分かれるところである。

▼59　Manfred Dahlheimer, Carl Schmitt und der Deutsche Katholismus, S. 112を参照。和仁もこの点を指摘している。『教会・公法学・国家』、一八九頁を参照。

▼60　Carl Schmitt, Römischer Katholizismus und politische Form, S. 31f.（『カール・シュミット著作集Ⅰ』、一三四頁）

▼61　Ebd., S. 23f.（同右、一三〇頁）

▼62　この視点からのコンパクトなシュタムラー論として、George H. Sabine, "Rudolf Stammler's Critical Philosophy of Law": Cornell Law Review. 18 (3) を参照。

▼63　Rudolph Sohm, Weltliches und Geistliches Recht, S. 11を参照。シュタムラーからの引用は、Theorie der Rechtswissenschaft, Buchhandlung des Waisenhauses, 1911, S. 113からである。日本では、恒藤恭以来、〈selbstherrlich〉を「自主的」と訳すことが多いようであるが（『批判的法律哲学の研究』、一五六頁以下を参照）、Theorie der Rechtswissenschaftで、〈selbstherrlich〉は、それを実現する手段や新たに加わるメンバーの意志の内容に左右されないということであり、外来語だと、〈autarkisch〉に近く、法学的に異なった意味で使われることの多い〈autonom〉には対応していない、と述べているので（S. 96）、「自主的」は不適切ではないかと思われる。〈verbinden〉については、通常は「結合する」と訳すところだが、シュタムラーは、単に複数の人間の間に繋がりを生み出すということではなく、人が抱く意志の内容（Willensinhalte）に、目的－手段連関が明確になるよう「統一的な秩序」を与え、人々の間に共有可能にすることだと説明している（S. 92）。人間の行動を動かす様々な意志の内容を、目標を定めて整序するという意味での〈verbinden〉と、複数の人間の行動をその目標に向けて統制するという意味での〈verbinden〉の二重の意味が含まれているわけである。また、そうやって人々の行動を目的追求のために統制（統合）するという意味での〈verbindendes Wollen〉は、〈äußere Regelung〉と同一であるとも述べており（S. 91）、ゾームによる言い換えが恣意的でないことが分かる。加えて、〈verbinden〉という動詞が、〈verpflichten（義務付ける）〉と同義に使われることもあることからすると、素朴に「結合する」と訳すよりは、「統合する」とか「拘束する」とした方がよいのではないかとも思われる。「意欲」と訳した〈Wollen〉は、「意志」を意味する〈Wille〉の動詞形であり、後者よりも能動的なニュアンスがある。

▼64 Rudolf Stammler, Theorie der Rechtswissenschaft, S. 3ff. を参照。

▼65 ケルゼンが「純粋法学」という言葉を公刊された著作で使うようになったのは、『主権の問題と国際法の理論』（一九二〇）のサブタイトルを「純粋法学への寄与 Beitrag zu einer reinen Rechtslehre」として以降である。

▼66 Carl Schmitt, Der Wert des Staates und die Bedeutung des Einzelnen, S. 63-67 を参照。

▼67 Carl Schmitt, Gesetz und Urteil, 2. Aufl., C. H. Beck'sche Verlagsbuchhandlung, 1969, S. 54f.

▼68 ウェーバーの批判に加えて、シュタムラーの言うように「素材」と「形式」をきれいに分離することはできないとする、法哲学者フリッツ・ベロルツハイマー（一八六九－一九二〇）の批判もあり、シュミットも注の中でこの批判（Fritz Berolzheimer, Eine Rechtswissenschaft der Theorie（Stammlers „Theorie der Rechtswissenschaft"）: Archiv für Archiv für Rechts- und Sozialphilosophie, Vol. 5, Nr. 2（1911/12）, S. 311-320）にも言及しているが、煩瑣になるので、本文では取り上げない。

▼69 Rudolf Stammler, Wirtschaft und Recht, Keip Verlag, 2002, S. 138f. 及び 146f. を参照。

▼70 Ebd., S. 483f. を参照。

▼71 Max Weber, R.Stammlers „Überwindung" der materialistischen Geschichtsauffassung: Max Weber Gesamtasusgabe（MWG）, I/7, J. C. B. Mohr（Paul Siebeck）, 2017, S. 560ff.（松井秀親訳「R・シュタムラーの唯物史観の『克服』」:『完訳　世界の大思想1＝ウェーバー　社会学論集』河出書房新社、一九八二年、一六五頁以下）を参照。

▼72 Rudolf Stammler, Theorie der Rechtswissenschaft, S. 7ff. 及び S. 182 ff. を参照。

▼73 Carl Schmitt, Gesetz und Urteil, S. 55 を参照。

▼74 Ebd., S. 60ff. を参照。

▼75 Rudolf Stammler, Theorie der Rechtswissenschaft, S. 578 を参照。

▼76 Ebd., S. 575.

▼77 Carl Schmitt, Gesetz und Urteil, S. 114 を参照。

▼78 Rudolf Stammler, Theorie der Rechtswissenschaft, S. 757ff. 及び S. 796ff. を参照。

▼79 Ebd., S. 817ff. を参照。

▼80 Ebd., S. 825 を参照。

▼81　Ebd., S. 804f.
▼82　Ebd., S. 805.
▼83　Carl Schmitt, Über drei Arten des rechtswissenschaftlichen Denkens, 3. Aufl., Duncker & Humblot, 2006, S. 7（加藤新平・田中成明訳「法学的思惟の三種類」：『カール・シュミット著作集Ⅰ』、三四六頁）を参照。
▼84　Ebd., S. 15ff.（同右、三五五頁以下）を参照。例えば、以下のように述べられている。「これらの生活領域はそれぞれ独自の法的実体を持っている。そして、それは一般的な規則も規則適合性ということもよく知っているのであるが、しかし、それをただこのような実体から流れ出たものとしてのみ、あの規則や函数の総計ではないその具体的な独自の内面的秩序から流れ出たものとしてのみ知っているのである。婚姻における夫婦、家族における家族構成員、血族団体（Sippe）における血族仲間、ある身分層における同輩、国家の官吏、九教会の聖職者、労働奉仕団の同僚、軍隊の兵士、これらの人びとの共同生活は、あらかじめ規定された法律の機能関係にも、契約による規則にも解消されない」（Ebd., S. 17（同右、三五七頁））。
▼85　Rudolf Stammler, Theorie der Rechtswissenschaft, S. 834.
▼86　ゾームの「法の歴史」において、「形式」に拘ることが持つ意味を新カント学派との関連で解説した研究として、Julius Binder, Rechtsbegriff und Rechtsidee. Bemerkungen zur Rechtsphilosophie Rudolf Stammlers, A. Deicherische-Verlagsbuchhandlung Werner Scholl, 1915, S. 279ff. を参照。

●第5章　補論

▼1　バリオンの経歴と思想的立ち位置については、Werner Böckenferde, Der korrekte Kanonis in: Hans Barion, Kirche und Kirchenrecht, hrsg. V. Werner Böckenferde, Ferdinand Schöningh, 1984, S. 1ff.、及び、古賀敬太「C・シュミットとカトリック神学者たち（一）―C・シュミットとH・バリオン」：『聖隷学園聖泉短期大学人文・社会科学論集』九・一〇合併号、一四四―一八八頁を参照。
▼2　Carl Schmitt, Politische Theologie II, 6. Aufl., Duncker & Humblot, 2008, S. 22ff.（新正幸＋長尾龍一訳「政治神学Ⅱ」：長尾龍一編『カール・シュミット著作集Ⅱ』慈学社、二〇〇七年、二四四頁以下）を参照。
▼3　シュミットはワイマール末期から、現代において登場しつつある新しい国家形態を、「全体国家」と名付けてい

る。Carl Schmitt, Die Wendung zum totalen Schmitt (1931), Weiterentwicklung des totalen Staats in Deutschland (1933) in: Positionen und Begriffe, 4. Aufl., Duncker & Humblot, 2014, S. 166ff. u., S. 209ff.

▼4 Hans Barion, Kirche oder Partei? Katholizismus im neuen Reich, in: Kirche und Kirchenrecht, S. 454 及び、S. 456を参照。

▼5 Ebd., S. 456f.

▼6 Carl Schmitt, Der Begriff des Politischen, Duncker & Humblot, 8. Aufl., 2009, S. 19（権左武士訳『政治的なものの概念』岩波書店、二〇二二年、一三頁）を参照。

▼7 Hans Barion, Kirche oder Partei? Katholizismus im neuen Reich, in: Kirche und Kirchenrecht, S. 457を参照。

▼8 Ebd., S. 459.

▼9 Ebd., S. 461.

▼10 Hans Barion, Kirche oder Partei? in: ders. Kirche und Kirchenrecht, S. 464を参照。この批判を踏まえると、シュミットの論文のタイトルを、『カール・シュミット著作集Ⅰ』（慈学社、二〇〇七年）に収められている邦訳のように、「ローマカトリック教会と政治的形態」と訳すのは不適切ということになる。

▼11 Hans Barion, Kirche oder Partei? in: ders. Kirche und Kirchenrecht, S. 477ff.「参加」について詳しくは、Fernand Mourret, Les Directives politiques, intellectuelles et sociales de Léon XIII, Bloud & Gay, 1920, pp. 33-106を、それがフランスのカトリック系政治勢力に実際に及ぼした影響については、Martin Dumont, Le Saint-Siége et l'organisation politique des catholiques français aux lendemains du Ralliement. 1890-1902, Honoré Champion, 2012を参照。

▼12 Hans Barion, Kirche oder Partei? in: ders. Kirche und Kirchenrecht, S. 507ff. を参照。

▼13 Carl Schmitt, Römischer Katholizismus und politische Form, Klett-Cotta, 7. Aufl. 2019, S. 5ff.（小林公訳「ローマカトリック教会と政治的形態」：長尾龍一編『カール・シュミット著作集Ⅰ』慈学社、一二二頁）を参照。

▼14 Hans Barion, Rudolph Sohm und die Grundlegung des Kirchenrechts in: ders. Kirche und Kirchenrecht, S. 101.

▼15 Hans Barion, Kirchenrecht, I. Wesen und Rechtsquellen, A. Kath. Kirche,in: ders. Kirche und Kirchenrecht, S. 307.

▼16 第二バチカン公会議についてのコンパクトな紹介として、パウロ・フィステル／中村友太郎訳『第二バチカン公

会議』南窓社、一九六七年を参照。

▼17 Hans Barion, Das Zweite Vatikanische Konzil. Kanonischer Bericht（II）, in: ders. Kirche und Kirchenrecht, S. 521.

▼18 Ebd. を参照。

▼19 Hans Barion, Aufgabe und Stellung der kath. Theologie in der Gegenwart, in: ders. Kirche und Kirchenrecht, S. 658ff.

▼20 Ebd., S.658.

▼21 Ebd.

●第6章

▼1 例えば、Carl Schmitt, Die Politische Theologie, Duncker & Humblot, 9. Aufl., 2009, S. 26ff.（田中浩＋原田武雄訳『政治神学』未來社、一九七一年、二一頁以下）、及び、ders., Die Verfassungslehre, 10. Aufl., Duncker & Humblot, 2010, S. 8ff.（阿部照哉＋村上義弘訳『憲法論』みすず書房、二〇一八年、二三頁以下）等を参照。

▼2 Hans Kelsen, Wer soll der Hüter der Verfassung sein?, Mohr Siebeck, 2019.「憲法の番人」をめぐる両者の立場の違いを検討した論集として、La controverse sur《le gardien de la Constitution》et la justice constitutionelle. Kelsen contra Schmitt, sous la direction de Olivier Beaud et Pasquale Pasquino, Éditions Panthéon Assas, 2007 がある。

▼3 Hans Kelsen, Das Problem des Parlamentarismus, in: Klecatsky+Marcis+Schambeck（Hrsg.）, Die Wiener rechtstheoretische Schule, Bd. 2, Franz Steiner Verlag = Verlag Österreich, 2010, S. 1380（森田寛二訳「議会制の問題」：上原行雄他訳『ハンス・ケルゼン著作集I』慈学社、二〇〇九年、六二頁）を参照。

▼4 例えば、Dans Diner+ Michael Stolleis（eds.）, Hans Kelsen and Carl Schmitt. A Juxtaposition, Bleicher Veralg, 1999; Julia Scholz-Karl, Behind the theoretical debate between Hans Kelsen and Carl Schmitt: the nineteenth century constitutionalism and German public law, in: UNIO - EU Law Journal Vol. 7, No. 2（2021）. 以下の論考は、既存の法体系を超える国家の行為を、被造世界への神の介入と類比するケルゼンの「(批判的) 政治神学」を、シュミットの「政治神学」と対比し、両者の「国家－憲法」観の違いを明らかにすることを試みている。Sandrine Baume, On political theology: A controversy between Hans Kelsen and Carl Schmitt, in: History of European Ideas Vol. 35, Issue3 (2009).

▼5 ケルゼンとフロイトの関係は意外に思えるが、ケルゼンは論文「国家概念と社会心理学」（一九二二）でフロイトについて詳しく論じている。また、『社会学的国家概念と法学的国家概念』（一九二二）では、「社会的結合 die soziale Verbindung」を説明するのに、フロイトの「リビドー」論を援用している。Hans Kelsen, Der soziologische und der juristische Staatsbegriff, in: Hans Kelsen Werke 7, Mohr Siebeck, 2022, S. 119ff.（法思想21研究会訳『社会学的国家概念と法学的国家概念』晃洋書房、二〇〇一年、二一頁以下）を参照。以下の論考では、この論文を中心に、ケルゼンの国家概念へのフロイトの影響が論じられ、デュルケームとの関連も言及されている。Ricardo Borrmann, Law and psychoanalysis: close intertwining between Hans Kelsen and Sigmund Freud, in: v. 35 n. 1 (2021) : Justiça do Direito. アルチュセール派の政治哲学者バリバールは、フロイトとケルゼンの関係を起点として、「主体」の「法」への従属という切り口から、「超自我」と「国家」をめぐる複雑な問題系の存在を指摘している。Étienne Balibar, L'invention du surmoi: Freud et Kelsen 1922, in: idem., Citoyen Sujet et autres essais d'anthropologie philosophique, Presses Universitaires de France.

▼6 Hans Kelsen, Gott und Staat, in: ders. Staat und Naturrecht, Wilhelm Fink Verlag, 1989, S. 29.（長尾龍一訳『ケルゼン著作集Ⅵ』慈学社、一四六頁）

▼7 Ebd., S. 29f.（同右、一四六頁以下）

▼8 Ebd., S. 30f.（同右、一四七頁）

▼9 Ebd., S. 33f.（同右、一四九頁以下）を参照。

▼10 Ebd., S. 31.（同右、一四八頁）

▼11 Ebd.（同右）

▼12 Ebd., S. 32（同右）を参照。

▼13 ケルゼンは「自然法」において規範と自然法則がしばしば混淆され、実定法と違って、人為的な強制によるものであることが自覚されないのは、自然法則（Naturgesetz）＝法法則（Rechtsgesetz）であった原初的な観念の残滓としての性格がより強いからだと示唆している。Hans Kelsen, Die Idee des Naturrechts, in: ders. Staat und Naturrecht,

S. 82ff.（長尾龍一訳「自然法思想論」：黒田覚他訳『ケルゼン著作集Ⅲ』慈学社、二〇一〇年、九頁以下）を参照。

▼14　論文「因果と帰報」（一九五九）では、この点を掘り下げて、因果関係に従って現実に生起する人間の行動を分析する心理学・民族学・歴史学・社会学などと、規範的側面を分析する倫理学、神学などの規範的社会科学の両者とも、未開社会における「応報」概念に由来するがゆえに形式的に類似していることを指摘している。Hans Kelsen, Kausalität und Zurechnung, in: Die Wiener rechtstheoretische Schule, Bd.2, S. 547ff.（長尾龍一訳『ハンス・ケルゼン著作集Ⅵ』、二五六頁以下）を参照。

▼15　Hans Kelsen, Staat und Naturrecht, S. 37（『ケルゼン著作集Ⅵ』、一五三頁）を参照。

▼16　Ebd., S. 36f.（同右、一五二頁：一部改訳）

▼17　規範は「存在」するのではなく、「当為」の領域において「妥当性を有する」というケルゼンの哲学的スタンスがよく表れている論考として、Hans Kelsen, Die Rechtswissenschaft als Norm-oder Kulturwissenschaft, in: Hans Kelsen Werke 3, Mohr Siebeck, S. 551-605 を参照。

▼18　Hans Kelsen, Staat und Naturrecht, S. 38.（『ケルゼン著作集Ⅵ』、一五三頁以下）

▼19　このような見方は既に論文「国家の不法行為について」（一九一四）で示されている。この論文では、国家を神のように人格化するのは、国家に関わる様々な出来事の複合体を、一人の主体の行為であるかのように表象することで分かりやすくする思考節減（Denkökonomie）のためと説明している。Hans Kelsen, Über Stastsunrecht, in, Hans Kelsen Werke 3, S. 446f. を参照。

▼20　Carl Schmitt, Die Politische Theologie, S. 43.（『政治神学』、四九頁）

▼21　シュミットのカトリック志向が最もはっきり表れている論考として、Carl Schmitt, Römischer Katholizismus und politische Form, 7. Aufl., Klett-Cotta, 2019（小林公訳「ローマカトリック教会と政治形態」：長尾龍一編『カール・シュミット著作集Ⅰ』慈学社、二〇〇七年、一一九－一五三頁）を参照。

▼22　Carl Schmitt, Die Politische Theologie, S. 13.（『政治神学』、一一頁、一部改訳）

▼23　Ebd., S. 19（同右、二〇頁以下）を参照。

▼24　Ebd., S. 43.（同右、四九頁）

▼25　Hans Kelsen, Staat und Naturrecht, S.38f.（『ケルゼン著作集Ⅵ』、一五四頁）

▼26 Ebd., S. 39.（同右、一五四頁以下）

▼27 Hans Kelsen, Hauptprobleme der Staatsrechtslehre, in, Hans Kelsen Werke 2 I, 2008, S. 272ff., ders. Das Problem der Souveränität und die Theorie des Völkerrechts, in: Hans Kelsen Werke 4, 2013, S. 286ff. を参照。

▼28 Hans Kelsen, Hans Kelsen Werke 7, S. 187ff., S. 317ff., u. S. 345ff.（『社会学的国家概念と法学的国家概念』、九九頁以下、二六二頁以下、及び、二九四頁以下）を参照。

▼29 Hans Kelsen, Staat und Naturecht, S. 54f.（『ケルゼン著作集Ⅵ』、一六七頁）、及び、Hans Kelsen Werke 7, S. 344ff.（『社会学的国家概念と法学的国家概念』、二九三頁以下）を参照。

▼30 Hans Kelsen, Staat und Naturrecht, S. 44（『ケルゼン著作集Ⅵ』、一五八頁）を参照。

▼31 Ebd.（同右、一五六頁）

▼32 特に、Hans Kelsen Werke 7, S.169ff.（『社会学的国家概念と法学的国家概念』、七七頁以下）を参照。

▼33 Ebd., S. 152ff.（同右、六〇頁以下）を参照。

▼34 Ebd., S. 212ff.（同右、一三五頁以下）を参照。

▼35 Hans Kelsen, Allgemeine Rechtslehre, Verlag von Julius Springer, 1925, S. 105f.（清宮四郎訳『一般国家学』岩波書店、一九七一年、一七五頁以下）

▼36 Hans Kelsen, Staat und Naturrecht, S. 49f.（『ケルゼン著作集Ⅵ』、一六二頁）を参照。

▼37 Hans Kelsen Werke 7, S. 342.（『社会学的国家概念と法学的国家概念』、二八五頁）

▼38 Ebd., S. 342（同右、二八六頁）、及び、Ludwig Feuerbach, Vorlesungen über das Wesen der Religion=Ludwig Feuerbach Sämtliche Werke Bd. 8, 2. Aufl, Frommann Verlag Günther Holzboog, S. 301 を参照。

▼39 Hans Kelsen Werke 7, S. 343.（同右、二八六頁）

▼40 Ebd., S. 343f.（同右、二八七頁）を参照。以下の論考では、「奇蹟」の問題が、ケルゼンの「国家」観全体に関わるものとして考察されている。Sandrine Baume, op. cit., p. 372ff.、及びLuca Reermann: Gott und Staat bei Hans Kelsen und Carl Schmitt=Göttinger E-Papers zu Religion und Recht 26, S. 8 を参照。

▼41 この言葉は、シェイエスが『第三身分とは何か』（一七八九）で、従来の憲法に縛られることなく、自らの意志で新しい憲法を作り出す人民の根源的な権力を表す言葉として使われて以降（Emmanuel-Joseph Sieyès, Qu'est-ce que le tiers état?, Librairie Droz-Genève, 1970, p. 180 et suiv.（稲本洋之助他訳『第三身分とは何か』岩波文庫、二〇一一年、一〇六頁）を参照）、人口に膾炙するようになったが、シュミットは、その保有者を人民に限定することなく、新しい国家体制＝憲法を創設する主権者の力の無制約性を示す文脈でこの言葉を用いている。

▶42　Carl Schmitt, Die Diktatur, Duncker & Humblot, 9. Aufl., 2023, S. 137ff.（田中浩・原田武雄訳『独裁』未來社、一九九一年、一五九頁以下）を参照。〈Gewalt〉という言葉が、体制下された「権力」と共に剝き出しの「暴力」をも意味することをめぐる哲学的考察として、Walter Benjamin Gesammelte Schriften Bd.Ⅱ・1, S. 179-203（『暴力批判論他十篇』、二八－六五頁）を参照。

▶43　詳しくは本書第2章を参照。

▶44　Carl Schmitt, Die Diktatur, S. 128f.（『独裁』、一四六頁）を参照。

▶45　Carl Schmitt, Die Politische Theologie, S. 46f.（『政治神学』、五四頁以下：一部改訳）

▶46　Hans Kelsen Werke 7, S.145ff.（同右、四四頁以下）を参照。

▶47　Hans Kelsen, Allgemeine Rechtslehre, S. 105.（『一般国家学』、一七五頁）

▶48　Carl Schmitt, Die Politische Theologie, S. 27.（『政治神学』、二八頁）

▶49　Ebd., S. 28.（同右、三〇頁）

▶50　ケルゼンは『国家形態と世界観』（一九三三）で、民主主義が「ある種の反イデオロギー的あるいはイデオロギーにあまり神話的でない態度」と結び付いているのに対し、専制政治（Autokratie）は「特定の宗教・神話的イデオロギーを身にまとおうとし、そうした自らの権力を支える表象に抵触する試みに対しては、自らの直接的で現実的な利益の毀損に対するよりもずっと強硬な態度で臨む」と述べ、民主主義の非イデオロギー性を強調している。Hans Kelsen, Demokratie und Weltanschauung, in: Die Wiener rechtstheoretische Schule, Bd. 2, S. 1583を参照。

▶51　Ebd., S. 19（同右、二〇頁以下）を参照。

▶52　先に挙げたSandrine Baumeの論文他、Volker Neumann, Theologie als Staatsrechtswissenschaftliches Argument: Hans Kelsen und Carl Schmitt, in: Der Staat, Vol. 47（2）, S. 163-186, Arkadiusz Górnisiewicz, Totemism of the Modern State: On Hans Kelsen's Attempt to Unmask Legal and Political Fictions and Contain Political Theology, in: Ratio Juris, Vol. 33（1）, pp. 49–65, Benjamin A. Schupmann, Hans Kelsen's Political Theology, in: Austrian Journal of

Political Science (OZP), vol. 50, issue 30, pp. 43-51 等を参照。

▼53 Górnisiewicz, op. cit., p.53 及び Schupmann, op. cit., pp. 46-48 を参照。

▼54 Baume, op. cit., p. 372f. を参照。

▼55 Hans Kelsen, Wer soll der Hüter der Verfassung sein?, 2. Aufl., hrsg. v. Robert Chr. van Ooyen, Mohr Siebeck, 2019 を参照。

▼56 Hans Kelsen, Die philosophischen Grundlagen der Naturrechtslehre und des Rechtspositivismus, Pan=Verlag Rolf Heise, 1928, S. 11f.（黒田覚訳「自然法論と法実証主義の哲学的基礎」：黒田覚他訳『ハンス・ケルゼン著作集Ⅲ』慈学社、二〇一〇年、四二頁）

▼57 Ebd., S. 13.（同右、四四頁）

▼58 Hans Kelsen, Reine Rechtslehre, 1. Aufl., Scientia Verlag Aalen, 1994, S. 65f.（横田喜三郎訳『純粋法学』岩波書店、一九三六年、一〇六頁）

▼59 Ebd., S. 67f.（同右、一〇九頁以下）

▼60 Hans Kelsen, General Theory of Law and State, transl. by Anders Wedberg, The Lawbook Exchange, LTD., 1945, pp. 115-118（尾吹善人訳『法と国家の一般理論』木鐸社、一九九一年、二〇〇－二〇四頁）を参照。

▼61 Ibid., p. 115.（同右、二〇〇頁以下）

▼62 Hans Kelsen, Reine Rechtslehre, 2. Aufl., Franz Deuticke, 1967, S. 208.（長尾龍一訳『純粋法学　第二版』岩波書店、二〇一四年、一九七頁）

▼63 Hans Kelsen, Reine Rechtslehre, 1. Aufl., S. 6f.（『純粋法学』、一七頁以下）、及び ders, Reine Rechtslehre, 2. Aufl., S. 3f.（『純粋法学　第二版』、五頁以下）を参照。

▼64 Hans Kelsen, Allgemeine Theorie der Normen, Manzsche Verlags- und Universitätsbuchhandlung, 1990, S. 2.

▼65 Hans Kelsen, Reine Rechtslehre, 2. Aufl., S. 4f.（『純粋法学　第二版』、六頁以下）を参照。

▼66 Hans Kelsen, Allgemeine Theorie der Normen, S. 33 以下を参照。

▼67 Ebd., S. 4.

▼68 Carl Schmitt, Verfassungslehre, S.10 u. 15（『憲法論』、二五頁以下、及び、三二頁）を参照。

▼69　Hans Kelsen, Allgemeine Theorie der Normen., S. 73ff. を参照。
▼70　Ebd., S. 206f. を参照。
▼71　Ebd., S. 206.
▼72　Ebd., S. 207 を参照。

●第6章　補論

▼1　フロイト・精神分析とケルゼンの関わりについては、Hans Kelsen Werke 7, Mohr Siebeck, 2022 の編集者の報告に詳しい。同書の S. 473ff. を参照。両者の関係を、伝記・家庭環境や同時代のウィーンの知識人たちの動向まで含めて包括的に検討した研究として、Martina Huttar, Hans Kelsen und Sigmund Freud (Diplomarbeit). https://core.ac.uk/download/pdf/11596155.pdf
▼2　Hans Kelsen, Der Begriff des Staates und die Sozialpsychologie, in: Hans Kelsen Werke 7, S. 41 を参照。
▼3　タイトルになっている〈Masse〉は、通常は「大衆」の意味であり、ル・ボンの言う「群衆」の意味で使われるのが普通だが、フロイトは、ル・ボンの〈foule〉の訳語としてこの言葉を導入し、途中で、「集団」という意味へと拡張する、という変則的な言葉の使い方をしている。以下の岩波の全集の訳では、「集合」という訳語で統一されている。
▼4　Sigmund Freud, Massenpsychologie und Ich-Analyse, in: Sigmund Freud Gesammelte Werke XIII, S. Fischer, 1976, S. 77.（藤野寛訳「集団心理学と自我分析」:『フロイト全集17』岩波書店、二〇〇六年、一三三頁：一部改訳した）
▼5　Hans Kelsen Werke 7, S. 47 を参照。
▼6　Ebd., S. 52.
▼7　Ebd., S. 53.
▼8　Ebd., S. 55 を参照。
▼9　Ebd., S. 58 を参照。
▼10　Ebd., S. 58. デュルケームからの引用部分は、Emile Durkheim, Les règles de la méthode sociologique, Quadrige/

PUF, 1981, p. 11.（宮島喬訳『社会学的方法の規準』岩波文庫、一九七八年、六三頁以下）デュルケームの原文で、〈verbindlich〉に対応するのは〈coercitif〉。

▼11 Hans Kelsen Werke 7, S. 59f. を参照。

▼12 Ebd., S.61 を参照。

▼13 Sigmund Freud, Totem und Tabu = Sigmund Freud Gesammelte Werke IX, S. Fischer, 1978., S. 171ff.（門脇健訳「トーテムとタブー」:『フロイト全集12』二〇〇九年、一八一頁以下）を参照。

▼14 Ebd., S. 173ff.（同右、一八四頁以下）を参照。

▼15 Hans Kelsen Werke 7, S. 62.

▼16 Ebd., S. 66.

▼17 Ebd., S. 66f. を参照。

▼18 Étienne Balibar, L'invention du surmoi: Freud et Kelsen 1922, in: idem., Citoyen Sujet et autres essais d'anthropologie philosophique, Presses Universitaires de France, p. 398 et suiv.

▼19 Ibid., p. 408 et suiv. を参照。

▼20 Ibid., p. 406 を参照。

▼21 Ibid., p. 409 を参照。

▼22 Ibid., p. 413 et suiv. を参照。

▼23 Sigmund Freud, Das Ich und das Es, in: Sigmund Freud Gesammelte Werke XIII, S. 280ff.（道籏泰三訳「自我とエス」:『フロイト全集18』二〇〇七年、五〇頁以下）を参照。

▼24 Étienne Balibar, Citoyen Sujet et autres essais d'anthropologie philosophique, p. 414 を参照。

▼25 Ibid., p. 418.

▼26 Georg Wilhelm Hegel, Die Grundlinie des Philosophie des Rechts, Suhrkamp, 1986, S. 173（藤野渉+赤坂正敏訳『法の哲学I』中央公論新社、二〇〇一年、二五一頁）を参照。

▼27 Étienne Balibar, Citoyen Sujet et autres essais d'anthropologie philosophique, p. 420.

▼28 本書第2章を参照。

▼29　バリバールが参照している『純粋法学』第一版では、ほぼ「制裁」の意味で「強制行為」という言葉が使われているが、第二版では、全ての「強制行為」が「制裁」ではなく、保護拘禁や伝染病の際の隔離措置は、「制裁」ではない「強制行為」だとして、区別している。Hans Kelsen, Reine Rechtslehre, 2. Aufl., Franz Deuticke, 1967, S. 41ff.（長尾龍一訳『純粋法学　第二版』岩波書店、二〇一四年、三九頁以下）を参照。

▼30　Hans Kelsen, Reine Rechtslehre, 1. Aufl., Scientia Verlag Aalen, 1994, S. 27f.（横田喜三郎訳『純粋法学』岩波書店、一九三六年、五〇頁以下）

▼31　Ebd., S. 31ff.（同右、五六頁以下）を参照。

▼32　本書第6章を参照。

▼33　Étienne Balibar, Citoyen Sujet et autres essais d'anthropologie philosophique, p. 433 et suiv.

▼34　Hans Kelsen, Allgemeine Theorie der Normen, Manzsche Verlags- und Universitätsbuchhandlung, 1990, S. 206f. を参照。

●第7章

▼1　代表的なものとして、西迫大祐「新型コロナより怖い…国民の不安に、政府の『予防政策』がつけ込むとき」（https://gendai.media/articles/-/71248?）、坂本尚志「ウイルス、病、身体――統治と他性のフーコー的視座」（https://www.jstage.jst.go.jp/article/sfjp/26/0/26_112/_pdf/-char/ja）、江藤祥平「生の政治と身体の自由――憲法学の観点から」：『学術の動向』二七巻三号（二〇二二年）（https://www.jstage.jst.go.jp/article/tits/27/3/27_3_18/_pdf/-char/ja）、綿田愛子「国家主権の外側にある者の危機―― COVID19禍におかれた移民／難民およびパレスチナ」：『法學政治學論究』Vol.131（二〇二一年）、二七－五六頁。

▼2　これについては、アラン・シュピオによる解説を参照。Alain Supiot, Critique du droit du travail, PUF, 1994, pp. 325-328.（宇城輝人訳『労働法批判』ナカニシヤ出版、二〇二二年、三二五－三二八頁）

▼3　「新型コロナウイルス感染症対策のための小学校、中学校、高等学校及び特別支援学校等における一斉臨時休業について（通知）」（https://www.mext.go.jp/content/20200228-mxt_kouhou01-000004520_1.pdf）

▼4　Carl Schmitt, Politische Theologie, 9. Aufl, Duncker & Humblot, 2009, S. 13.（権左武志訳『政治的神学』岩波書

店、二〇二四年、一一頁）なお、文中の前置詞〈über〉の含意については、拙稿「シュミットの『政治神学』のポストモダン的再考」（二〇二三年）『金沢法学』六六巻二号（二〇二三年）、一－四頁（本書第2章四一〜四四頁）を参照。

▼5　宇野常寛『ゼロ年代の想像力』早川書房、二〇〇八年、一一九－一三六頁を参照。

▼6　Ch. グズィ著・原田武夫訳『ヴァイマール憲法　全体像と現実』風行社、二〇〇二年の「付録」より引用。

▼7　Carl Schmitt, Diktatur, Duncker & Humblot, 9. Aufl. 2023.（田中浩訳『独裁』、一九九一年、未來社）

▼8　Carl Schmitt, Die Diktatur des Reichspräsidenten, in: idem, Diktatur, S. 257-259.（田中浩・原田武雄訳『大統領の独裁』未來社、一九七四年、八九－九二頁）

▼9　Hans Boldt, Der Artikel 48 der Weimarer Reichsverfassung. Sein historischer Hintergrund und seine historische Funktion in: Michael Stürmer (Hrsg.), *Die Weimarer Republik*, 3. Auflage, Anton Hain, 1993, S. 288-309を参照。

▼10　「日本国憲法改正草案」（自由民主党）（https://storage2.jimin.jp/pdf/news/policy/130250_1.pdf）。

▼11　例えば、長谷部恭男・石田勇治『ナチスの手口と緊急事態条項』集英社、二〇一七年を参照。

▼12　法案改正をめぐる当時の与野党の基本姿勢を伝える新聞記事として、「【詳報】首相『法改正やらせて』新型コロナで野党に」（朝日新聞）二〇二〇年三月四日付（https://www.asahi.com/articles/ASN345D59N34UTFK00Q.html）。

▼13　英国のロックダウン関連の法律については、Sarah Barber + Jennifer Brown, Daniel Ferguson "Coronavirus: Lockdown Laws", House of Commons Library（2022）（https://researchbriefings.files.parliament.uk/documents/CBP-8875/CBP-8875）。

▼14　緊急事態法としての性格が明確な英国の二〇二〇年コロナウイルス法について、Institute for Government, Government emergency powers and coronavirus（https://www.instituteforgovernment.org.uk/article/explainer/government-emergency-powers-and-coronavirus（2020）及び Fiona De Londras, Coronavirus emergency powers: parliament must not waste its third and final chance to review them, *The Conversation*（https://theconversation.com/coronavirus-emergency-powers-parliament-must-not-waste-its-third-and-final-chance-to-review-them-170058）（2021）。

▼15　これらの言葉の流通・用法に関しては、西田亮介『コロナ危機の社会学』朝日新聞出版、二〇二〇年、九二－一一〇頁を参照。

▼16　この背景についての分析として、伊藤昌亮『炎上社会を考える』中央公論新社、二〇二二年、一七一－四四頁を参照。

▼17　John Stuart Mill, On Liberty, Rowman & Littlefield, 2005, p. 27（関口正司訳『自由論』岩波書店、二〇二〇年、一八頁）を参照。

▼18　Carl Schmitt, Politische Theologie, S. 19.（『政治的神学』、二一－二二頁）

▼19　パノプティコンについての簡単な説明として、The Panopticon (Bentham Project)〈https://www.ucl.ac.uk/bentham-project/about-jeremy-bentham/panopticon〉を参照。

▼20　フーコーの「生政治」と「生権力」の使い方は曖昧なところがあるが、『性の歴史Ⅰ　知への意志』では、「生権力」が「規律権力」と「生政治」を包摂する上位概念のように書かれており、関良徳はこれを基準にしている。本章もそれに従う。Michel Foucault, Histoire de la sexualité 1. La volonté de savoir, Gallimard, 1976, pp. 182-184（渡邊守章訳（1『性の歴史Ⅰ　知への意志』新潮社、一九八六年、一七六－一七七頁）、及び、関良徳『フーコーの権力論と自由論』勁草書房、二〇〇一年、四一－四二頁を参照。

▼21　Michel Foucault Les anormaux, Gallimard, 1999, pp. 40-44（慎改康之訳『異常者たち』筑摩書房、二〇〇二年、四八－五三頁）、Id., Surveiller et punir, Gallimard, 1975, pp. 228-233（田村俶訳『監獄の誕生』新潮社、一九七七年、一九八－二〇二頁）、Id., Sécurité, territoire, population, Gallimard, 2004, pp. 11-12（高桑和巳訳『安全・領土・人口』筑摩書房、二〇〇七年、一三－一四頁）を参照。

▼22　Id., Surveiller et punir, p. 232（『監獄の誕生』、二〇一頁）を参照。

▼23　David Lyon, Polity, 2022（松本剛史訳『パンデミック監視社会』筑摩書房、二〇二二年）を参照。

▼24　Michel Foucault, Sécurité, territoire, population, p. 59-68（『安全・領土・人口』七二－八二頁）を参照。

▼25　Id., Naissance de la biopolitique, Gallimard, 2004, pp. 245-270（慎改康之訳『生政治の誕生』筑摩書房、二〇〇八年、二九五－三二七頁）を参照。

▼26　コロナ禍を通して生じた人々の健康・幸福状態の格差についての経済学的分析として、山本勲「顕著になったウェルビーイング格差」:『アステイオン』101（二〇二四年）、四三－五五頁。

▼27　稲葉剛「『ステイホーム』できない人はどこへ行けばいいのか？」『文春オンライン』〈https://bunshun.jp/

articles/-/48787#goog_rewarded〉(2021)。

▼28　これについては、前掲拙稿「シュミットの『政治神学』のポストモダン的再考」、二三一三〇頁。

▼29　フーコーの生政治論に即したこれらの問題の指摘として、美馬達哉『感染症社会』人文書院、二〇二〇年、一三三一二〇二頁。

▼30　Michel Foucault, Quadrige/PUF, 1963, p. 53-105（神谷美恵子訳『臨床医学』みすず書房、二〇〇七年、八三一一五一頁）を参照。人体実験の歴史に特化した研究として、Gregoire Chamayou, Les corps vils : expérimenter sur les êtres humains aux XVIIIe et XIXe siècles, Découverte, 2014（加納由起子訳『人体実験の哲学』明石書店、二〇一八年）を参照。

▼31　Collin C. Denny+Christine Grady, Clinical research with economically disadvantaged populations, *Journal of Medical Ethics* vol. 33-Issue7 (2007), pp. 382-385 を参照。

▼32　Ali Mardini+Norhan Shaykhon+Asher Khan+Ahmad Mardini+Hajirah N. Saeed, Global Disparities in Access to Vaccine Clinical Trials: A Review of the Literature, Vaccines vol. 12-Issue 4 (2024) を参照。

▼33　Robert Boyer, Les capitalismes à l'épreuve de la pandémie, La Découverte, 2020（山田鋭夫・平野泰朗訳『パンデミックは資本主義をどう変えるか』藤原書店、二〇二一年）を参照。

▼34　Mill, On Liberty, pp. 33-34（『自由論』、二七一二八頁）を参照。

▼35　Ibid., p. 37.（同右、三四頁）

▼36　例えば、佐藤幸治『日本国憲法論』成文堂、二〇一七年、一三一、一三四頁、及び、松井茂記『日本国憲法　第四版』有斐閣、二〇二二年、三二一頁を参照。

▼37　この時代の英国における売春と性病の関係、及び感染症法についての研究として、E. M. Sigsworth+ T. J. Wyke, A Study of Victorian Prostitution and Venereal Diseases, in: Martha Vicinus (ed.) Suffer and Be Still. Women in the Victorian Age, Routledge, 1972, pp. 77-99、及び、Sandra Stanley Holton, State Pandering, Medical Policing and Prostitution, in: Law, Deviance and Social Control, Vol. 9. pp. 149-170 を参照。

▼38　John Stuart Mill, The Contagious Diseases Acts, in: The Collected Works of John Stuart Mill, Volume XXI - Essays on Equality, Law, and Education, pp. 333-352. これについての解説論文として、西迫大祐「ジョン・スチュアー

ト・ミルと感染症予防法」：『法律論叢』八九巻四・五合併号（二〇一七年）、二一三－二三九を参照。

▼39　感染症法が制定され、現在の形になるまでの経緯については、厚生労働省健康・生活衛生局感染症対策部感染症対策課監修『詳解　感染症の予防及び感染症の患者に対する医療に関する法律　五訂版』中央法規、二〇二四年、三－二六頁。

▼40　同右、五二九－五四四頁を参照。

▼41　同右、五六〇－五六五頁を参照。

▼42　日本公衆衛生看護学会と愛知県弁護士会による声明を参照。https://japhn.jp/wp/wp-content/uploads/2021/01/210126_statement.pdf、及び、https://www.aiben.jp/opinion-statement/news/2021/01/post-47.html。

▼43　Jeremy Bentham, The Principles of Civil Code, in: JohnBowring (ed.) The Works of Jeremy Bentham, vol. 1, pp. 543-545 を参照。コンパクトな解説として、児玉聡「ベンタムの功利主義における security 概念の検討」：『実践哲学研究』二七号（二〇〇四年）、二九－四六頁を参照。

▼44　Foucault, Surveiller et punir, p. 32（『監獄の誕生』、三二頁）、及び、Id., Histoire de la sexualité I. pp. 192, 197（『性の歴史Ⅰ』、一八四、一八八頁）を参照。

▼45　Giorgio Agamben, A che punto siamo?, Quodlibet, 2020, pp. 82-88（高桑和巳訳『私たちはどこにいるのか？』青土社、二〇二一年、一四一－一四九頁）を参照。

あとがき――「闇」を抱える近代法

金沢大学法学類での教員生活が終わりに近づいているので、法思想史関係での自分の基本的考えをまとめた著作を出しておきたい、と思って本書の準備を始めたのは、二〇二二年三月のことである。コロナ騒動が一段落しつつあったことや、それまでずっと落とされた続けた科研費の申請がようやく通ったこともあって、まとまった仕事に着手するにはちょうどいい機会だった。

そう思って仕事を始めて、数か月後、周知のように、安倍元首相暗殺事件が起こり、それに続いて一連の統一教会騒動が起こり、元信者の大学教授として唯一名前が知られている私もマスコミでコメントを求められるようになった。「とにかく教団は悪い、早くつぶれるべき」と断定しないで、現実にはどういう宗教団体だったか詳しく語ろうとする私は、反統一で騒ぎたいネット民には評判が悪く、マスコミから面倒がられるようになった。

その一方、解散命令請求を出された教団側からは、反統一ではない、有名な元信者ということで、シンポジウムの参加や意見書などを依頼されるようになった。おかげで、サヨク連中から「あいつはまだMCが解けてない」「現役信者だ!」と無茶苦茶なことを言われるようになった。無論私は一度も、すばらしい教団だから残すべきだというようなことは言っていないし、教団が存続するかどうか自体はどちらでもいい。明確な基準を定めないまま、〝被害者〟側の意見だけ聴き、ネット世論の動向や与党の都合で解散決定が成されたことを問題視し、雰囲気による宗教法人の解散が前例になったら、大変なことになると思って発言していたのだが、獲物を見つけてネットリンチにかけたいサヨクたちに通じるはずもなかった。

統一教会問題では、いろいろ法的論点が指摘されたが、法律家を含む知識人というものが、近代法の肝心なところを理解していないのを知って唖然とした。政教分離とは宗教団体は政治運動をしてはならないことだ、フランスはカルト法があるので統一教会などのカルトは活動できない、マインド・コントロールを法律で定義して禁止することは可能だ、カルト信者は危険なので就職面談等の際、カルトでないか確認するのは信教の自由の侵害ではない、国会議員は自分も秘書も統一教会の信者でないという身の証しを立てるのが当然……個別にはもっとひどいのがある。大学教員や国会議員が陰謀論にのせられて、あり得ない発言を繰り返している例は数えきれない。

彼らの妄言を聞かされる度に、宗教との関係という最も根源的なところで、近代法は――連中が想定しているのよりずっと深い次元で――「闇」を抱えており、それがフロイト、ケルゼン、シュミット、カフカ、アガンベンたちが「法」に関する奇妙な想像力を駆使する源泉になっているような気がしてきたが、それについて論ずるのはまた別の機会にしたい――ニーズがあるのが前提だが。本書が刊行される頃には、統一教会の解散問題に第一段階の〝決着〟がついているかもしれないし。

本書に収録した論考のうち、1〜6章の本体部分は、金沢大学の法学・政治学系の紀要『金沢法学』に掲載させてもらったものを、読んでもらった人たちとの意見交換などを踏まえて大幅に増補したものである。3〜6章につけている補論は、紀要論文を書いているうちに私の内に生じたマニアックな諸関心のうち、論文にしやすい部分を掘り下げて文章化したものである。コロナに関する最後の章は、これまでこのテーマで書いてきたいくつかの原稿の内容をまとめたものである。

二〇二四年一二月一八日
金沢大学角間キャンパスにて

【著者略歴】

仲正昌樹（なかまさ・まさき）

1963年広島生まれ。東京大学大学院総合文化研究科地域文化研究専攻博士課程修了（学術博士）。現在、金沢大学法学類教授。専門は、法哲学、政治思想史、ドイツ文学。古典を最も分かりやすく読み解くことで定評がある。また、近年は、『Pure Nation』（あごうさとし構成・演出）でドラマトゥルクを担当し自ら役者を演じるなど、現代思想の芸術への応用の試みにも関わっている。

・最近の主な著作に『ネットリンチが当たり前の社会はどうなるか？』（ベストセラーズ）、『現代哲学の論点』（NHK出版新書）
・最近の主な編・共著に『政治思想の知恵』『現代社会思想の海図』（ともに法律文化社）、主な対談書に『宗教を哲学する』（明月堂書店）
・最近の主な翻訳に、クライスト著『ペンテジレーア』（論創社）、ジャック・デリダ他著『デリダのエクリチュール』（明月堂書店）、ハンナ・アーレント著『アーレントの二人の師　レッシングとハイデガー』（明月堂書店）
・最近の主な共・監訳に、カール・シュミット著『国民票決と国民発案　ワイマール憲法の解釈および直接民主制論に関する一考察』（作品社）

悪の法哲学
——神的暴力と法

2025年3月25日第1刷印刷
2025年3月30日第1刷発行

著　者　仲正昌樹

発行者　福田隆雄
発行所　株式会社作品社
〒102-0072　東京都千代田区飯田橋2-7-4
Tel 03-3262-9753 Fax 03-3262-9757
https://www.sakuhinsha.com
振替口座 00160-3-27183

装　幀　小川惟久
本文組版　有限会社閏月社
印刷・製本　シナノ印刷(株)

Printed in Japan
落丁・乱丁本はお取替えいたします
定価はカバーに表示してあります
ISBN978-4-86793-078-6 C0010

仲正昌樹の入門講義シリーズ

〈知〉の取扱説明書

改訂第二版
〈学問〉の取扱説明書

ヴァルター・ベンヤミン
「危機」の時代の思想家を読む

現代ドイツ思想講義

《日本の思想》講義
ネット時代に、丸山眞男を熟読する

カール・シュミット入門講義

〈法と自由〉講義
憲法の基本を理解するために

ハンナ・アーレント
「人間の条件」入門講義

ハンナ・アーレント
「革命について」入門講義

プラグマティズム入門講義

〈日本哲学〉入門講義
西田幾多郎と和辻哲郎

〈ジャック・デリダ〉入門講義

〈戦後思想〉入門講義
丸山眞男と吉本隆明

ドゥルーズ+ガタリ
〈アンチ・オイディプス〉入門講義

〈後期〉ハイデガー入門講義

マルクス入門講義

ニーチェ入門講義

ドゥルーズ+ガタリ
〈千のプラトー〉入門講義

哲学者カフカ入門講義